U0665881

建筑施工特种作业人员培训教材

桩机操作工

建筑施工特种作业人员培训教材编委会　组织编写

中国建筑工业出版社

图书在版编目（CIP）数据

桩机操作工/建筑施工特种作业人员培训教材编委会组织
编写.—北京：中国建筑工业出版社，2019.8（2025.3 重印）
建筑施工特种作业人员培训教材
ISBN 978-7-112-23969-6

Ⅰ.①桩… Ⅱ.①建… Ⅲ.①桩基础-工程施工-技术培训-
教材　Ⅳ.①TU473.1

中国版本图书馆 CIP 数据核字（2019）第 141134 号

责任编辑：李　慧　李　明　李　杰
责任校对：芦欣甜

建筑施工特种作业人员培训教材
桩机操作工
建筑施工特种作业人员培训教材编委会　组织编写
*
中国建筑工业出版社出版、发行（北京海淀三里河路 9 号）
各地新华书店、建筑书店经销
北京红光制版公司制版
建工社（河北）印刷有限公司印刷
*
开本：850×1168 毫米　1/32　印张：11　字数：293 千字
2019 年 10 月第一版　2025 年 3 月第四次印刷
定价：**43.00** 元
ISBN 978-7-112-23969-6
（34237）

建筑施工特种作业人员
培训教材编委会

主　任：高　峰

副主任：王宇旻　陈海昌

委　员：金　强　朱利闽　朱　青　刘钦燕　张丽娟

　　　　陈晓苏　马　记　曹　俊　杜景鸣　查继明

　　　　高海明　周保建　樊路军　李朝蓬　王尚龙

　　　　张鹏程　何红阳

本书编审委员会

主　编：曹　俊

副主编：陈家冬

（本系列教材公共基础知识编写成员：金　强　朱利闽

　朱　青　刘　辉）

审　稿：黄跃进

前　言

　　《中华人民共和国安全生产法》规定："生产经营单位的特种作业人员必须按照国家有关规定经专门的安全作业培训，取得相应资格，方可上岗作业"。建筑施工特种作业人员是指在房屋建筑和市政工程施工活动中，从事可能对本人、他人及周围设备设施的安全造成重大危害作业的人员。作为建设行业高危工种之一，其从业直接关系建筑施工质量安全，直接关系公民生命、财产安全和公共安全。

　　为进一步紧贴建筑施工特种作业人员职业素质和适岗能力的实际需要，编写委员会组织编写了《建筑电工》《建筑架子工》《附着式升降脚手架架子工》《建筑起重信号司索工》等24个工种的系列教材。该套教材既是相关工种培训考核的指导用书，又是一线建筑施工特种作业人员的实用工具书。

　　本套教材在编写过程中，得到了江苏省相关专家和部门的大力支持，在此一并表示感谢！因编者水平有限，难免会存在疏漏和不足之处，真诚希望广大同行和读者给予批评指正。

编者

二〇一九年五月

目　　录

第一部分　公共基础知识

第一章　职业道德 ……………………………………………………… 1
　第一节　道德的含义和基本内容 …………………………………… 1
　第二节　职业道德的基本特征和主要作用 ………………………… 4
　第三节　建设行业职业道德建设 …………………………………… 8
第二章　建筑施工特种作业人员和管理 ……………………………… 13
　第一节　建筑施工特种作业 ………………………………………… 13
　第二节　建筑施工特种作业人员 …………………………………… 14
　第三节　建筑施工特种作业人员的权利 …………………………… 17
　第四节　建筑施工特种作业人员的义务 …………………………… 19
　第五节　建筑施工特种作业人员的管理 …………………………… 20
第三章　建筑施工安全生产相关法规及管理制度 …………………… 24
　第一节　建筑安全生产相关法律主要内容 ………………………… 24
　第二节　建筑安全生产相关法规主要内容 ………………………… 31
　第三节　建筑安全生产相关规章及规范性文件
　　　　　主要内容 ………………………………………………… 34
第四章　建筑施工安全防护基本知识 ………………………………… 36
　第一节　个人安全防护用品的使用 ………………………………… 36
　第二节　安全色与安全标志 ………………………………………… 40
　第三节　高处作业安全知识 ………………………………………… 42
第五章　施工现场消防基本知识 ……………………………………… 45
　第一节　施工现场消防知识概述及常用消防器材 ………………… 45
　第二节　施工现场消防管理制度及相关规定 ……………………… 47

第六章　施工现场应急救援基本知识 ·················· 51
　第一节　生产安全事故应急救援预案管理相关知识 ·········· 51
　第二节　现场急救基本知识 ························ 52

第二部分　专业基础知识

第七章　桩工机械 ··································· 56
　第一节　种类及使用范围 ·························· 56
　第二节　预制桩施工设备 ·························· 77
　第三节　灌注桩施工设备 ·························· 91
　第四节　地基处理施工设备 ························ 134
　第五节　地下连续墙工艺与机械 ···················· 162
　第六节　长螺旋钻机 ····························· 173
　第七节　三轴搅拌桩机 ··························· 178
　第八节　新型桩工机械 ··························· 181
第八章　桩工机械安全操作技能 ····················· 191
　第一节　静压预制桩机械安全操作及施工 ·············· 191
　第二节　锤击预制桩机械安全操作及施工 ·············· 206
　第三节　灌注桩机械安全操作及施工 ················· 209
　第四节　深层搅拌机械安全操作及施工 ··············· 253
　第五节　高压旋喷桩机械安全操作及施工 ·············· 258
　第六节　地下连续墙施工 ························· 266
　第七节　长螺旋钻机安全操作及施工 ················· 288
　第八节　三轴搅拌桩机安全操作及施工 ··············· 295
第九章　桩工机械装配和拆卸 ······················ 300
　第一节　机械拆卸基本要求 ························ 300
　第二节　机械装配基本要求 ························ 301
　第三节　GPS-15 型钻机安装 ······················ 301
　第四节　ZYJ600 液压静力压桩机安装、拆卸与运输 ······· 303
　第五节　长螺旋钻机安装 ························· 305
　第六节　三轴搅拌桩机安装、拆卸 ·················· 308

第十章　桩工机械设备维护保养……………………………… 312

　第一节　维护保养的重要性　……………………………… 312

　第二节　GPS-15 型钻机维护保养的要求　………………… 312

　第三节　液压静力压桩机日常维护与定期保养　………… 314

　第四节　长螺旋钻机日常维护与定期保养　……………… 316

　第五节　三轴搅拌桩机日常维护与定期保养　…………… 321

第十一章　常见桩工机械故障的识别及处理…………… 323

　第一节　转盘钻机常见故障及排除方法　………………… 323

　第二节　静力压桩机常见故障及排除方法　……………… 326

　第三节　柴油锤常见故障及排除方法　…………………… 327

　第四节　振动锤常见故障及排除方法　…………………… 328

　第五节　旋挖钻机常见故障及排除方法　………………… 330

　第六节　深层搅拌常见故障及排除方法　………………… 331

　第七节　高压旋喷常见故障及排除方法　………………… 332

　第八节　长螺旋钻机常见故障及排除方法　……………… 335

　第九节　三轴搅拌桩机常见故障及排除方法　…………… 335

附录 A　桩机操作工（钻孔灌注桩机）培训大纲………… 337

附录 B　江苏建筑施工特种作业（桩机操作工）

　　　　　实操考核表…………………………………… 340

主要参考文献………………………………………………… 341

第一部分 公共基础知识

第一章 职业道德

第一节 道德的含义和基本内容

一、道德的含义

道德是一种社会意识形态，是人们共同生活及其行为的准则与规范。

意识形态除了道德以外，还包括政治、法律、艺术、宗教、哲学和其他社会科学等意识形态，是对事物的理解、认知，对事物的感观思想，是观念、观点、概念、思想、价值观等要素的总和。如：对生命的认识和观点；对金钱物质的看法等。

道德往往代表着社会的正面价值取向，起判断行为正当与否的作用。道德是以善恶为标准，通讨社会舆论、内心信念和传统习惯来评价人的行为，调整人与人之间以及个人与社会之间相互关系的行动规范的总和。

二、道德与法纪的关系

遵守道德是指按照社会道德规范行事，不做损害他人的事。遵守法纪是指遵守纪律和法律，按照规定行事，不违背纪律和法律的规定条文。法纪与道德既有区别也有联系，它们是两种重要的社会调控手段。

（1）法纪属于社会制度范畴，而道德属于社会意识形态范畴。道德侧重于自我约束，是行为主体"应当"的选择，依靠人们的内心信念、传统习惯和社会舆论发挥其作用，不具有强制力；而法纪则侧重于国家或组织的强制手段，是国家或组织制定和颁布，用以调整、约束和规范人们行为的权威性规则。

（2）遵守法纪是遵守道德的最低要求。道德一般又可分为两类：第一类是社会有序化要求的道德，是维系社会稳定所必不可少的最低限度的道德，如不得暴力伤害他人、不得用欺诈手段谋取利益、不得危害公共安全等；第二类是那些有助于提高生活质量、增进人与人之间紧密关系的原则，如博爱、无私、乐于助人、不损人利己等。第一类道德有时也会上升为法纪，通过制裁、处分或奖励的方法得以推行。而第二类道德是对人性较高要求的道德，一般不宜转化为法纪，需要通过教育、宣传和引导等手段来推行。法纪是道德的演化产物，其内容是道德范畴中最基本的要求，因此遵纪守法是遵守道德的最低要求。

（3）遵守道德是遵守法纪的坚强后盾。首先，法纪应包含最低限度的道德，没有道德基础的法纪，是无法获得人们的尊重和自觉遵守的。其次，道德对法纪的实施有保障作用，"徒善不足以为政，徒法不足以自行"，执法者职业道德的提高，守法者的法律意识、道德观念的加强，都对法纪的实施起着推动的作用。再者，道德又对法纪有补充作用，有些不宜由法纪调整的，或本应由法纪调整但因立法的滞后而尚"无法可依"的，道德约束往往就起到了必要的补充作用。

三、公民道德的基本内容

公民道德主要包括社会公德、职业道德、家庭美德及个人品德四个方面。

（1）社会公德。公德是指与国家、组织、集体、民族、社会等有关的道德，社会公德是社会道德体系的社会层面，是维护社会公共生活正常进行的最基本的道德要求，是全体公民在社会交往和公共生活中应该遵循的行为准则，涵盖了人与人、人与社会、人与自然之间的关系。以文明礼貌、助人为乐、爱护公物、保护环境、遵纪守法为主要内容的社会公德，旨在鼓励人们在社会上做一个好公民。

（2）职业道德。职业道德是人们在职业生活中应当遵循的基本道德，是职业品德、职业纪律、专业能力及职业责任等的总称，它通过公约、守则等对职业生活中的某些方面加以规范。职业道德涵盖了从业人员与服务对象、职业与职工、职业与职业之间的关系；它既是对从业人员在职业活动中的行为要求，又是本行业对社会所承担的道德责任和义务。以爱岗敬业、诚实守信、办事公道、服务群众、奉献社会为主要内容的职业道德，旨在鼓励人们在工作中做一个好的建设者。

（3）家庭美德。家庭美德是调节家庭成员之间、邻里之间以及家庭与国家、社会、集体之间的行为准则，也是评价人们在恋爱、婚姻、家庭、邻里之间交往中的行为是非、善恶的标准。以尊老爱幼、男女平等、夫妻和睦、勤俭持家、邻里团结为主要内容的家庭美德，旨在鼓励人们在家庭生活里做一个好成员。

（4）个人品德。个人品德是一定社会的道德原则和规范在个人思想和行为中的体现，是一个人在其道德行为整体中所表现出来的比较稳定的、一贯的道德特点和倾向。个人品德是每个公民个人修养的体现，现代人应树立关爱、善待和宽厚的理念，对他人、对社会、对自然有关爱之心、善待之举和宽厚情怀。个人品德的内容包括很多，比如正直善良、谦虚谨慎、团结友爱、言行一致等。

社会公德、职业道德、家庭美德、个人品德这四个方面是一个有机的统一体，其外延由大到小，内涵由浅到深，共同构成一个完善的道德体系。在"四德"建设中，人的能动性及个人品德建设是至关重要的，个人品德的修养是树立道德意识、规范言行举止、建设和谐家庭、模范地做好工作、维护社会和谐的基础。只有个人具备优良品德修养才能由己及人，才能由己及家庭、集体和社会。正确处理个人与社会、竞争与协作、经济效益与社会效益等关系，树立尊重人、理解人、关心人的理念，发扬社会主义人道主义精神，提倡为人民为社会多做好事、体现社会主义制度优越性、促进社会主义市场经济健康有序发展的良好道德风尚。

党的十八大对未来我国道德建设也做出了重要部署。强调依法治国和以德治国相结合，加强社会公德、职业道德、家庭美德、个人品德教育，弘扬中华传统美德，倡导时代新风，指出了道德修养的"四位一体"性。"十八大"报告中"推进公民道德建设工程，弘扬真善美、贬斥假恶丑，引导人们自觉履行法定义务、社会责任、家庭责任，营造劳动光荣、创造伟大的社会氛围，培育知荣辱、讲正气、作奉献、促和谐的良好风尚"，强调了社会氛围和社会风尚对公民道德品质的塑造；"深入开展道德领域突出问题专项教育和治理，加强政务诚信、商务诚信、社会诚信和司法公信建设"，突出了"诚信"这个道德建设的核心。

第二节　职业道德的基本特征和主要作用

一、职业道德的概念

职业道德是指所有从业人员在职业活动中应该遵循的行为准则，是一定职业范围内的特殊道德要求，即整个社会对从业人员的职业观念、职业态度、职业技能、职业纪律和职业作风等方面的行为标准和要求。

职业道德是随着社会分工的发展，并出现相对固定的职业集团时产生的，人们的职业生活实践是职业道德产生的基础。特定的职业不但要求人们具备特定的知识和技能，而且要求人们具备特定的道德观念、情感和品质。各种职业集团，为了维护职业利益和信誉，适应社会的需要，从而在职业实践中，根据一般社会道德的基本要求，逐渐形成了职业道德规范。

职业道德是对从事这个职业所有人员的普遍要求，它不仅是所有从业人员在其职业活动中行为的具体表现，同时也是本职业对社会所负的道德责任与义务，是社会公德在职业生活中的具体化。每个从业人员，不论是从事哪种职业，在职业活动中都要遵守职业道德，如现代中国社会中教师要遵守教书育人、为人师表的职业道德，医生要遵守救死扶伤的职业道德，企业经营者要遵守诚实守信、公平竞争、合法经营的职业道德等。

具体来讲，职业道德的涵义主要包括以下八个方面：

（1）职业道德是一种职业规范，受社会普遍的认可。

（2）职业道德是长期以来自然形成的。

（3）职业道德没有确定的形式，通常体现为观念、习惯、信念等。

（4）职业道德依靠文化、内心信念和习惯，通过职工的自律来实现。

（5）职业道德大多没有实质的约束力和强制力。

（6）职业道德的主要内容是对职业人员义务的要求。

（7）职业道德标准多元化，代表了不同企业可能具有不同的价值观。

（8）职业道德承载着企业文化和凝聚力，影响深远。

二、职业道德的基本特征

职业道德是从业人员在一定的职业活动中应遵循的、具有自身职业特征的道德要求和行为规范。职业道德具有以下几个特点：

（1）普遍性。从业者应当共同遵守基本职业道德行为规范，且在全世界的所有职业者都有着基本相同的职业道德规范。

（2）行业性。职业道德具有适用范围的有限性，每种职业都担负着一定的职业责任和职业义务，由于各种职业的职业责任和义务不同，从而形成各自特定的职业道德的具体规范。职业道德的内容与职业实践活动紧密相连，反映着特定职业活动对从业人员行为的道德要求。

（3）继承性。职业道德具有发展的历史继承性，由于职业具有不断发展和世代延续的特征，不仅其技术世代延续，其管理员工的方法、与服务对象打交道的方式，也有一定历史继承性。在长期实践过程中形成的职业道德内容，会被作为经验和传统继承下来，如"有教无类""学而不厌，诲人不倦"，从古至今都是教师的职业道德。

（4）实践性。一个从业者的职业道德知识、情感、意志、信念、觉悟、良心等都必须通过职业的实践活动，在自己的行为中表现出来，并且接受行业职业道德的评价和自我评价。

（5）多样性。职业道德表达形式多种多样，不同的行业和不同的职业，有不同的职业道德标准，且表现形式灵活。职业道德的表现形式总是从本职业的交流活动实际出发，采用诸如制度、守则、公约、承诺、誓言、条例等形式，以至标语口号之类来加以体现，既易于为从业人员所接受和实行，而且便于形成一种职业的道德习惯。

（6）自律性。从业者通过对职业道德的学习和实践，逐渐培养成较为稳固的职业道德品质，良好的职业道德形成以后，又会在工作中逐渐形成行为上的条件反射，自觉地选择有利于社会、有利于集体的行为，这种自觉就是通过自我内心职业道德意识、觉悟、信念、意志、良心的主观约束控制来实现的。

（7）他律性。道德行为具有受舆论影响的特征，在职业生涯中，从业人员随时都受到所从事职业领域的职业道德舆论的影响。实践证明，创造良好的职业道德社会氛围、职业环境，并通过职业道德舆论的宣传、监督，可以有效地促进人们自觉遵守职业道德，并实现互相监督，共同提升道德境界。

三、职业道德的主要作用

在现代社会里，人人都是服务对象，人人又都为他人服务。社会对人的关心、社会的安宁和人们之间关系的和谐，是同各个岗位上的服务态度、服务质量密切相关的。在构建和谐社会的新形势下，大力加强社会主义职业道德建设，具有十分重要的作用。

（1）加强职业道德是提高职业人员责任心的重要途径

职业道德要求把个人理想同各行各业、各个单位的发展目标结合起来，同个人的岗位职责结合起来，以增强员工的职业观念、职业事业心和职业责任感。职业道德要求员工在本职工作中不怕艰苦，勤奋工作，既讲团结协作，又争个人贡献，既讲经济效益，又讲社会效益。加强职业道德要求紧密联系本行业、本单位的实际，有针对性地解决存在的问题。

（2）加强职业道德是促进企业和谐发展的迫切要求

职业道德的基本职能是调节职能，一方面可以调节从业人员内部的关系，即运用职业道德规范约束职业内部人员的行为，促进职业内部人员的团结与合作，加强职业、行业内部人员的凝聚力；另一方面，职业道德又可以调节从业人员与服务对象之间的关系，用来塑造本职业从业人员的社会形象。

企业是具有社会性的经济组织，在企业内部存在着各种复杂的关系，这些关系既有相互协调的一面，也有矛盾冲突的一面，如果解决不好，将会影响企业的凝聚力。这就要求企业所有的员工具有较高的职业道德觉悟，从大局出发，光明磊落、相互谅解、相互宽容、相互信赖、同舟共济，而不能意气用事、互相拆台。企业内部上下级之间、部门之间、员工之间团结协作，使企业真正成为一个具有社会主义精神风貌的和谐集体。

（3）加强职业道德是提高企业竞争力的必要措施

当前市场竞争激烈，各行各业都讲经济效益，要求企业的经营者在竞争中不断开拓创新。但行业之间为了自身的利益，会产生很多新的矛盾，形成自我力量的抵消，使一些企业的经营者在竞争中单纯追求利润、产值，不求质量，或者以次充好、以假乱真，不顾社会效益，损害国家、人民和消费者的利益，企业得到只能是短暂的收益，失去的是消费者的信任，也就失去了生存和发展的源泉，难以在竞争的激流中屹立不倒。在企业中加强职业道德使得企业在追求自身利润的同时，又能创造好的社会效益，从而提升企业形象，赢得持久而稳定的市场份额的；同时，也使企业内部员工之间相互尊重、相互信任、相互合作，从而提高企业凝聚力，企业方能在竞争中稳步发展。

（4）加强职业道德是个人健康发展的基本保障

市场经济对于职业道德建设有其积极一面，也有消极的一面，它的自发性、自由性、注重经济效益的特性，诱惑一些人"一切向钱看"，唯利是图，不择手段追求经济效益，从而走入歧途，断送前程。提高从业人员的道德素质，树立职业理想，增强职业责任感，形成良好的职业行为，抵抗物欲诱惑，不被利欲所熏心，才能脚踏实地在本行业中追求进步。在社会主义市场经济条件下，只有具备职业道德精神的从业人员，才能在社会中站稳脚跟，成为社会的栋梁之材，在为社会创造效益的同时，也保障了自身的健康发展。

（5）加强职业道德提高全社会道德水平的重要手段

职业道德是整个社会道德的主要内容，它一方面涉及每个从业者如何对待职业，如何对待工作，同时也是一个从业人员的生活态度、价值观念的表现，是一个人的道德意识和道德行为发展到成熟阶段的体现，具有较强的稳定性和连续性。另一方面，职业道德也是一个职业集体甚至一个行业全体人员的行为表现，如果每个行业、每个职业集体都具备优良的道德，那么对整个社会道德水平的提高就会发挥重要作用。

第三节　建设行业职业道德建设

一、加强职业道德建设，践行社会主义核心价值观

"国无德不兴，人无德不立。"习近平总书记指出："核心价值观，其实就是一种德，既是个人的德，也是一种大德，就是国家的德、社会的德。"因此，"必须加强全社会的思想道德建设，激发人们形成善良的道德意愿、道德情感，培育正确的道德判断和道德责任，提高道德实践能力尤其是自觉践行能力，引导人们向往和追求讲道德、尊道德、守道德的生活，形成向上的力量、向善的力量。"培育社会主义核心价值观，首先要培植一种有益于国家、社会、他人的道德。

党的十八大提出，倡导富强、民主、文明、和谐，倡导自由、平等、公正、法治，倡导爱国、敬业、诚信、友善，积极培

育和践行社会主义核心价值观。富强、民主、文明、和谐是国家层面的价值目标，自由、平等、公正、法治是社会层面的价值取向，爱国、敬业、诚信、友善是公民个人层面的价值准则，"富强、民主、文明、和谐；自由、平等、公正、法治；爱国、敬业、诚信、友善"，这24个字是社会主义核心价值观的基本内容。践行社会主义核心价值观对于道德建设具有重要的指导意义，而加强道德建设又对践行社会主义核心价值观发挥着基础性作用，二者互有联系，相辅相成。

建设行业是社会主义现代化建设中的一个十分重要的行业。工厂、住宅、学校、商店、医院、体育场馆、文化娱乐设施等的建设，都离不开建设行为，它以满足人民群众日益增长的物质文化生活需要为出发点。建设行业职业道德是社会主义核心价值观、社会主义道德规范，在建设行业的具体体现。

二、结合建设行业特点和现实，加强职业道德建设

（1）职业道德建设的行业特点

以建设行业中建筑为例，专业多、岗位多、从业人员多且普遍文化程度较低、综合素质相对不高；条件艰苦，任务繁重，露天作业、高空作业，常年日晒雨淋，生产生活场所条件艰苦，安全设施落后和不足，作业存在安全隐患，安全事故频发；施工涉及面大，人员流动性强，四海为家，四处奔波，难以接受长期定点的培训教育；工种之间联系紧密，各专业、各工种、各岗位前后延续共同完成工程的建设；具有较强的社会性，一座建筑物，凝聚了多方面的努力，体现了其社会价值和经济价值。同时，随着国民经济的发展，建筑行业地位和作用也越来越重要，行业发展关乎国计民生。因此，对从业人员开展及时地、各类形式灵活多样的教育培训，提高道德素质、文化水平、专业知识和职业技能；结合行业特点，加强团结协作教育、服务意识教育和职业道德教育，一切为了社会广大人民和子孙后代的利益，坚持社会主义、集体主义原则，严谨务实，艰苦奋斗、多出精品优质工程，体现其社会价值和经济价值尤为重要。

（2）职业道德建设的行业现实

一座建筑物的诞生或一项工程的竣工需要有良好的设计、周密的施工、合格的建筑材料和严格的检验与监督。近几年来，出现设计结构不合理、计算偏差，不考虑相关因素，埋下重大隐患；施工过程中秩序混乱；建筑材料伪劣产品层出不穷；金钱、人情关系扰乱工程安全质量监督，质量安全事故屡见不鲜。作为百年大计的工程建设产品，如果质量差，损失和危害将无法估量。例如5·12汶川大地震中某些倒塌的问题房屋，杭州地铁坍塌，上海、石家庄在建楼房倒楼事件等。造成这些问题的因素很多，但是道德因素是其中最重要的因素之一。再如，面对激烈的市场竞争，一些建筑企业为了拿到工程项目，使用各种手段，其中手段之一就是盲目压价，用根本无法完成工程的价格去投标。中标后就在设计、施工、材料等方面做文章，启用非法设计人员搞黑设计；施工中偷工减料；材料上买低价伪劣产品，最终使建筑物的"百年大计"大大打了折扣。因此，大力加强建设行业职业道德建设，营造市场经济良好环境，经济效益和社会效益并重尤为紧迫。

三、建设行业职业道德要求

根据住房和城乡建设部发布的《建筑业从业人员职业道德规范（试行）》，对建筑从业人员共同职业道德规范要求如下：

（1）热爱事业，尽职尽责

热爱建筑事业，安心本职干作，树立职业责任感和荣誉感，发扬主人翁精神，尽职尽责，在生产中不怕苦，勤勤恳恳，努力完成任务。

（2）努力学习，苦练硬功

努力学文化，学知识，刻苦钻研技术，熟练掌握本工种的基本技能，练就一身过硬本领。努力学习和运用先进的施工方法，钻研建筑新技术、新工艺、新材料。

（3）精心施工，确保质量

树立"百年大计、质量第一"的思想，按设计图纸和技术规范精心操作，确保工程质量，用优良的成绩树立建安工人形象。

（4）安全生产，文明施工

树立安全生产意识，严格安全操作规程，杜绝一切违章作业现象，确保安全生产无事故。维护施工现场整洁，在争创安全文明标准化现场管理中做出贡献。

（5）节约材料，降低成本

发扬勤俭节约优良传统，在操作中珍惜一砖一木，合理使用材料，认真做好落手清、现场清，及时回收材料，努力降低工程成本。

（6）遵章守纪，维护公德

要争做文明员工，模范遵守各项规章制度，发扬团结互助精神，尽力为其他工种提供方便。

四、特种作业人员职业道德核心内容

（1）安全第一

坚持"生产必须安全，安全为了生产"的意识。严格遵守操作规程。操作人员要强化安全意识，认真执行安全生产的法律、法规、标准和规范，严格执行操作规程和程序，杜绝一切违章作业，不野蛮施工，不乱堆乱扔。

（2）诚实守信

诚实守信作为社会主义职业道德的基本规范，是和谐社会发展的必然要求，它不仅是建设领域职工安身立命的基础，也是企业赖以生存和发展的基石。操作人员要言行一致，表里如一，真实无欺，相互信任，遵守诺言，忠实地履行自己应当承担的责任和义务。

（3）爱岗敬业

爱岗就是热爱自己的工作岗位，敬业就是要用一种恭敬严肃的态度对待自己的工作。操作人员应当热爱本职工作，不怕苦、不怕累，认真负责，集中精力，精心操作，密切配合其他工种施工，确保工程质量，使工程如期完成。这是社会对每个从业者的要求，更应当是每个从业者对自己的自觉约束。

（4）钻研技术

操作人员要努力学习科学文化知识，刻苦钻研专业技术，苦练硬功，扎实工作，熟练掌握本工作的基本技能，努力学习和运用先进的施工方法，精通本岗位业务，不断提高业务能力。

（5）保护环境

文明操作，防止损坏他人和国家财产。讲究施工环境优美，做到优质、高效、低耗。做到不乱排污水，不乱倒垃圾，不影响交通，不扰民施工。

第二章　建筑施工特种作业人员和管理

第一节　建筑施工特种作业

一、建筑施工特种作业概念

建筑施工特种作业人员是指在房屋建筑和市政工程施工活动中，从事对本人、他人的生命健康及周围设施的安全可能造成重大危害的作业人员。

特种作业有着不同的危险因素，《中华人民共和国安全生产法》规定：生产经营单位的特种作业人员必须按照国家有关规定经专门的安全作业培训，取得相应资格，方可上岗作业。

二、建筑施工特种作业工种

（1）住房和城乡建设部《建筑施工特种作业人员管理规定》（建质〔2008〕75 号）所确定的建筑施工特种作业包括：

1）建筑电工。

2）建筑架子工。

3）建筑起重信号司索工。

4）建筑起重机械司机。

5）建筑起重机械安装拆卸工。

6）高处作业吊篮安装拆卸工。

7）经省级以上人民政府建设主管部门认定的其他特种作业。

（2）《江苏省建筑施工特种作业人员管理暂行办法》（苏建管质〔2009〕5 号），规定了江苏省的建筑施工特种作业包括：

1）建筑电工。

2）建筑架子工。

3）建筑起重信号司索工。

4) 建筑起重机械司机。

5) 建筑起重机械安装拆卸工。

6) 高处作业吊篮安装拆卸工。

7) 建筑焊工。

8) 建筑施工机械安装质量检验工。

9) 桩机操作工。

10) 建筑混凝土泵操作工。

11) 建筑施工现场场内机动车司机。

12) 其他特种作业人员。

目前，江苏省又将"建筑施工现场场内机动车司机"细分为："建筑施工现场场内叉车司机""建筑施工现场场内装载机司机""建筑施工现场场内翻斗车司机""建筑施工现场场内推土机司机""建筑施工现场场内挖掘机司机""建筑施工现场场内压路机司机""建筑施工现场场内平地机司机""建筑施工现场场内沥青混凝土摊铺机司机"等。

第二节　建筑施工特种作业人员

按照住房和城乡建设部与江苏省建设行政主管部门的规定，从事建筑施工特种作业的人员应当取得建筑施工特种作业人员操作资格证书，方可上岗从事相应作业。

一、年龄及身体要求

年满 18 周岁且符合相应特种作业规定的年龄要求。

近 3 个月内经二级乙等以上医院体检合格且无听觉障碍、无色盲，无妨碍从事本工种的疾病（如癫痫病、高血压、心脏病、眩晕症、精神病和突发性昏厥症等）和生理缺陷。

二、学历要求

初中及以上学历。其中，报考建筑起重机械安装质量检测工（塔式起重机、施工升降机）的人员，应符合下列条件之一：

（1）具有工程机械（建筑机械）类、电气类大专以上学历或工程机械（建筑机械）类、电气类、安全工程类助理工程师任职资格，并从事起重机设计、制造、安装调试、维修、操作、检验工作2年及其以上。

（2）具有工程机械（建筑机械）类、电气类中专、理工科（非起重专业）大专以上学历或工程机械（建筑机械）类、电气类、安全工程类技术员任职资格，并从事起重机设计、制造、安装调试、维修、操作、检验工作3年及其以上。

（3）具有高中学历并从事起重机设计、制造、安装调试、维修、操作、检验工作5年及其以上。

三、考核要求

1. 报名

全省建筑施工特种作业人员考核、发证及管理系统集成在"江苏省建筑业监管信息平台2.0"上。建筑施工企业人员可由企业统一组织通过监管信息平台直接报名，非建筑施工企业人员向所在地考核基地报名，填报相应工种，经市县建设（筑）主管部门资格审查合格后，到经省建设行政主管部门认定的建筑施工特种作业考核基地，进行培训后参加考核。

凡申请考核、延期复核、换证的人员均须进行二代身份证信息、指脉信息采集。采集入库的二代身份证、指脉信息，将作为今后个人进行考核、延期复核、换证、查验的依据，如信息不吻合，将影响上述有关事项的办理。

企业可自行采集本企业申报人员二代身份证信息，指脉信息须由申报人员至考核基地进行现场采集。

2. 考核

建筑施工特种作业人员考核包括安全技术理论和安全操作技能。

考核内容分掌握、熟悉、了解三类。其中掌握即要求能运用相关特种作业知识解决实际问题；熟悉即要求能较深理解相关特种作业安全技术知识；了解即要求具有相关特种作业的基本知识。

3. 考核办法

（1）安全技术理论考核。采用无纸化网络闭卷考试方式，考试时间为 2 小时，实行百分制，60 分为合格。其中，安全生产基本知识占 25%、专业基础知识占 25%、专业技术理论占 50%。

（2）安全操作技能考核。采用实际操作（或模拟操作）、口试等方式，考核实行百分制，70 分为合格。

（3）参考人员在安全技术理论考核合格后，方可参加实际操作技能考核。同一工种的实操考核时间不得早于理论考核时间，在实际操作技能考核合格后，可以取得相应的建筑施工特种作业人员操作资格。

四、发证

（1）按照住房和城乡建设部《建筑施工特种作业人员管理规定》（建质〔2008〕75 号）的规定，考核发证机关对于考核合格的，应当自考核结果公布之日起 10 个工作日内颁发资格证书。资格证书采用国务院建设主管部门统一规定的式样，由考核发证机关编号后签发。资格证书在全国通用。

（2）江苏省建设行政主管部门从 2017 年下半年开始，试行发放"电子证书"。此项工作得到了住房和城乡建设部的同意。2017 年 10 月 18 日，江苏省政务服务管理办公室与省住房和城乡建设厅联合发文《关于启用住房城乡建设领域从业人员考核合格电子证书使用的有关通知》（省政务办发〔2017〕66 号），文件规定从 2017 年 12 月 1 日起，全面启用电子证书，停发同名纸质证书。根据《中华人民共和国电子签名法》规定，可靠的电子证书具备与同名纸质证书相同效力。省住房城乡建设厅核发的电子证书，各地在公共资源交易、资质核准予以认可。

（3）电子证书式样（图 2-1）

图 2-1 电子证书的样式

第三节 建筑施工特种作业人员的权利

一、获得劳动安全卫生的保护权利

建筑施工特种作业人员有获得用人单位提供符合国家规定的劳动安全卫生条件和必要的劳动防护用品的权利；并且有要求按照规定获得职业病健康体检、职业病诊疗、康复等职业病防治服务的权利。

二、对安全生产状况的知情、参与和建议的权利

建筑施工特种作业人员有获得所从事的特种作业，可能面临的任何潜在危险、职业危害，安全与健康可能造成的后果的权

利；有参与判别和解决所面临的劳动安全卫生问题的权利；有对本单位的安全生产和劳动安全卫生工作建议的权利。

三、接受职业技能教育培训的权利

建筑施工特种作业人员有接受职业技能教育和安全生产知识培训的权利，以获得对工作环境、生产过程、机械设备和危险物质等方面的有关安全卫生知识。

四、拒绝违章指挥和强令冒险作业的权利

建筑施工特种作业人员在单位领导或者有关工程技术人员违章指挥，或者在明知存在危险因素而没有采取安全保护措施，强迫命令操作人员作业时，有拒绝工作的权利。

五、危险状态下的紧急避险权利

在生产劳动过程中，当发现危及作业人员生命安全的情况时，作业人员有权停止工作或者撤离现场。

六、安全生产活动的监督与批评、检举、控告和申诉的权利

建筑施工特种作业人员对用人单位遵守劳动安全卫生法律法规和标准，履行保护工人安全健康的责任的情况，有监督的权利。对用人单位违反劳动安全卫生法律法规和标准，不履行其责任的情况，作业人员有批评、检举和控告的权利。在劳动保护等方面受到用人单位不公正待遇时，作业人员有权向有关部门提出申诉的权利。

对作业人员的检举、控告和申诉，建设行政主管部门和其他有关部门应当查清事实，认真处理，不得压制和打击报复。

用人单位不得因作业人员对本单位安全生产工作提出批评、检举、控告或者拒绝违章指挥、强令冒险作业及向有关部门提出申诉而降低其工资、福利等待遇或者解除与其订立的劳动合同。

七、依法获得工伤保险的权利

生产经营单位必须依法参加工伤社会保险，为从业人员缴纳保险费。建筑施工企业必须为从事危险作业的职工办理意外伤害保险，支付保险费。当作业人员发生工伤事故时，依法获得相关保险的权利。

第四节 建筑施工特种作业人员的义务

一、遵守有关安全生产的法律、法规和规章的义务

建筑施工特种作业人员在施工活动中，应当遵守有关安全生产的法律、法规和规章。遵守建筑施工安全强制性标准和用人单位的规章制度，严格按照操作规程操作，做到不违规作业，不违章作业。

二、提高职业技能和安全生产操作水平的义务

建筑施工特种作业人员面对建筑施工活动中的复杂性和多样性，要不断提高职业技能水平。在未上岗之前应参加岗前技能培训和安全生产操作能力的培训，掌握安全操作知识和技能，取得相应合格证书后方可上岗工作。已在工作岗位上的人员，还必须经常性地参加有关教育培训，熟练掌握本工种的各项安全操作技能，不断提高职业技能和安全生产操作水平。

三、遵守劳动纪律的义务

建筑施工特种作业人员应严格遵守用人单位的劳动纪律。劳动纪律是用人单位为形成和维持生产经营秩序，保证劳动合同得以履行，要求全体员工在集体劳动、工作、生活过程中，以及与劳动、工作紧密相关的其他过程中必须共同遵守的规则。

四、发现事故隐患和其他不安全因素，立即报告的义务

建筑施工特种作业人员在施工现场直接承担具体的作业活动，更容易发现事故隐患或者其他不安全因素，一旦发现事故隐患或者其他不安全因素，作业人员应当立即向现场安全生产管理人员或者本单位负责人报告，不得隐瞒不报或者拖延报告。如果作业人员发现所报告的事故隐患或者其他不安全因素得不到解决，作业人员也可以越级上报。

五、完成生产任务的义务

建筑施工特种作业人员完成合理的生产任务是应尽的义务，也是取得劳动报酬的基本条件。作业人员在完成合理生产任务的

前提下，还应该保证质量，争做生产劳动的积极分子，为企业经济效益、为社会财富的积累、为国家的发展做出自己的应有贡献。

第五节　建筑施工特种作业人员的管理

根据住房和城乡建设部的规定，省、自治区、直辖市人民政府建设主管部门或者其委托的考核机构负责本行政区域内建筑施工特种作业人员的考核工作。

一、建设行政主管部门的管理职责

1. 省建设行政主管部门的管理职责

（1）负责全省范围内建筑施工特种作业人员的考核监督管理工作。

（2）研究制定特种作业人员执业资格考核标准、考核大纲，建立相应工种的试题库。

（3）认证特种作业人员执业资格考核基地。

（4）负责特种作业人员执业资格考核工作的师资教育培训，监督管理考核考务工作。

（5）负责特种作业人员执业证书的颁发和管理。

（6）负责特种作业人员统计信息工作。

（7）其他监督管理工作。

2. 受委托的市、县建设（筑）主管部门的管理职责

（1）负责本行政区域内特种作业人员的监督管理工作，制定本地区特种作业人员考核发证管理制度，建立本地区特种作业人员档案。

（2）负责考核基地的初审和考评人员的日常管理。

（3）负责特种作业人员考核工作的组织实施。

（4）负责特种作业人员考核、延期复核、换证的市、县分级审核。

（5）负责特种作业人员执业继续教育。

（6）负责特种作业人员的统计信息工作。

（7）监督检查特种作业人员的从业活动，查处违章行为并记录在档。

（8）其他监督管理工作。

二、用人单位的管理职责

（1）用人单位对于首次取得执业资格证书的人员，应当在其正式上岗前安排不少于 3 个月的实习操作。实习操作期间，用人单位应当指定专人指导和监督作业。实习操作期满经用人单位考核合格方可独立作业。（所指定的专人应当从已取得相应特种作业资格证书、从事相关工作 3 年以上、无不良记录的熟练工中选取。）

（2）与持有效执业资格证书的特种作业人员订立劳动合同。

（3）制定并落实本单位特种作业安全操作规程和安全管理制度。

（4）书面告知特种作业人员违章操作的危害。

（5）向特种作业人员提供齐全、合格的安全防护用品和安全的作业条件。

（6）组织或者委托有能力的培训机构对本单位特种作业人员进行年度安全生产教育培训或者继续教育，时间不少于 24 小时。

（7）建立本单位特种作业人员管理档案。

（8）查处特种作业人员违章行为并记录在档。

（9）法律法规及有关规定明确的其他职责。

三、特种作业人员应履行的职责

（1）严格遵守国家有关安全生产规定和本单位的规章制度，按照安全技术标准、规范和规程进行作业。

（2）正确佩戴和使用安全防护用品，并按规定对作业工具和设备进行维护保养。

（3）在施工中发生危及人身安全的紧急情况时，有权立即停止作业或者撤离危险区域，并向施工现场专职安全生产管理人员和项目负责人报告。

（4）自觉参加年度安全教育培训或者继续教育，每年不得少于 24 小时。

（5）拒绝违章指挥，并制止他人违章作业。

（6）法律法规及有关规定明确的其他职责。

四、特种作业人员资格证书的延期

建筑施工特种作业人员执业资格证书有效期为 2 年。有效期满需要延期的，持证人员本人应当在期满前 3 个月内，向原市县考核受理机关提出申请，市县建设行政主管部门初审后，向省建设行政主管部门申请办理延期复核相关手续。延期复核合格的，证书有效期延期 2 年。

1. 特种作业人员申请资格证书延期复核，应当提交下列材料

（1）延期复核申请表。

（2）身份证（原件和复印件）。

（3）近 3 个月内由二级乙等以上医院出具的体检合格证明。

（4）年度安全教育培训证明和继续教育证明。

（5）用人单位出具的特种作业人员管理档案记录。

（6）规定提交的其他资料。

2. 特种作业人员在资格证书有效期内，有下列情形之一的，延期复核结果为不合格

（1）超过相关工种规定年龄要求的。

（2）身体健康状况不再适应相应特种作业岗位的。

（3）对生产安全事故负有直接责任的。

（4）2 年内违章操作记录 3 次（含 3 次）以上的。

（5）未按规定参加年度安全教育培训或者继续教育的。

（6）规定的其他情形。

3. 市县建设（筑）行政主管部门在接到特种作业人员提交的延期复核申请后，应当根据下列情况分别作出处理

（1）对于不符合延期复核申请相关情形的，市县建设（筑）主管部门自收到延期复核资料之日起 5 个工作日内作出不予延期决定，并说明理由；

（2）对于提交资料齐全且符合延期复审申请相关情形的，省建筑主管部门自收到市县建设（筑）主管部门延期复核相关手续之日起 10 个工作日内办理准予延期复核手续。

4. 省建筑主管部门应当在资格证书有效期满前按相关规定作出决定，逾期未作出决定的，视为延期复核合格。

五、特种作业人员资格证书的撤销与注销

1. 省建筑主管部门对有下列情形之一的，应当撤销资格证书

（1）持证人弄虚作假骗取资格证书或者办理延期手续的。

（2）工作人员违法核发资格证书的。

（3）持证人员因安全生产责任事故承担刑事责任的。

（4）规定应当撤销的其他情形。

2. 省建筑主管部门对有下列情形之一的，应当注销资格证书

（1）按规定不予延期的。

（2）持证人逾期未申请办理延期复核手续的。

（3）持证人死亡或者不具有完全民事行为能力的。

（4）本人提出要求的。

（5）规定应当注销的其他情形。

六、特种作业人员管理的其他要求

（1）持有特种作业资格证书的执业人员，应当受聘于建筑施工企业或者建筑起重机械出租单位（以下简称用人单位），方可从事相应的特种作业。

（2）任何单位和个人不得非法涂改、倒卖、出租、出借或者以其他形式转让资格证书。

（3）特种作业人员变动工作单位，任何单位和个人不得以任何理由非法扣押其执业资格证书。

（4）各地应当建立举报制度，公开举报电话或者电子信箱，受理有关特种作业人员考核、发证以及延期复核的举报。对受理的举报，有关机关和工作人员应当及时妥善处理。

第三章　建筑施工安全生产 相关法规及管理制度

第一节　建筑安全生产相关法律主要内容

《中华人民共和国宪法》规定：国家通过各种途径，创造劳动就业条件，加强劳动保护，改善劳动条件，并在发展生产的基础上，提高劳动报酬和福利待遇。

劳动是一切有劳动能力的公民的光荣职责。国有企业和城乡集体经济组织的劳动者都应当以国家主人翁的态度对待自己的劳动。国家提倡社会主义劳动竞赛，奖励劳动模范和先进工作者。

一、《中华人民共和国建筑法》

(1) 建筑活动应当确保建筑工程质量和安全，符合国家的建筑工程安全标准。

(2) 从事建筑活动应当遵守法律、法规，不得损害社会公共利益和他人的合法权益。

(3) 建筑工程安全生产管理必须坚持安全第一、预防为主的方针，建立健全安全生产的责任制度和群防群治制度。

(4) 建筑施工企业应当在施工现场采取维护安全、防范危险、预防火灾等措施；有条件的，应当对施工现场实行封闭管理。

施工现场对毗邻的建筑物、构筑物和特殊作业环境可能造成损害的，建筑施工企业应当采取安全防护措施。

(5) 建筑施工企业应当遵守有关环境保护和安全生产的法律、法规的规定，采取控制和处理施工现场的各种粉尘、废气、废水、固体废物以及噪声、振动对环境的污染和危害的措施。

（6）建筑施工企业必须依法加强对建筑安全生产的管理，执行安全生产责任制度，采取有效措施，防止伤亡和其他安全生产事故的发生。

建筑施工企业的法定代表人对本企业的安全生产负责。

（7）施工现场安全由建筑施工企业负责。实行施工总承包的，由总承包单位负责。分包单位向总承包单位负责，服从总承包单位对施工现场的安全生产管理。

（8）建筑施工企业应当建立健全劳动安全生产教育培训制度，加强对职工安全生产的教育培训；未经安全生产教育培训的人员，不得上岗作业。

（9）建筑施工企业和作业人员在施工过程中，应当遵守有关安全生产的法律、法规和建筑行业安全规章、规程，不得违章指挥或者违章作业。作业人员有权对影响人身健康的作业程序和作业条件提出改进意见，有权获得安全生产所需的防护用品。作业人员对危及生命安全和人身健康的行为有权提出批评、检举和控告。

（10）建筑施工企业必须为从事危险作业的职工办理意外伤害保险，支付保险费。

（11）施工中发生事故时，建筑施工企业应当采取紧急措施减少人员伤亡和事故损失，并按照国家有关规定及时向有关部门报告。

二、《中华人民共和国安全生产法》

（1）生产经营单位必须遵守本法和其他有关安全生产的法律、法规，加强安全生产管理，建立、健全安全生产责任制和安全生产规章制度，改善安全生产条件，推进安全生产标准化建设，提高安全生产水平，确保安全生产。

（2）有关协会组织依照法律、行政法规和章程，为生产经营单位提供安全生产方面的信息、培训等服务，发挥自律作用，促进生产经营单位加强安全生产管理。

（3）国家实行生产安全事故责任追究制度，依照本法和有关法律、法规的规定，追究生产安全事故责任人员的法律责任。

（4）生产经营单位应当对从业人员进行安全生产教育和培训，保证从业人员具备必要的安全生产知识，熟悉有关的安全生产规章制度和安全操作规程，掌握本岗位的安全操作技能，了解事故应急处理措施，知悉自身在安全生产方面的权利和义务。未经安全生产教育和培训合格的从业人员，不得上岗作业。

（5）生产经营单位的特种作业人员必须按照国家有关规定经专门的安全作业培训，取得相应资格，方可上岗作业。

（6）生产经营单位应当建立健全生产安全事故隐患排查治理制度，采取技术、管理措施，及时发现并消除事故隐患。事故隐患排查治理情况应当如实记录，并向从业人员通报。

（7）承担安全评价、认证、检测、检验的机构应当具备国家规定的资质条件，并对其作出的安全评价、认证、检测、检验的结果负责。

（8）负有安全生产监督管理职责的部门应当建立举报制度，公开举报电话、信箱或者电子邮件地址，受理有关安全生产的举报；受理的举报事项经调查核实后，应当形成书面材料；需要落实整改措施的，报经有关负责人签字并督促落实。

（9）任何单位或者个人对事故隐患或者安全生产违法行为，均有权向负有安全生产监督管理职责的部门报告或者举报。

（10）新闻、出版、广播、电影、电视等单位有进行安全生产宣传教育的义务，有对违反安全生产法律、法规的行为进行舆论监督的权利。

三、《中华人民共和国特种设备安全法》

（1）特种设备生产、经营、使用单位应当遵守本法和其他有关法律、法规，建立、健全特种设备安全和节能责任制度，加强特种设备安全和节能管理，确保特种设备生产、经营、使用安全，符合节能要求。

（2）任何单位和个人有权向负责特种设备安全监督管理的部门和有关部门举报涉及特种设备安全的违法行为，接到举报的部门应当及时处理。

（3）特种设备生产、经营、使用单位及其主要负责人对其生产、经营、使用的特种设备安全负责。

特种设备生产、经营、使用单位应当按照国家有关规定配备特种设备安全管理人员、检测人员和作业人员，并对其进行必要的安全教育和技能培训。

（4）特种设备安全管理人员、检测人员和作业人员应当按照国家有关规定取得相应资格，方可从事相关工作。特种设备安全管理人员、检测人员和作业人员应当严格执行安全技术规范和管理制度，保证特种设备安全。

（5）特种设备使用单位应当建立岗位责任、隐患治理、应急救援等安全管理制度，制定操作规程，保证特种设备安全运行。

（6）特种设备使用单位应当建立特种设备安全技术档案。

安全技术档案应当包括以下内容：

1）特种设备的设计文件、产品质量合格证明、安装及使用维护保养说明、监督检验证明等相关技术资料和文件；

2）特种设备的定期检验和定期自行检查记录；

3）特种设备的日常使用状况记录；

4）特种设备及其附属仪器仪表的维护保养记录；

5）特种设备的运行故障和事故记录。

（7）特种设备的使用应当具有规定的安全距离、安全防护措施。

（8）特种设备使用单位应当对其使用的特种设备进行经常性维护保养和定期自行检查，并作出记录。

特种设备使用单位应当对其使用的特种设备的安全附件、安全保护装置进行定期校验、检修，并作出记录。

（9）特种设备使用单位应当按照安全技术规范的要求，在检验合格有效期届满前一个月向特种设备检验机构提出定期检验要求。

特种设备检验机构接到定期检验要求后，应当按照安全技术规范的要求及时进行安全性能检验。特种设备使用单位应当将定期检验标志置于该特种设备的显著位置。

未经定期检验或者检验不合格的特种设备，不得继续使用。

（10）特种设备安全管理人员应当对特种设备使用状况进行经常性检查，发现问题应当立即处理；情况紧急时，可以决定停止使用特种设备并及时报告本单位有关负责人。

特种设备作业人员在作业过程中发现事故隐患或者其他不安全因素，应当立即向特种设备安全管理人员和单位有关负责人报告；特种设备运行不正常时，特种设备作业人员应当按照操作规程采取有效措施保证安全。

（11）特种设备出现故障或者发生异常情况，特种设备使用单位应当对其进行全面检查，消除事故隐患，方可继续使用。

（12）负责特种设备安全监督管理的部门在依法履行监督检查职责时，可以行使下列职权：

1）进入现场进行检查，向特种设备生产、经营、使用单位和检验、检测机构的主要负责人和其他有关人员调查、了解有关情况；

2）根据举报或者取得的涉嫌违法证据，查阅、复制特种设备生产、经营、使用单位和检验、检测机构的有关合同、发票、账簿以及其他有关资料；

3）对有证据表明不符合安全技术规范要求或者存在严重事故隐患的特种设备实施查封、扣押；

4）对流入市场的达到报废条件或者已经报废的特种设备实施查封、扣押；

5）对违反本法规定的行为作出行政处罚决定。

（13）特种设备使用单位应当制定特种设备事故应急专项预案，并定期进行应急演练。

（14）特种设备发生事故后，事故发生单位应当按照应急预案采取措施，组织抢救，防止事故扩大，减少人员伤亡和财产损失，保护事故现场和有关证据，并及时向事故发生地县级以上人民政府负责特种设备安全监督管理的部门和有关部门报告。

与事故相关的单位和人员不得迟报、谎报或者瞒报事故情况，不得隐匿、毁灭有关证据或者故意破坏事故现场。

四、《中华人民共和国劳动合同法》

（1）用人单位自用工之日起即与劳动者建立劳动关系。用人单位应当建立职工名册备查。

（2）用人单位招用劳动者时，应当如实告知劳动者工作内容、工作条件、工作地点、职业危害、安全生产状况、劳动报酬，以及劳动者要求了解的其他情况；用人单位有权了解劳动者与劳动合同直接相关的基本情况，劳动者应当如实说明。

（3）用人单位招用劳动者，不得扣押劳动者的居民身份证和其他证件，不得要求劳动者提供担保或者以其他名义向劳动者收取财物。

（4）建立劳动关系，应当订立书面劳动合同。

已建立劳动关系，未同时订立书面劳动合同的，应当自用工之日起一个月内订立书面劳动合同。

用人单位与劳动者在用工前订立劳动合同的，劳动关系自用工之日起建立。

（5）劳动合同无效或者部分无效的情形：

1）以欺诈、胁迫的手段或者乘人之危，使对方在违背真实意思的情况下订立或者变更劳动合同的；

2）用人单位免除自己的法定责任、排除劳动者权利的；

3）违反法律、行政法规强制性规定的。

对劳动合同的无效或者部分无效有争议的，由劳动争议仲裁机构或者人民法院确认。

（6）用人单位应当按照劳动合同约定和国家规定，向劳动者及时足额支付劳动报酬。

用人单位拖欠或者未足额支付劳动报酬的，劳动者可以依法向当地人民法院申请支付令，人民法院应当依法发出支付令。

（7）用人单位应当严格执行劳动定额标准，不得强迫或者变相强迫劳动者加班。用人单位安排加班的，应当按照国家有关规定向劳动者支付加班费。

（8）劳动者拒绝用人单位管理人员违章指挥、强令冒险作业的，不视为违反劳动合同。

劳动者对危害生命安全和身体健康的劳动条件，有权对用人单位提出批评、检举和控告。

五、《中华人民共和国刑法》

（1）【重大责任事故罪】在生产、作业中违反有关安全管理的规定，因而发生重大伤亡事故或者造成其他严重后果的，处三年以下有期徒刑或者拘役；情节特别恶劣的，处三年以上七年以下有期徒刑。

（2）【强令违章冒险作业罪】强令他人违章冒险作业，因而发生重大伤亡事故或者造成其他严重后果的，处五年以下有期徒刑或者拘役；情节特别恶劣的，处五年以上有期徒刑。

（3）【重大劳动安全事故罪】安全生产设施或者安全生产条件不符合国家规定，因而发生重大伤亡事故或者造成其他严重后果的，对直接负责的主管人员和其他直接责任人员，处三年以下有期徒刑或者拘役；情节特别恶劣的，处三年以上七年以下有期徒刑。

（4）【工程重大安全事故罪】建设单位、设计单位、施工单位、工程监理单位违反国家规定，降低工程质量标准，造成重大安全事故的，对直接责任人员，处五年以下有期徒刑或者拘役，并处罚金；后果特别严重的，处五年以上十年以下有期徒刑，并处罚金。

（5）【消防责任事故罪】违反消防管理法规，经消防监督机构通知采取改正措施而拒绝执行，造成严重后果的，对直接责任人员，处三年以下有期徒刑或者拘役；后果特别严重的，处三年以上七年以下有期徒刑。

（6）【不报、谎报安全事故罪】在安全事故发生后，负有报告职责的人员不报或者谎报事故情况，贻误事故抢救，情节严重的，处三年以下有期徒刑或者拘役；情节特别严重的，处三年以上七年以下有期徒刑。

第二节 建筑安全生产相关法规主要内容

一、《建设工程安全生产管理条例》

条例规定了施工单位的相关安全责任，包括：依法取得资质和承揽工程；建立健全安全生产制度和操作规程；保证本单位安全生产条件所需资金的投入；设立安全生产管理机构，配备专职安全生产管理人员；总承包单位对施工现场的安全生产负总责；总承包单位和分包单位对分包工程的安全生产承担连带责任；特种作业人员必须按照国家有关规定经过专门的安全作业培训，并取得特种作业操作资格证书；施工单位的施工组织设计及专项施工方案管理责任；建设工程施工安全技术交底责任；施工现场、办公、生活区安全文明管理责任；相邻建筑物及环保管理责任；施工现场防火管理责任；施工作业人员安全防护及劳保管理责任；施工机械管理责任；施工单位的主要负责人、项目负责人、专职安全生产管理人员任职管理责任；施工单位应当对管理人员和作业人员的安全生产教育培训管理责任；施工单位应当为施工现场从事危险作业的人员办理意外伤害保险等相关安全责任。

相关内容：

（1）垂直运输机械作业人员、安装拆卸工、爆破作业人员、起重信号工、登高架设作业人员等特种作业人员，必须按照国家有关规定经过专门的安全作业培训，并取得特种作业操作资格证书后，方可上岗作业。

（2）施工单位应当在施工现场入口处、施工起重机械、临时用电设施、脚手架、出入通道口、楼梯口、电梯井口、孔洞口、桥梁口、隧道口、基坑边沿、爆破物及有害危险气体和液体存放处等危险部位，设置明显的安全警示标志。安全警示标志必须符合国家标准。

施工单位应当根据不同施工阶段和周围环境及季节、气候的变化，在施工现场采取相应的安全施工措施。施工现场暂时停止施工的，施工单位应当做好现场防护，所需费用由责任方承担，或者按照合同约定执行。

（3）施工单位应当向作业人员提供安全防护用具和安全防护服装，并书面告知危险岗位的操作规程和违章操作的危害。

作业人员有权对施工现场的作业条件、作业程序和作业方式中存在的安全问题提出批评、检举和控告，有权拒绝违章指挥和强令冒险作业。

在施工中发生危及人身安全的紧急情况时，作业人员有权立即停止作业或者在采取必要的应急措施后撤离危险区域。

二、《生产安全事故报告和调查处理条例》

条例对事故报告、事故调查、事故等级及事故处理作出了规定。

相关内容：

（1）根据生产安全事故造成的人员伤亡或者直接经济损失，事故一般分为以下等级：

1）特别重大事故，是指造成 30 人（含 30 人）以上死亡，或者 100 人（含 100 人）以上重伤（包括急性工业中毒，下同），或者 1 亿元（含 1 亿元）以上直接经济损失的事故；

2）重大事故，是指造成 10 人（含 10 人）以上 30 人以下死亡，或者 50 人（含 50 人）以上 100 人以下重伤，或者 5000 万元（含 5000 万元）以上 1 亿元以下直接经济损失的事故；

3）较大事故，是指造成 3 人（含 3 人）以上 10 人以下死亡，或者 10 人（含 10 人）以上 50 人以下重伤，或者 1000 万元（含 1000 万元）以上 5000 万元以下直接经济损失的事故；

4）一般事故，是指造成 3 人以下死亡，或者 10 人以下重伤，或者 1000 万元以下直接经济损失的事故。

（2）事故发生后，事故现场有关人员应当立即向本单位负责人报告；单位负责人接到报告后，应当于 1 小时内向事故发生地县级以上人民政府安全生产监督管理部门和负有安全生产监督管理职责的有关部门报告。

情况紧急时，事故现场有关人员可以直接向事故发生地县级以上人民政府安全生产监督管理部门和负有安全生产监督管理职责的有关部门报告。

（3）事故调查组有权向有关单位和个人了解与事故有关的情况，并要求其提供相关文件、资料，有关单位和个人不得拒绝。

事故发生单位的负责人和有关人员在事故调查期间不得擅离职守，并应当随时接受事故调查组的询问，如实提供有关情况。

事故调查中发现涉嫌犯罪的，事故调查组应当及时将有关材料或者其复印件移交司法机关处理。

三、《特种设备安全监察条例》

（1）特种设备生产、使用单位应当建立健全特种设备安全、节能管理制度和岗位安全、节能责任制度。

特种设备生产、使用单位的主要负责人应当对本单位特种设备的安全和节能全面负责。

特种设备生产、使用单位和特种设备检验检测机构，应当接受特种设备安全监督管理部门依法进行的特种设备安全监察。

（2）特种设备出现故障或者发生异常情况，使用单位应当对其进行全面检查，消除事故隐患后，方可重新投入使用。

（3）特种设备使用单位应当对特种设备作业人员进行特种设备安全、节能教育和培训，保证特种设备作业人员具备必要的特种设备安全、节能知识。

特种设备作业人员在作业中应当严格执行特种设备的操作规程和有关的安全规章制度。

（4）特种设备作业人员在作业过程中发现事故隐患或者其他不安全因素，应当立即向现场安全管理人员和单位有关负责人报告。

第三节　建筑安全生产相关规章及规范性文件主要内容

一、《建筑起重机械安全监督管理规定》

（1）使用单位应当履行下列安全职责：

1）根据不同施工阶段、周围环境以及季节、气候的变化，对建筑起重机械采取相应的安全防护措施；

2）制定建筑起重机械生产安全事故应急救援预案；

3）在建筑起重机械活动范围内设置明显的安全警示标志，对集中作业区做好安全防护；

4）设置相应的设备管理机构或者配备专职的设备管理人员；

5）指定专职设备管理人员、专职安全生产管理人员进行现场监督检查；

6）建筑起重机械出现故障或者发生异常情况的，立即停止使用，消除故障和事故隐患后，方可重新投入使用。

（2）使用单位应当对在用的建筑起重机械及其安全保护装置、吊具、索具等进行经常性和定期的检查、维护和保养，并做好记录。

（3）禁止擅自在建筑起重机械上安装非原制造厂制造的标准节和附着装置。

（4）建筑起重机械特种作业人员应当遵守建筑起重机械安全操作规程和安全管理制度，在作业中有权拒绝违章指挥和强令冒险作业，有权在发生危及人身安全的紧急情况时立即停止作业或者采取必要的应急措施后撤离危险区域。

（5）建筑起重机械安装拆卸工、起重信号工、起重司机、司索工等特种作业人员应当经建设主管部门考核合格，并取得特种作业操作资格证书后，方可上岗作业。

省、自治区、直辖市人民政府建设主管部门负责组织实施建筑施工企业特种作业人员的考核。

二、《危险性较大的分部分项工程安全管理办法》

办法对危险性较大的分部分项工程，即房屋建筑和市政基础设施工程在施工过程中，容易导致人员群死群伤或者造成重大经济损失的分部分项工程的前期保障、专项施工方案、现场安全管理及监督管理明确了具体要求。

（1）施工单位应当在施工现场显著位置公告危大工程名称、施工时间和具体责任人员，并在危险区域设置安全警示标志。

（2）专项施工方案实施前，编制人员或者项目技术负责人应当向施工现场管理人员进行方案交底。

施工现场管理人员应当向作业人员进行安全技术交底，并由双方和项目专职安全生产管理人员共同签字确认。

（3）施工单位应当对危大工程施工作业人员进行登记，项目负责人应当在施工现场履职。

项目专职安全生产管理人员应当对专项施工方案实施情况进行现场监督，对未按照专项施工方案施工的，应当要求立即整改，并及时报告项目负责人，项目负责人应当及时组织限期整改。

施工单位应当按照规定对危大工程进行施工监测和安全巡视，发现危及人身安全的紧急情况，应当立即组织作业人员撤离危险区域。

（4）危大工程发生险情或者事故时，施工单位应当立即采取应急处置措施，并报告工程所在地住房城乡建设主管部门。建设、勘察、设计、监理等单位应当配合施工单位开展应急抢险工作。

第四章　建筑施工安全防护基本知识

第一节　个人安全防护用品的使用

一、安全帽

安全帽是对人的头部受坠落物及其他特定因素引起的伤害起防护作用的防护用品。由帽壳、帽衬、下颏带和帽箍等组成。

施工现场工人必须佩戴安全帽。

（1）安全帽的作用

主要是为了保护头部不受到伤害，并在出现以下几种情况时保护人的头部不受伤害或降低头部伤害的程度。

1）飞来或坠落下来的物体击向头部时；

2）当作业人员从 2m 及以上的高处坠落下来时；

3）当头部有可能触电时；

4）在低矮的部位行走或作业，头部有可能碰到尖锐、坚硬的物体时。

（2）安全帽佩戴注意事项

安全帽的佩戴要符合标准，使用应符合规定。佩戴时要注意下列事项：

1）戴安全帽前应将调整带按自己头型调整到适合的位置，然后将帽内弹性带系牢。缓冲衬垫的松紧由带子调节，人的头顶和帽体内顶部的空间垂直距离一般在 25～50mm 之间。这样才能保证当遭受到冲击时，帽体有足够的空间可供缓冲，平时也有利于头和帽体间的通风。

2）不要把安全帽歪戴，也不要把帽檐戴在脑后方。否则，会降低安全帽对于冲击的防护作用。

3）为充分发挥保护力，安全帽佩戴时必须按头号围的大小调整帽箍并系紧下颏带。

4）安全帽体顶部除了在帽体内部安装了帽衬外，有的还开了小孔通风。但在使用时不要为了透气而随便再行开孔，因为这样做会降低帽体的强度。

5）安全帽要定期检查。检查有没有龟裂、下凹、裂痕和磨损等情况，发现异常现象要立即更换，不准再继续使用。任何受过重击、有裂痕的安全帽，不论有无损坏现象，均应报废。

6）在现场室内作业也要戴安全帽，特别是在室内带电作业时，更要认真戴好安全帽，因为安全帽不但可以防碰撞，而且还能起到绝缘作用。

7）平时使用安全帽时应保持整洁，不能接触火源，不要任意涂刷油漆，不准当凳子坐。如果丢失或损坏，必须立即补发或更换，无安全帽一律不准进入施工现场。

二、安全带

安全带是用于防止高处作业人员发生坠落或发生坠落后将作业人员安全悬挂的个体防护装备。主要由安全绳、缓冲器、主带、辅带等部件组成。

为了防止作业者在某个高度和位置上可能出现的坠落，作业者在登高和高处作业时，必须系挂好安全带。安全带的使用和维护有以下几点要求：

（1）高处作业施工前，应对作业人员进行安全技术教育及交底，并应配备相应防护用品。作业人员应从思想上重视安全带的作用，作业前必须按规定要求系好安全带。

（2）安全带在使用前要检查各部位是否完好无损，所有零部件应顺滑，无材料或制造缺陷，无尖角或锋利边缘。

（3）挂点强度应满足安全带的负荷要求，挂点不是安全带的组成部分，但同安全带的使用密切相关。高处作业如无固定挂点，应采用适当强度的钢丝绳或采取其他方法悬挂。禁止挂在移动或带尖锐棱角或不牢固的物件上。

（4）高挂低用。将安全带挂在高处，人在下面工作就叫高挂低用。它可以使坠落发生时的实际冲击距离减小。与之相反的是低挂高用。因为当坠落发生时，实际冲击的距离会加大，人和绳都要受到较大的冲击负荷。所以安全带必须高挂低用，严禁低挂高用。

（5）安全带绳保护套要保持完好，以防绳被磨损。若发现保护套损坏或脱落，必须加上新套后再使用。

（6）安全带严禁擅自接长使用。如果使用 3m 及以上的长绳时必须要加缓冲器，各部件不得任意拆除。

（7）安全带在使用后，要注意维护和保管。要经常检查安全带缝制部分和挂钩部分，必须详细检查捻线是否发生裂断和残损等。

（8）安全带不使用时要妥善保管，不可接触高温、明火、强酸、强碱或尖锐物体，不要存放在潮湿的仓库中保管。

（9）安全带在使用两年后应抽验一次，频繁使用应经常进行外观检查，发现异常必须立即更换。定期或抽样试验用过的安全带，不准再继续使用。

三、防护服

建筑施工现场作业人员应穿着工作服。焊工的工作服一般为白色，其他工种的工作服没有颜色的限制。

（1）防护服的分类

建筑施工现场的防护服主要有以下几类：

1）全身防护型工作服；

2）防毒工作服；

3）耐酸工作服；

4）耐火工作服；

5）隔热工作服；

6）通气冷却工作服；

7）通水冷却工作服；

8）防射线工作服；

9）劳动防护雨衣；

10）普通工作服。

（2）防护服的穿着

施工现场对作业人员防护服的穿着要求主要有：

1）作业人员作业时必须穿着工作服；

2）操作转动机械时，袖口必须扎紧；

3）从事特殊作业的人员必须穿着特殊作业防护服；

4）焊工工作服应是白色帆布制作的。

四、防护鞋

防护鞋的种类比较多，应根据作业场所和内容的不同选择使用。电力建设施工现场上常用的有绝缘靴（鞋）、焊接防护鞋、耐酸碱橡胶靴及皮安全鞋等。

对绝缘鞋的要求有：

（1）必须在规定的电压范围内使用；

（2）绝缘鞋（靴）胶料部分无破损，且每半年作一次预防性试验；

（3）在浸水、油、酸、碱等条件上不得作为辅助安全用具使用。

五、防护手套

使用防护手套时，必须对工件、设备及作业情况分析之后，选择适当材料制作的，操作方便的手套，方能起到保护作用。施工现场上常用的防护手套有下列几种：

（1）劳动保护手套。具有保护手和手臂的功能，作业人员工作时一般都使用这类手套。

（2）带电作业用绝缘手套。要根据电压选择适当的手套，检查表面有无裂痕、发粘、发脆等缺陷，如有异常禁止使用。

（3）耐酸、耐碱手套。主要用于接触酸和碱时戴的手套。

（4）橡胶耐油手套。主要用于接触矿物油、植物油及脂肪簇的各种溶剂作业时戴的手套。

（5）焊工手套。电、火焊作业时戴的防护手套，应检查皮革或帆布表面有无僵硬、薄挡、洞眼等残缺现象，如有缺陷，不准使用。手套要有足够的长度，手腕部不能裸露在外边。

第二节　安全色与安全标志

安全色和安全标志是国家规定的两个传递安全信息的标准。尽管安全色和安全标志是一种消极的、被动的防御性的安全警告装置，并不能消除、控制危险，不能取代其他防范安全生产事故的各种措施，但它们形象而醒目地向人们提供了禁止、警告、指令、提示等安全信息，对于预防安全生产事故的发生具有重要作用。

一、安全色的概念

安全色，就是传递安全信息含义的颜色，包括红、蓝、黄、绿四种颜色。对比色，是使安全色更加醒目的反衬色，包括黑、白两种颜色。对比色要与安全色同时使用。

安全色适用于工业企业、交通运输、建筑、消防、仓库、医院及剧场等公共场所使用的信号和标志的表面色，不适用于灯光信号、航海、内河航运以及其他目的而使用的颜色。

二、安全色的含义

安全色的红、蓝、黄、绿四种颜色，分别代表不同的含义。

（1）红色。表示禁止、停止、危险以及消防设备的意思。凡是禁止、停止、消防和有危险的器件或环境均应涂以红色的标记作为警示的信号。

（2）蓝色。表示指令，要求人们必须遵守的规定。

（3）黄色。表示提醒人们注意。凡是警告人们注意的器件、设备及环境都应以黄色表示。

（4）绿色。表示给人们提供允许、安全的信息。

（5）对比色与安全色同时使用。

（6）安全色与对比色的相间条纹。

红色与白色相间条纹——表示禁止人们进入危险环境。

黄色与黑色相间条纹——表示提示人们特别注意的意思。

蓝色和白色相间条纹——表示必须遵守规定的意思。

绿色和白色相间条纹——与提示标志牌同时使用，更为醒目地提示人们。

三、安全色的使用

安全色的使用范围很广，可以使用在安全标志上，也可以直接使用在机械设备上；可以在室内使用，也可以在户外使用。如红色的，各种禁止标志；黄色的，各种警告标志；蓝色的，各种指令标志；绿色的，各种提示标志等。

安全色有规定的颜色范围，超出范围就不符合安全色的要求。颜色范围所规定的安全色是最不容易互相混淆的颜色。对比色是为了使安全色更加醒目而采用的反衬色，它的作用是提高物体颜色的对比度。

四、安全标志的概念

安全标志是用以表达特定安全信息的标志，由图形符号、安全色、几何图形（边框）或文字构成。

安全标志适用于工矿企业、建筑工地、厂内运输和其他有必要提醒人们注意安全的场所。使用安全标志，能够引起人们对不安全因素的注意，从而达到预防事故、保证安全的目的。但是，安全标志的使用只是起到提示、提醒的作用，它不能代替安全操作规程，也不能代替其他的安全防护措施。

五、安全标志的种类

安全标志分禁止标志、警告标志、指令标志和提醒标志四大类型。

（1）禁止标志。禁止标志的含义是禁止人们安全行为的图形标志。其基本形式是带斜杠的圆边框，采用红色作为安全色。

（2）警告标志。警告标志的基本含义是提醒人们对周围环境引起注意，以避免可能发生危险的图形标志。其基本形式是正三角形边框，采用黄色作为安全色。

（3）指令标志。指令标志的含义是强制人们必须做出某种动作或采用防范措施的图形标志。其基本形式是圆形边框，采用蓝色作为安全色。

（4）提示标志。提示标志的含义是向人们提供某种信息（如标明安全设施或场所等）的图形标志。其基本形式是正方形边框，采用绿色作为安全色。

第三节 高处作业安全知识

一、高处作业的基本概念

凡在坠落高度基准面 2m 及以上，有可能坠落的高处进行的作业，均称为高处作业。

二、建筑施工高处作业常见形式及安全措施

1. 临边作业

临边作业是指在工作面边沿无围护或围护设施高度低于 800mm 的高处作业，包括楼板边、楼梯段边、屋面边、阳台边、各类坑、沟、槽等边沿的高处作业。

进行临边作业时，应在临空一侧设置防护栏杆，并应采用密目式安全立网或工具式栏板封闭。

（1）分层施工的楼梯口、楼梯平台和梯段边，应安装防护栏杆；外设楼梯口、楼梯平台和梯段边还应采用密目式安全立网封闭。

（2）建筑物外围边沿处，应采用密目式安全立网进行全封闭，有外脚手架的工程，密目式安全立网应设置。

（3）在脚手架外侧立杆上，并与脚手杆紧密连接；没有外脚手架的工程，应采用密目式安全立网将临边全封闭。

（4）施工升降机、龙门架和井架物料提升机等各类垂直运输设备设施与建筑物间设置的通道平台两侧边，应设置防护栏杆、挡脚板，并应采用密目式安全立网或工具式栏板封闭。

（5）各类垂直运输接料平台口应设置高度不低于 1.80m 的楼层防护门，并应设置防外开装置；多笼井架物料提升机通道中

间，应分别设置隔离设施。

2. 洞口作业

洞口作业是指在地面、楼面、屋面和墙面等有可能使人和物料坠落，其坠落高度大于或等于2m的洞口处的高处作业。

在洞口作业时，应采取防坠落措施，并应符合下列规定：

（1）当垂直洞口短边边长小于500mm时，应采取封堵措施；当垂直洞口短边边长大于或等于500mm时，应在临空一侧设置高度不小于1.2m的防护栏杆，并应采用密目式安全立网或工具式栏板封闭，设置挡脚板。

（2）当非垂直洞口短边尺寸为25～500mm时，应采用承载力满足使用要求的盖板覆盖，盖板四周搁置应均衡，且应防止盖板移位。

（3）当非垂直洞口短边边长为500～1500mm时，应采用专项设计盖板覆盖，并应采取固定措施。

（4）当非垂直洞口短边长大于或等于1500mm时，应在洞口作业侧设置高度不小于1.2m的防护栏杆，并应采用密目式安全立网或工具式栏板封闭；洞口应采用安全平网封闭。

（5）电梯井口应设置防护门，其高度不应小于1.5m，防护门底端距地面高度不应大于50mm，并应设置挡脚板。

（6）在进入电梯安装施工工序之前，同时井道内应每隔10m且不大于2层加设一道水平安全网。电梯井内的施工层上部，应设置隔离防护设施。

（7）施工现场通道附近的洞口、坑、沟、槽、高处临边等危险作业处，应悬挂安全警示标志外，夜间应设灯光警示。

（8）边长不大于500mm洞口所加盖板，应能承受不小于1.1kN/m²的荷载。

（9）墙面等处落地的竖向洞口、窗台高度低于800mm的竖向洞口及框架结构在浇注完混凝土没有砌筑墙体时的洞口，应按临边防护要求设置防护栏杆。

3. 攀登作业

攀登作业是指借助登高用具或登高设施进行的高处作业。攀登作业应注意以下事项：

（1）攀登的用具，结构构造上必须牢固可靠。

（2）梯子底部应坚实，并有防滑措施，不得垫高使用，梯子的上端应有固定措施。

（3）单梯不得垫高使用，使用时应与水平面成 75°夹角，踏步不得缺失，其间距宜为 300mm。当梯子需接长使用时，应有可靠的连接措施，接头不得超过 1 处。连接后梯梁的强度，不应低于单梯梯梁的强度。

（4）固定式直爬梯应用金属材料制成。使用直爬梯进行攀登作业时，攀登高度以 5m 为宜，超过 8m 时，应设置梯间平台。

（5）上下梯子时，必须面向梯子，且不得手持器物。

4. 交叉作业

交叉作业是指垂直空间贯通状态下，可能造成人员或物体坠落，并处于坠落半径范围内、上下左右不同层面的立体作业。交叉作业时应注意以下事项：

（1）各工种进行上下立体交叉作业时，不得在同一垂直方向上操作，下层作业的位置，必须处于依上层高度确定的可能坠落半径范围之外，不符合以上条件时，应设安全防护层。

（2）钢模板、脚手架拆除时，下方不得有人施工。

（3）模板拆除后，临边堆放处离楼层边沿不应小于 1m，堆放高度不得超过 1m，楼层边口、通道口、脚手架边缘等处，严禁堆放任何物件。

（4）结构施工自 2 层起，凡人员进出的通道口（包括井架、施工电梯的进出通道口），均应搭设双层防护棚。

（5）在建建筑物旁或在塔机吊臂回转半径范围之内的主要通道，临时设施，钢筋、本工作业区等必须搭设双层防护棚。

第五章　施工现场消防基本知识

第一节　施工现场消防知识概述及常用消防器材

一、施工现场消防知识概述

我国消防工作实行预防为主、消防结合的方针。按照政府统一领导、部门依法监管、单位全面负责、公民积极参与的原则，实行消防安全责任制，建立健全社会化的消防工作网络。

建设工程施工现场的防火，必须遵循国家有关方针、政策，针对不同施工现场的火灾特点，立足自防自救，采取可靠防火措施，做到安全可靠、经济合理、方便适用。

燃烧的发生必须具备三个条件，即：可燃物、助燃物和着火源。因此，制止火灾发生的基本措施包括：

（1）控制可燃物，以难燃或不燃的材料代替易燃或可燃的。

（2）隔绝空气，使用易燃物质的生产应密闭的设备中进行。

（3）消除着火源。

（4）阻止火势蔓延，在建筑物之间筑防火墙，设防火间距，防止火灾扩大。

二、建筑施工现场消防器材的配置和使用

1.在建工程及临时用房的下列场所应配置灭火器

（1）易燃易爆危险品存放及使用场所；

（2）动火作业场所；

（3）可燃材料存放、加工及使用场所；

（4）厨房操作间、锅炉房、发电机房、变配电房、设备用房、办公用房、宿舍等临时用房；

(5) 其他具有火灾危险的场所。

2. 建筑施工现场常用灭火器及使用方法

(1) 泡沫灭火器。药剂：筒内装有碳酸氢钠、发沫剂、硫酸铝溶液。用途：适用于扑救油脂类、石油产品及一般固体初起的火灾；不适用于扑救忌水化学品和电气火灾。使用方法：手指堵住喷嘴，将筒体上下颠倒 2 次，打开开关，药剂即喷出。

(2) 干粉灭火器。药剂：钢筒内装有钾盐或钠盐粉，并备有盛装压缩气体的小钢瓶。用途：适用于扑救石油及其产品、可燃气体和电气设备初起的火灾。使用方法：提起筒，拔掉保险销环，干粉即可喷出。

(3) 二氧化碳灭火器。药剂：瓶内装有压缩或液态的二氧化碳。用途：主要适用于扑救贵重设备档案资料，仪器仪表，600V 以下的电器及油脂等火灾；禁止使用二氧化碳灭火器灭火的物品有，遇有燃烧物品中的锂、钠、钾、铯、锶、镁、铝粉等。使用方法：拔掉安全销，一手拿好喇叭筒对着火源，另一手压紧压把打开开关即可。

(4) 酸碱灭火器。用途：主要适用于扑救竹、木、棉、毛、草、纸等一般初起火灾，但对忌水的化学物品、电气、油类不宜用。

3. 消防栓、消防带、消防水枪

消防栓按安装区域分有室内、室外消防栓两种；按安装位置分有地上式与地下式两种；按消防介质分有水消防栓和泡沫消防栓两种。消防栓应在任意时刻均处于工作状态。

(1) 消防水带应配相对口径的水带接口方能使用。水带接口装置于水带两端，用于水带与水带、消火栓或水枪之间的连接，以便进行输水或水和泡沫混合液，其接口为内扣式。

(2) 水枪是装在水带接口上，起射水作用的专用部件。各种水枪的接口形式均为内扣式。

(3) 消防栓的开关位置在其顶部，必须用专用扳手操作，其顶盖上有开关标志符。

使用时应先安好消防水带,之后打开消防栓上封盖把水带固定好,然后再打开消防栓。在使用消防栓灭火时,必须两人以上操作,当水带充满水后,一人拿枪,一人配合移动消防水带。

第二节　施工现场消防管理制度及相关规定

施工现场的消防安全由施工单位负责。实行施工总承包的,应由总承包单位负责。分包单位向总承包单位负责,并应服从总承包单位的管理,同时应承担国家法律、法规规定的消防责任和义务。施工现场建立消防管理制度,落实消防责任制和责任人员,建立义务消防队,定期对有关人员进行消防教育,落实消防措施。

一、施工现场消防管理制度

(1) 施工单位应编制施工现场灭火及应急疏散预案。灭火及应急疏散预案应包括下列主要内容:

1) 应急灭火处置机构及各级人员应急处置职责。

2) 报警、接警处置的程序和通信联络的方式。

3) 扑救初起火灾的程序和措施。

4) 应急疏散及救援的程序和措施。

(2) 施工人员进场时,施工现场的消防安全管理人员应向施工人员进行消防安全教育和培训。消防安全教育和培训应包括下列内容:

1) 施工现场消防安全管理制度、防火技术方案、灭火及应急疏散预案的主要内容。

2) 施工现场临时消防设施的性能及使用、维护方法。

3) 扑灭初起火灾及自救逃生的知识和技能。

4) 报警、接警的程序和方法。

(3) 施工作业前,施工现场的施工管理人员应向作业人员进行消防安全技术交底。消防安全技术交底应包括下列主要内容：

1）施工过程中可能发生火灾的部位或环节。

2）施工过程应采取的防火措施及应配备的临时消防设施。

3）初起火灾的扑救方法及注意事项。

4）逃生方法及路线。

（4）施工过程中，施工现场的消防安全负责人应定期组织消防安全管理人员对施工现场的消防安全进行检查。消防安全检查应包括下列主要内容：

1）可燃物及易燃易爆危险品的管理是否落实。

2）动火作业的防火措施是否落实。

3）用火、用电、用气是否存在违章操作，电、气焊及保温防水施工是否执行操作规程。

4）临时消防设施是否完好有效。

5）临时消防车道及临时疏散设施是否畅通。

二、施工现场消防管理规定

1. 施工现场动火作业

（1）动火作业应办理动火许可证，动火许可证的签发人收到动火申请后，应前往现场查验并确认动火作业的防火措施落实后，再签发动火许可证。

（2）动火操作人员应具有相应资格。

（3）焊接、切割、烘烤或加热等动火作业前，应对作业现场的可燃物进行清理；作业现场及其附近无法移走的可燃物应采用不燃材料覆盖或隔离。

（4）施工作业安排时，宜将动火作业安排在使用可燃建筑材料施工作业之前进行。确需在可燃建筑材料施工作业之后进行动火作业的，应采取可靠的防火保护措施。

（5）裸露的可燃材料上严禁直接进行动火作业。

（6）焊接、切割、烘烤或加热等动火作业应配备灭火器材，并应设置动火监护人进行现场监护，每个动火作业点均应设置1个监护人。

（7）五级（含五级）以上风力时，应停止焊接、切割等室外动火作业，确需动火作业时，应采取可靠的挡风措施。

（8）动火作业后，应对现场进行检查，并应在确认无火灾危险后，动火操作人员再离开。

2. 施工现场用电

（1）电气线路应具有相应的绝缘强度和机械强度，禁止使用绝缘老化或失去绝缘性能的电气线路，严禁在电气线路上悬挂物品。破损、烧焦的插座、插头应及时更换。

（2）电气设备与可燃、易燃易爆和腐蚀性物品应保持一定的安全距离。

（3）距配电盘 2m 范围内不得堆放可燃物，5m 范围内不应设置可能产生较多易燃、易爆气体、粉尘的作业区。

（4）可燃库房不应使用高热灯具，易燃易爆危险品库房内应使用防爆灯具。

（5）电气设备不应超负荷运行或带故障使用。

3. 施工现场用气

（1）储装气体罐瓶及其附件应合格、完好和有效；严禁使用减压器及其他附件缺损的氧气瓶，严禁使用乙炔专用减压器、回火防止器及其他附件缺损的乙炔瓶。

（2）气瓶应保持直立状态，并采取防倾倒措施，乙炔瓶严禁横躺卧放。

（3）严禁碰撞、敲打、抛掷、溜坡或滚动气瓶。

（4）气瓶应远离火源，与火源的距离不应小于 10m，并应采取避免高温和防止曝晒的措施。

（5）气瓶应分类储存，库房内应通风良好；空瓶和实瓶同库存放时，应分开放置，两者间距不应小于 1.5m。

（6）瓶装气体使用前，应检查气瓶及气瓶附件的完好性，检查连接气路的气密性，并采取避免气体泄漏的措施，严禁使用已老化的橡皮气管。

（7）氧气瓶与乙炔瓶的工作间距不应小于 5m，气瓶与明火作业点的距离不应小于 10m。

（8）冬季使用气瓶，气瓶的瓶阀、减压阀等发生冻结时，严禁用火烘烤或用铁器敲击瓶阀，严禁猛拧减压器的调节螺丝。

（9）氧气瓶内剩余气体的压力不应少于 0.1MPa，气瓶用后应及时归库。

第六章 施工现场应急救援基本知识

第一节 生产安全事故应急救援
预案管理相关知识

一、生产安全事故应急救援预案的概念

生产安全事故应急救援预案是为了有效预防和控制可能发生的事故，最大程度减少事故及其损害而预先制定的工作方案。它是事先采取的防范措施，将可能发生的等级事故损失和不利影响减少到最低的有效方法。

二、建筑施工企业生产安全事故应急救援预案的管理

施工单位的应急救援预案应经专家评审或者论证后，由企业主要负责人签署发布。施工项目部的安全事故应急救援预案在编制完成后报施工企业审批。

建筑工程施工期间，施工单位应当将生产安全事故应急救援预案在施工现场显著位置公示，并组织开展本单位的应急救援预案培训交底活动，使有关人员了解应急救援预案的内容、熟悉应急救援职责、应急救援程序和岗位应急救援处置方案。

建筑施工单位应当制定本单位的应急预案演练计划，根据本单位的事故预防重点，每年至少组织一次综合应急预案演练或者专项应急预案演练，每半年至少组织一次现场处置方案演练。

第二节　现场急救基本知识

一、施工现场应急救护要点

1. 对骨伤人员的救护

（1）不能随便搬动伤者，以免不正确的搬动（或移动）给伤者带来二次伤害。例如凡是胸、腰椎骨折者，头、颈部外伤者，不能任意搬动，尤其不能屈曲。

（2）在需要搬动时，用硬板固定受伤部位后方可搬动。

（3）用担架搬运时，要使伤员头部向后，以便后面抬担架的人可以随时观察其伤情变化。

2. 对眼睛伤害人员的救护

（1）眼有异物时，千万不要自行用力揉眼睛，应通过药水、泪水、清水冲洗，仍不能把异物冲掉时，才能扒开眼睑，仔细小心清除眼里异物，如仍无法清除异物或伤势较重时，应立即到医院治疗。

（2）当化学物质（如砌筑用的石灰膏）进入眼内，立即用大量的清水冲洗。冲洗时要扒开眼睑，使水能直接冲洗眼睛，要反复冲洗，时间至少 15min 以上。在无人协助的情况下，可用一盆水，双眼浸入水中，用手分开眼睑，做睁、闭眼、转动立即到医院做必要的检查和治疗。

3. 心肺复苏术

心肺复苏术，是在建筑工地现场对呼吸心骤停病人给予呼吸和循环支持所采取的急救，急救措施如下：

（1）畅通气道：托起患者的下颌，使病人的头向后仰，如口中有异物，应先将异物排除。

（2）口对口人工呼吸：握闭病人的鼻孔，深吸气后先连续快速向病人口内吹气 4 次，吹气频率以每分钟 2～16 次。如遇特殊情况（牙关紧闭或外伤），可采用口对鼻人工呼吸。

（3）胸外脏按压：双手在放病人胸骨的下 1/3 段（剑突上两

根指），有节奏地垂直向下按压胸骨干段，成人按压的深度为胸骨下陷 4～5cm 为宜。一般按压 15 次，吹气 2 次。

（4）胸外心脏按压和口对口吹气需要交替进行。最好有两个人同时参加急救，其中一个人作口对口吹气。

4. 外伤常用止血方法

（1）一般止血法：凡出血较少的伤口，可在清洗伤口后盖上一块消毒纱布，并用绷带或胶布固定即可。

（2）指压止血法：可用干净的布（没有布可以用手）直接按压伤口，直到不出血为止。

（3）加压包扎止血法：用纱布，棉花等垫放在伤口上，用较大的力进行包扎。并尽量抬高受伤部位。加压时力量也不可过大，或扎得过紧，如以免引起受伤部位局部缺血造成坏死。

二、建筑施工现场主要事故类型及救援常识

1. 触电事故及救援常识

（1）发现有人触电时，不要直接用手去拖拉触电者，应首先迅速拉电闸断电，现场无电电闸时，使用木方等不导电的材料或用干衣服包严双手，将触电者拖离电源。

（2）根据触电者的状况现场进行人工急救（如心肺复苏），并迅速向工地负责人报告或报警。

2. 火灾事故及救援常识

（1）最早发现者应立即大声呼救，并根据情况立即采取正确方法灭火。当判断火势无法控制时，要迅速报警和向有关人员报告。

（2）根据火灾的影响范围，迅速把无关人员疏散到指定的消防安全区。作业区发生火灾时，可采用建筑物内楼梯、外脚手架上下梯、离火灾现场较远的外施工电梯等疏散人员。不得使用离火灾现场较近的外施工电梯，严禁使用室内电梯疏散人员。

（3）当火势无法控制时，要及时采取隔离火源措施，及时搬出附近的易燃易爆物以及贵重物品，防止火势蔓延到有易燃易爆物品或存放贵重物品的地点。当有可能发生气瓶爆炸或火势已无法控制且危及人员生命安全时，迅速将救火人员撤离到安全地方，等待专职消防队救援或采取其他必要措施。

（4）火灾逃生自救知识原则：

如果发现火势无法控制，应保持镇静，判断危险地点和安全地点，决定逃生方法和路线，尽快撤离险地。

通过浓烟区逃生时，如无防毒面具等护具，可用湿等毛巾捂住口鼻，并尽可能贴近地面，以匍匐姿势快速前进，如有条件可向头部、身上浇冷水或用湿毛巾、湿棉被，湿毯子等将头、身裹好再冲出去。

3. 易燃易爆气体泄漏事故应急常识

（1）最早发现者应立即大声呼救，并向有关人员报告或报警。根据情况立即采取正确方法施救，如尝试采取关闭阀门、堵漏洞等措施截断、控制泄漏，若无法控制，应迅速撤离。

（2）在气体泄漏区内严禁使用手机、电话或启动电器设备，并禁止一切产生明火或火花的行为。

（3）疏散无关人员，迅速远离危险区域，治安保卫人员要迅速建立禁区，严禁无关人员进入。同时停止附近的作业。

（4）在未有安全保障措施的情况下，不要盲目行动，应等待公安消防队或其他专业救援队伍处理。

4. 发现坍塌预兆或坍塌事故应急常识

（1）发现坍塌预兆时，发现者应立即大声呼唤，停止作业，迅速疏散人员撤离现场，并向项目部报告。待险情排除，并得到有关人员同意后，方可重新进入现场作业。

（2）当事故发生后，发现者应立即大声呼救，同时向有关人员报告或报警。项目部根据情况立即采取措施组织抢救，同时向上级部门报告。

（3）迅速判断事故发展状态和现场情况，采取正确应急控制措施，判断清楚被掩埋人员位置，立即组织人员全力挖掘抢救。

（4）在救护过程中要防止二次坍塌伤人，必要时先对危险的地方采取一定的加固措施。

（5）按照有关救护知识，立即救护抢救出来的伤员，在等待医生救治或送往医院抢救过程中，不要停止和放弃施救。

5. 有毒气体中毒事故应急常识

（1）最早发现者应立即大声呼救，向有关人员报告或报警，如原因明确应立即采取正确方法施救，但决不可盲目救助。

（2）迅速查明事故原因和判断事故发展状态，采取正确方法施救。

如中毒事故必须先通风或戴好防毒面具方可救人；如缺氧，则要戴好有供氧的防毒面具才可救人。

（3）救出伤员后按照有关救护知识，立即救护伤员，在等待医生救治或送往医院抢救过程中，不要停止和放弃施救，如采用人工呼吸，或输氧急救等。

（4）现场不具备抢救条件时，立即向社会求救。

6. 高处坠落伤害急救常识

（1）坠落在地的伤员，应初步检查伤情，不得随意搬动。

（2）立即呼叫"120"急救医生前来救治。

（3）采取初步急救措施：止血、包扎、固定。

（4）注意固定颈部、胸腰部椎，搬运时保持动作一致平稳，避免伤员柱弯曲扭动加重伤情。

三、施工现场报警注意事项

（1）按工地写出的报警电话，进行报警。

（2）报告事故类型。说明伤情（病情、火情、案情）等，好让救护人员事先做好急救的准备。如火灾报警时要尽量说明燃烧或爆炸物质、燃烧程度、人员伤亡、发生火灾楼层等情况。

（3）说明单位（或事故地）的电话或手机号码，以便救护车（消防车、警车）随时用电话通信联系。

（4）可用几部电话或手机，由数人同时向有关救援单位报警求救。以便让各种救援单位都能以最快的速度到达事故现场。

第二部分 专业基础知识

第七章 桩工机械

第一节 种类及使用范围

一、桩的分类

桩是我们工作的主要产品之一，了解桩的分类很有必要。我们常讲桩基和基桩，究竟有什么区别呢？《建筑桩基技术规范》JGJ 94—2008 中定义，桩基：由设置于岩土中的桩和与桩顶联结的承台共同组成的基础或由柱与桩直接联结的单桩基础；基桩：桩基础中的单桩。

桩可按功能、桩的性状和轴向受力情况、材料、施工方法等进行分类（图 7-1）。

1. 按功能分类

（1）承受轴向压力的桩；（2）承受轴向拔力的桩；（3）承受横向荷载的桩。

2. 按传递载荷的方式分类

（1）端承型桩：桩穿过上部较软地层，支承在硬土层或岩石上的桩。

（2）摩擦型桩：利用桩身周围摩擦力支承上部建筑物载荷的桩。

3. 根据桩的共同工作情况分类

（1）单桩

各根桩单独承载互不影响。

（2）群桩

两根以上的桩用承台联结而共同工作叫群桩。

4. 按桩身材料分类

（1）钢桩

钢桩通常是圆管形和工字形桩。钢桩的特点如下：

1）抗拉抗压强度大，能承受强大的冲击力，施工时很容易穿透很深的地层而支撑在坚硬的地层上，因此，钢桩能获得很大的承载能力。

2）抗弯强度大，能承受很大的水平力。因此，用在像铁塔、烟囱、桥基等水平作用力大的情况下极为有利。

3）持力层深度不一致时，接桩、截桩都很简单。

4）与其他桩相比，其实际截面积小，因此，打桩时对土壤的挠动小，对邻近建筑物的影响小。

5）强度高，相对重量轻，运输方便。

6）桩头处理简单，与上部建筑结合得好。

7）价格高。

8）在干湿经常变化的情况下，必须采取防腐措施。

（2）钢筋混凝土预制桩

它可分为预应力桩和非预应力桩。这种桩的特点如下：

1）抗腐蚀性能好，特别是预应力桩。

2）价格便宜，节省材料。

3）尺寸受限制，预应力桩的长度不宜超过 30m，当需要较长的桩时，中间需加接头，不仅费事，而且形成薄弱点。

4）留在地面上的桩头处理困难，而且不经济。

5）非预应力桩的抗拉强度小，运输及打入时都应特别注意。

（3）木桩

木桩只能做半永久性桩，长度和承载能力都很小。

5. 按施工方法分类

（1）预制桩。钢桩、钢筋混凝土预制桩和木桩都是预制桩。预制桩在工厂制作，质量可靠，施工速度快，可靠性好。但预制桩运输较困难。沉桩方式主要有锤击法、振动法、静压法。

（2）灌注桩。灌注桩是一种现场浇筑型的钢筋混凝土桩。它是在桩位处按桩的尺寸钻成一个孔，放入钢筋笼，浇筑混凝土而成。灌注桩则没有运输困难的缺点，在施工时常常可以做到无振动、无噪声，但有泥浆污染。灌注桩的成桩技术日新月异，就其沉桩过程、桩土的相互影响特点可分为三大基本类型：非挤土灌注桩、部分挤土灌注桩、挤土灌注桩，每一基本类型又包括多种成桩方法。

桩基础分类如图 7-1 所示。

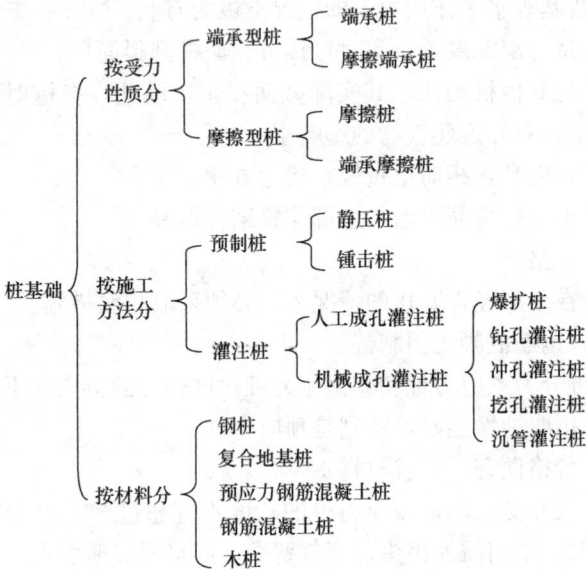

图 7-1　桩的类型分类

二、桩工机械的主要类别、用途、特点、技术参数

桩工机械种类很多，新的设备也层出不穷，本着便于培训、实用、常用的原则，重点介绍以下常用的机械的类别、技术参数。

1. 预制桩施工机械

（1）静力压桩机的主要类别及技术参数（表 7-1）

静力压桩机主要技术参数 表 7-1

型号	YZY80	YZY120	YZY160	YZY240	YZY330	ZYJ500	ZYJ600
最大夹持力 （kN）	2600	3530	5000				
夹持速度 （m/min）	0.7	0.7	0.55				
最大压桩力 （kN）	900	1200	1600	2400	3300	5000	6000
压桩速度 （m/min）	1.7	2	1.81	1.6～2.1	1.6～2.1	4.5	4.5
最大顶升力 （kN）	1440	2430	1840				
顶升速度 （m/min）	1	1	1.01				
最大桩段 长度（m）	12	12	10	12	12		14
最大桩段 截面（mm）	400×400	400×400	450×450	550×550	550×550		
最小桩段 截面（mm）	300×300	350×350	350×350	300×300	300×300		
液压系统 额定压力 （MPa）	13	17	18	21	21	25	23.9
液压系统 额定流量 （L/min）	146	154	176.5				270
主电动机 功率 （kW）	30	30	40	30×2	30×2	74	30×3 ＋30
副电动机 功率 （kW）	13	13	30	37	37		
外形尺寸长 （mm）	9000	9000	11450	10000	10000	13200	13500

型号	YZY80	YZY120	YZY160	YZY240	YZY330	ZYJ500	ZYJ600
外形尺寸宽 (mm)	6760	6760	7800	7706	8400	7000	7100
外形尺寸高 (mm)	6450	6450	15480	6600	6600	2940	3110

注：此表引自《江苏省建筑安装工程施工技术操作规程（第二十四分册）大型施工机械》。

（2）各类打桩机桩架、桩锤的主要类别、性能及技术参数（表 7-2～表 7-8）。

履带式打桩架基本参数与尺寸　　　　表 7-2

项目与单位	型　号				
	DJU18	DJU25	DJU40	DJU60	DJU100
适用最大柴油锤型号	D18	D25	D40	D60	D100
立柱长度/A（m）	21	24	27	33	33
锤导轨中心距（mm）	330	330	330	$600 \times \frac{330}{600}$	$600 \times \frac{330}{600}$
立柱倾斜范围 前倾（°）	5	5	5	5	5
后倾（°）	18.5	18.5	18.5	—	—
立柱水平调整范围（mm）	200	200	200	200	200
桩架负荷能力（t）	10	16	24	30	50
柱架行走速度（km/h）	0.5	0.5	0.5	0.5	0.5
上平台回转速度（r/min）	<1	<1	<1	<1	<1
履带运输时全宽/B_1（mm）	≤3300	≤3300	≤3300	≤3300	≤3300
履带工作时外扩后宽/B_2（mm）	—	—	3960	3980	3960
接地比压（Pa）	$<9.8 \times 10^4$	$<9.8 \times 10^4$	$<1.2 \times 10^5$	$<1.2 \times 10^5$	$<1.2 \times 10^5$
发动机功率（马力）	80～100	130～160	180～240	180～240	180～240
桩架作业时总质量（t）	40	50	60	80	100

注：此表引自《江苏省建筑安装工程施工技术操作规程（第二十四分册）　大型施工机械》。

步履式打桩架基本参数与尺寸

表 7-3

项目与单位		型号					
		LJB12	DJB18	DJB25	DJB40	DJB60*	DJB100*
适用最大柴油锤型号		D12	D18	D25	D40	D60	D100
立柱长度/A (m)		18	21	24	27	33	40
锤导中心距 (mm)		330	330	330	330	$600 \times \dfrac{330}{600}$	$600 \times \dfrac{330}{600}$
立柱倾斜范围	前倾 (°)	5	5	5	5	5	5
	后倾 (°)	18.5	18.5	18.5	—	—	—
上平台回转角度 (°)		≥120	≥120	≥120	360	360	360
桩架负荷能力 (kN)		≥60	≤100	≤160	≤240	≤300	≤500
柱架行走速度 (km/h)		≤0.5	≤0.5	≤0.5	≤0.5	≤0.5	≤0.5
上平台回转角度 (r/min)		<1	<1	<1	<1	<1	<1
履板制距/C (mm)		3000	3800	4400	4400	6000	6000
履板长度/x (mm)		6000	6000	8000	8000	10000	10000
接地比压 (Pa)		$<9.8 \times 10^4$	$<9.8 \times 10^4$	$<1.2 \times 10^5$	$<1.2 \times 10^5$	$<1.2 \times 10^5$	$<1.2 \times 10^5$
桩架总质量 (t)		≤14	≤25	≤36	≤48	≤70	≤120

注：此表引自《江苏省建筑安装工程施工技术操作规程(第二十四分册) 大型施工机械》。

筒式柴油锤和导杆式柴油锤的性能

表7-4

名称	单位	型号										
		DD6	DD18	DD25	D12	D25	D36	D40	D50	D60	D72
冲击体积量	kN				12	25	36	40	50	60	72
冲击能量	kN·m	7.5	14	30	30	62.5	120	100	125	160	180
冲击次数	次/min				40~60	40~60	36~46	40~60	40~60	35~60	40~60
燃油消耗	L/h				6.5	18.5	12.5	24	28	30	43
冲程	m				2.7	2.5	3.4	2.5	2.5	2.67	2.5
锤总重	kN	12.5	31	42	2.5	65	84	93	105	150	180
锤总高	m	3.5	4.2	4.5	3.83	4.87	5.28	4.87	5.28	5.77	5.9

注：此表引自《江苏省建筑安装工程施工技术操作规程(第二十四分册)大型施工机械》。

表 7-5

国产万能轨道式打桩架

项目 \ 型号	J-40	ZJA	ZDJG40/4		D-12	DJG25	JZ-40
适应最大柴油锤锤型号	D25, D25/32, K25, K35, K45	D_1-1800	D_2-40 D_2-35	D_2-25/32	D2-25	D25	D40
适应最大振动沉拔桩锤型号	DZ_1-8000 VM4-10000		DZ-40A	DZ-40A		DZ60	DZ90
沉桩最大长度 (m)	15	12	14	20	18	18	20
沉桩最大直径 (mm) 预制桩	400×400	250×250	500×500	400×400			400
沉桩最大直径 (mm) 沉管灌注桩	D273~D325		325（桩管长 21.7m）				
沉桩时回转半径 (m)	4.12	2.83	3.0				
沉桩时最大加压力 (kN)	50		80			80	80
最大拔桩力 (kN)	300		250			250	250
起重能力 (kN)	30	30	92				
电动机功率 (kW)	28	7.5	30				
导杆允许前倾最大角度 (°)	5	5	5		5	5	5
导杆允许后倾最大角度 (°)	5	5	5		18.5	18.5	5
上平台回转角度 (°)	360	360	360				360
上平台回转速度 (r/min)	0.4	0.38	0.34		0.3	0.3	0.34
桩架行走速度 (m/min)	3.5	7.8	3.5		4.8	4.8	3
轮距 (mm)	4000	3200	4000		4400	4400	4000
打桩架总重量 (kg)	32000		47000	44500	33000		33800
外形尺寸 (长×宽×高) (m)	9.5×4.5×23.2	6.8×4.4×17.3					14×7.3×38.6

注：J-40、ZJA 型由北京桩工机械厂生产；ZDJG40/4 由连云港机械厂生产；D-12 型由天津搅拌机厂生产；DJG25，JZ-40 型由建筑机械综合所生产。

国产 **DZ** 系列万能轨道式打桩架

表 7-6

型号　　　　　　　项目	ZJ40J	ZJ60J	DJ20J	DJ25J
桩最大深度 (m)	18	25	20	25
桩最大直径 (mm)	400	500	400	500
最大加压力 (kN)	120	200	100	160
最大拔桩力 (kN)	150	250	200	300
配用振动锤最大功率 (kW)	40	60	40	60
导杆允许前倾最大角度 (°)	10	10	10	10
导杆允许后倾最大角度 (°)	5	5	5	5
主卷扬机最大牵引力 (kN)	30	50	30	50
主卷扬机功率 (kW)	11	18.5	11	17
移架卷扬机最大牵引力 (kN)	15	20	15	15
移架卷扬机功率 (kW)	5.5	5.5	4.5	4.5
斜撑减速器最大轴向力 (kN)	20	30	20	20
斜撑减速器功率 (kW)	2×1	2×2.2	2×1	2×1
外形尺寸 (长×宽×高) (m)	11×10×24	11×12×30	9.6×10×25	10×10×50
重量 (不包括锤) (kg)	18000	26500	17500	20000

注：ZJ40J、ZJ60J 型由瑞安市建筑机械厂生产；DJ20J、DJ25J 型由振中工程机械有限公司生产。

表 7-7

液压锤性能参数

产品型号 性能指标	NH70	NH100	NHC65	NHC80	MH48	MH195	HHK-5A	HHK-18A
锤头质量（kg）	7000	10000	6500	8000	2500	10000	5000	18000
锤体总质量（kg）	14300	22500	15200	11800	5800	24000	8700	28000
最大冲程（mm）	1280	1440	1200	1200	1920	1950	1200	1200
最大冲击能量（kN·m）	89.6	144	78	96	48	195	60	216
冲击频率（次/min）	25	20	18～70	18～70	40	38	40～100	40～100
噪声值（30m 处）（dB）			71～75	71～75				
额定工作压力（MPa）	18.5	21	16.5	16.5	11	20	21	23
额定流量（L/min）	218	242	232	232	295	440	360	800
动力功率（kW）	106	114	89	89	66	184		

注：此表引自《江苏省建筑安装工程施工技术操作规程（第二十四分册） 大型施工机械》。

振动桩锤主要参数选择及适用范围 表 7-8

主要参数 土的种类	振动频率 ω (1/s)	振幅 A (mm)	激振力 P 超出振动体 总重 Q 的范围	连续工作时间 t (min)
饱和水粉砂质土	100~120	砂层 6~8	10%~20%	15~20
塑性黏土及粉质黏土（包括黄土）	90~10C	8~10	25%~30%	20~25
紧密黏土，紧密褐色黏土	70~75	12~14	35%~40%	10~12
砂夹卵石土	60~70	15~16	40%~45%	—
卵石夹砂土	50~60	14~15	45%~50%	8~10

注：此表引自《江苏省建筑安装工程施工技术操作规程（第二十四分册）大型施工机械》。

2. 灌注桩施工机械

(1) 转盘类钻机的主要类别及技术参数 (表 7-9)

转盘钻孔机主要技术性能 表 7-9

型号	钻孔直径 (mm)	钻孔深度 (m)	转盘扭矩 (kN·m)	转盘转速 (r/min)	水龙头提升能力 (kN)	钻杆内径 (mm)	转盘电机功率 (kW)	卷扬机牵引力 (kN)	钻机质量 (t)
KP1000	1000	40	10.4	16~114	60	69	22	20	5.5
KP1500	1500	60	12	9~51	150	120	15/24	30	15

型号	钻孔直径(mm)	钻孔深度(m)	转盘扭矩(kN·m)	转盘转速(r/min)	水龙头提升能力(kN)	钻杆内径(mm)	转盘电机功率(kW)	卷扬机牵引力(kN)	钻机质量(t)
KP2000	2000	60	28	5~34	200	195	20/30	30	26
KP3000	3000	80	90	6~35	600	241	75	75	62
JZ1200	1200	50	10.5	26~196	60	94	30	20	7
JZ1500	1500	60	14	20~147	60	127	30	20	8.1
KP2000	2000	100	43.8	10~63			22		11
KP3500	3500	130	210	0~24	1200	275	30×4	75	47
QJ250-1	2500	100	117.6	7.8~26			95	54	13
GPS-10	1000	50		40~128		89	37	29	8.37
GPS-15	1500	50	17.65	13~42		150	30	30	8
GPS-20	2000	80	30	8~56			37	30	10

注：此表引自《江苏省建筑安装工程施工技术操作规程(第二十四分册) 大型施工机械》。

67

(2) 冲击类钻机的主要类别及技术参数（表 7-10）

冲击类钻机的主要类别及技术参数

表 7-10

型号 性能	SPS-300H	GJC-40H	GJD-1500	YKC-31	CZ-22	CZ-30	KCL-100
最大孔径（mm）	700	700	2000（土层） 1500（岩层）	1500	800	1200	1000
最大孔深（mm）	80	80	50	120	150	180	150
冲击行程（mm）	500 650	500 600	100~1000	600~1000	350~1000	500~1000	350~1000
冲击频率 （次/min）	25、50、72	20~72	0~30	29、30、31	40、45、50	40、45、50	40、45、50
冲击钻头重量 （kg）			2940		1500	2500	1500
卷筒提升力 （kN）	30	30	39.2	55	20	30	20
驱动动力功率 （kW）	118	118	63	60	22	40	30
钻机重量 （kg）	15000	15000	20500		6850	13670	6100

注：此表引自江苏省建筑工程管理局编著《机械员》。

68

（3）振动沉管类钻机的主要类别及技术参数（表7-11）

常用振动沉管类钻机性能表

表7-11

桩机激振动（t）	桩管沉入深度（m）	桩管外径（mm）	桩管壁厚（mm）
7～8	8～10	220～273	6～8
10～15	10～15	273～325	7～10
15～20	15～20	325	10～12.5
40	20～24	370	12.5～15

注：此表引自段新胜、顾湘编《桩基工程》。

（4）旋挖钻机的主要类别及技术参数（表7-12）

旋挖钻机的主要类别及技术参数

表7-12

参数			型号	SWDM16	SWDM20
最大钻孔直径	带套管	mm		φ1300	φ1500
	不带套管	mm		φ1800	φ2000
最大钻孔深度		m		55(5节)/42(4节)	60(5节)/48(4节)
外形尺寸	工作状态	mm		8640×4200×19900	9030×4400×21000
	运输状态	mm		14500×3200×3370	15245×3360×3365（含加压缸）

69

续表

参数			型号	SWDM16	SWDM20
最小工作半径			mm	3645	3820
整机重量			T	57	70
发动机	型号			Cummins QSB5.9-240	Cummins M11-C330
	额定功率/转速		kW/rpm	186/2200	246/2100
	最大扭矩		N·m·rpm	990/1500	1458/1300
液压系统	最大工作压力	主泵	MPa	32	30
		副泵	MPa	26	28
	最大流量	主泵	L/min	395	2×210
		副泵	L/min	99	90
动力头	额定扭矩		kN·m	160	200
	转速		rpm	6~32	6~26
	最大抛土速度		rpm		110
加压油缸	最大加压力		kN	185	185
	最大提升力		kN	210	210
	行程		mm	5000	5000

参数		型号	SWDM16	SWDM20
主卷扬	提升力	kN	170	180
	最大单绳速度	m/min	75	73
	钢丝绳直径	mm	26	28
副卷扬	钢丝绳直径	mm	20	20
	最大单绳拉力	kN	80	80
	最大单绳速度	m/min	55	55
钻桅倾角	左右倾	°	±5	±5
	前倾	°	5	5
	后倾	°	15	15
转台	回转角度	°	360	360
	回转速度	r/min	3.2	3
底盘	最大行走速度	km/h	1.63	3.5
	最大爬坡坡度	°	15	15
	最小离地间隙	mm	390	468
	履带宽度	mm	700	800
	轨距	mm	2500~3500	2560~3600
	履带纵向轮距	mm	4230	4700

3. 地基处理施工机械

(1) 深层搅拌机的主要类别及技术参数 (表 7-13)

常用的几种深层搅拌机技术参数

表 7-13

型号	电机功率 (kW)	搅拌头直径 (mm)	搅拌头数	搅拌头转速 (r/min)	额定扭矩 (N·m)	搅拌头距离 (mm)	一次处理面积 (m²)	最大施工深度 (m)	喷注介质
SJB-Ⅰ	2×30	2×φ700	2	43	2×6400	514	0.71	10~12	喷浆
SJB-Ⅱ	2×40	2×φ700	2	43	2×8500	514	0.71	15~18	喷浆
DJB-37D	2×18.5	φ700	1	45	7500		0.483	15~18	粉浆两用
DSJ-Ⅱ	1×30	2×(φ400~700)	1(2)	59			0.125~0.77	20~22	喷浆
600型	2×30	φ600	2						喷浆
SJ22	1×22	φ500	1	57	3320		0.2	15	喷浆
SJ37	1×37	φ800	1	57	5600		0.5	15	喷浆
SJB-DS37	2×37	φ700~800	1(2)	43		600	0.75~0.95 0.38~0.5	单轴20 双轴18	粉浆两用

注：此表引自《江苏省建筑安装工程施工技术操作规程》。

72

（2）高压旋喷机的主要类别及技术参数（表7-14）

机械设备型号及性能

表7-14

序号	机具设备名称	适用范围			型号	主要性能	机具设备作用
		单	双	三			
1	高压清水泵			∨	3DZ-S50型 3W-6B 或 BWT150/30	泵量 80~120L/min 泵压 20~35MPa	高压水射流
2	空压机		∨	∨	YV-6/8、3CL6/15	风量 3~10m³/min 风压 0.7~0.8MPa	保护液作同轴旋喷
3	高压注浆泵	∨	∨	∨	ZJB-30、BWT150/30	泵量 80~120L/min 泵压 20~35MPa	高压注浆
4	浆液搅拌机	∨	∨	∨	自制	容量 0.8~2m³	制浆
5	旋浆泵			∨	BW-200/40	泵量 90~150L/min 压力 0.7~2MPa	注浆
6	钻机	∨	∨	∨	专用旋喷机械或 G-2A 改制	转速 12~30rpm 提升速度 10~30cm/min	旋喷提管
7	引孔钻机	∨	∨	∨	XY-2 或 G-2A		旋喷管钻凿导孔

序号	机具设备名称	适用范围 单	适用范围 双	适用范围 三	型　号	主要性能	机具设备作用
8	注浆泵	✓	✓		BW-200/40		引孔用泥浆
9	排污泵	✓	✓	✓	NBL200		孔口排污
10	高压水管	✓	✓	✓	耐压>30MPa 钢丝缠绕管		送高压水
11	气压胶管		✓	✓	3~8层帆布缠裹浸胶	耐压>1.0MPa	输气管
12	高压浆管		✓	✓	钢丝缠绕管	耐压>3MPa	送浆
13	液压流量计	✓	✓	✓	电磁式	量程 110~120L/min	高压水流量
14	风量计		✓	✓	玻璃转子流量计	最大流量 10m~/min 工作压力>0.8MPa	计量风流量
15	导流器	✓	✓	✓	TY-301，TY-201 自制单管导流器		
16	旋喷钻杆	✓	✓	✓	自制	三管：外管 φ89×5；中管：外管 φ42×5，内管 φ18×4；单管：φ50×5；双管：外管 φ50×5，内管 φ20×4	
17	喷头	✓	✓	✓	自制	气水同轴	喷气、水、浆
18	压力表	✓	✓	✓	抗震压力表	>35MPa	高压水压力

4. 长螺旋钻机的主要技术参数（表 7-15）

GGS-120 长螺旋钻机的主要技术参数　　**表 7-15**

项目		单位	主要技术参数
UPD1500 动力头	扭矩	（T·m）	45
	转速（双速）	（rpm）	4.67
	质量	（t）	10.8
	电机		110kW×8P×2
立柱筒体直径	—	（mm）	φ1020
最大拔桩力（35m 立柱）	—	（kN）	800
最大钻机型号	—		GGS-120
立柱最大高度	—	（m）	50
最大回转角度	—	（°）	20
桩架爬坡能力	—	（°）	4
纵向行走履靴	长度	（m）	7
	宽度	（m）	1.9
横向行走履靴	长度	（m）	11
	宽度	（m）	1.6
桩架纵向移动	速度	（m/min）	<4.5
	步长	（mm）	700
桩架横向移动	速度	（m/min）	<2.7
	步长	（mm）	3600
桩架顶升	速度	（m/min）	<0.55
	高度	（mm）	1000
主卷扬机	单位拉力	（kN）	100（即 10t）
	绳速	（m/min）	30
副卷扬机	单位拉力	（kN）	50（即 5t）
	绳速	（m/min）	30
油泵电机功率	—	（kW）	45
液压系统压力		（MPa）	21

项目	单位	主要技术参数
液压系统控制方式	—	手动及电气控制
接地比压	(t/m²)	≤0.4
整机重量	(t)	≈150

5. 三轴搅拌桩机的主要类别及技术参数（表7-16、表7-17）

三轴搅拌桩机桩架主要类别及技术参数 表7-16

序号	型号	桩架高度（m）	成桩长度（m）
1	SF558 电液履带式桩架	30	22
2	SPA135 柴油履带式桩架	33	25
3	SF808 电液履带式桩架	36	28
4	DH608 步履式桩架	34.4	27.7
5	D36.5 步履式桩架	36.5	36
6	JB180 步履式桩架	39	32
7	JB250 步履式桩架	45	38

动力头主要型号及技术参数 表7-17

参数 动力头型号	ZKD65-3	ZKD85-3	ZKD100-3
钻头直径（mm）	650	850	1000
钻杆根数（根）	3	3	3
钻杆中心距（mm）	450/450	600/600	750/750
主功率（kW）	45×2	75×2（90×2）	75×3
钻进深度（m）	30	30	30
钻杆转速（正反）（r/min）	17.7～35	16～35	16～35
单根钻杆额定扭矩（kN·m）	16.6	30.6	45
钻杆直径（mm）	219	273	—
传动形式	动力头顶驱	动力头顶驱	动力头顶驱
总质量（t）	21.3	38.0	39.5

第二节　预制桩施工设备

一、静压桩机

1. 基本构造

主要介绍 ZYJ600B 桩机的基本组成。如图 7-2 所示，该压桩机共由 12 大部件组成。主要由压桩台、升降行走机构、液压系统（主机部分）、电气系统、起重机等五大部分组成。

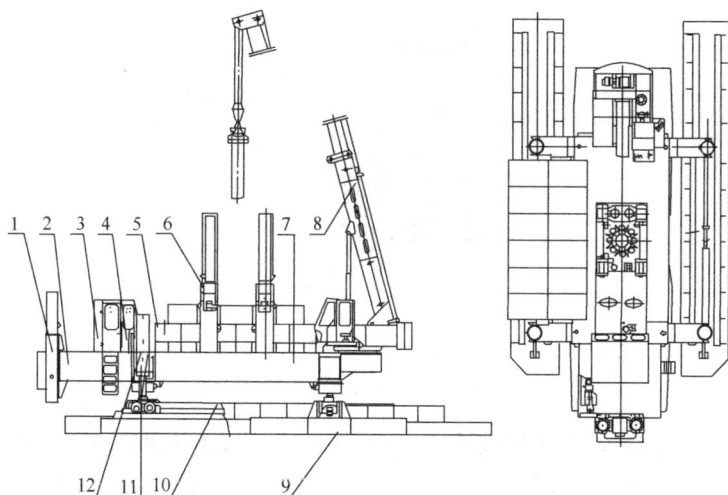

图 7-2　ZYJ600B 型液压静力压桩机

1—边桩机构；2—油箱、动力室；3—司机室及电气系统；4—操作台；
5—配重；6—压桩台；7—机身；8—起重机；9—横移回转机构；
10—纵移机构；11—升降机构；12—液压系统

2. 主要部件的技术要求、工作原理

下面分五个部分叙述主要部件的构造与工作原理：

（1）压桩台

压桩台是静压机的主要工作机构，由它实现夹桩、压桩作业。压桩台主要由主副压桩缸、夹桩箱等组成。夹桩箱由夹桩箱

体、夹桩油缸、钳口等组成（图7-3）。

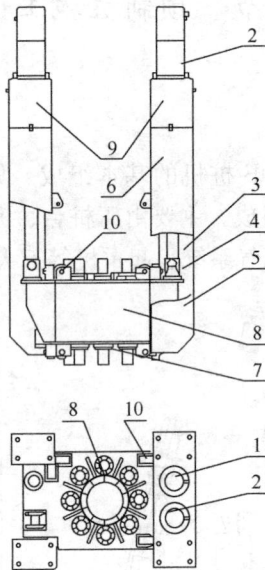

图 7-3　压桩台
1—主压桩缸；2—副压桩缸；3—凹球座；4—凸球座；5—导向梁；
6—夹桩箱；7—夹桩缸；8—钳口座；9—横梁；10—导向轮

　　压桩时，主压桩缸活塞杆缩回将夹桩箱提到最高位置。预制桩吊入夹桩箱中间孔后，夹桩缸伸长，将桩夹紧。再操纵压桩阀手柄，主压桩缸活塞杆伸长，产生强大的压力将桩压入地基，直到缸的行程走完，夹桩缸缩回松桩。接着主压桩缸活塞杆缩回提起压桩箱，就这样依次循环完成"夹桩—压桩—松桩—返回—夹桩……"的动作，将预制桩逐次压入基础之中。如果需要的压桩力不超过300t则只需主压桩缸工作即可。如果需要的压桩力超过300t，则需主副压桩缸同时工作。

　　（2）升降行走机构

　　1）升降机构

　　如图7-4所示，升降机构主要由四个升降油缸组成。四个升降油缸缸筒通过悬臂与机身连接，其活塞杆与长船上的四组行走小车铰接。油缸活塞杆伸长则机身和短船升高，反之降低。短船落地后，升降油缸活塞杆继续缩回，则长船升起离开地面。

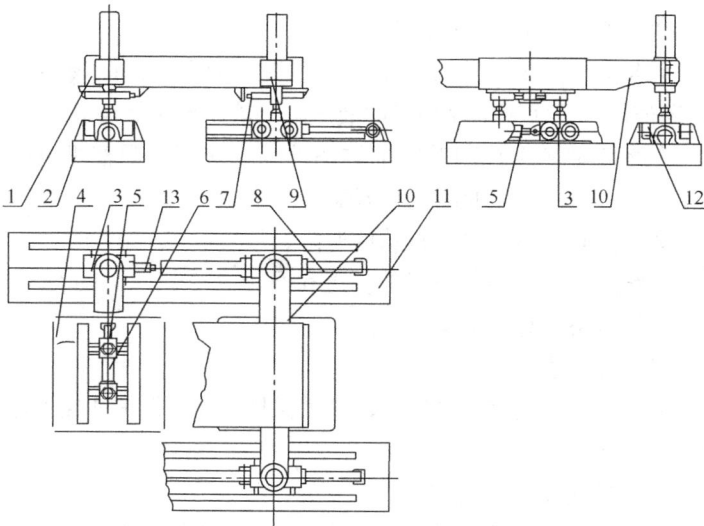

图 7-4　升降行走机构

1—机身；2—回转；3—行走小车；4—短船；5—横移液压缸；
6—回转中心轴；7—复位弹簧；8—纵移液压；9—升降液压缸；
10—伸缩臂；11—长船；12—复位座；13—联动机构

2）纵移机构

主要由两个长船及长船上的两条纵移油缸和四个行走小车组成。两个纵移油缸同时伸长或缩短时，机身、短船与长船之间便产生纵向的相对运动。

3）横移及回转机构

主要由两个短船、两条横移油缸、回转平台、回转中心轴及弹簧复位机构组成。当两条横移油缸同时伸出或回缩时，使机身与短船产生相对横向移动。若两油缸一条伸，另一条缩，就会使二者产生相对转动。

产生相对转动后，当短船离地时，安装在回转台上的复位弹簧即可使回转台连同短船复位。

4）连续行走与回转动作的完成

利用上述三套机构即可实现连续的步履行走与回转运动。

（3）液压系统（主机部分）

主要由 3 台压力补偿变量泵，三组手动多路换向阀 A、B、C，溢流阀以及实现上述功能的液压缸、液压附件等组成。

多路换向阀 A 控制升降油缸的伸缩，从而可调整机身的高度和水平，长、短船的离地和落地。

多路换向阀 B 控制夹桩箱的升降、压桩、夹桩和松桩。

多路换向阀 C 控制桩机的行走和回转。

每组多路阀有 4 个操作手柄。

（4）电气系统

本电气系统设有短路保护、过载保护、断相保护和接地保护等保护措施。

（5）起重机

本起重机与一般液压汽车起重机的结构相似，主要由吊臂系统、卷扬系统、回转系统和液压控制系统组成。

1）吊臂系统与吊臂的伸缩

吊臂系统主要包括大臂、伸缩臂和两个并联变幅油缸及伸缩吊臂的驱动系统等组成。吊臂伸缩时，首先将吊臂基本放平。拔出固定活动臂的两个销轴并松开紧固螺栓后，扳动多路换向阀操纵手柄中较短的那根即可控制吊臂伸缩马达的转动，从而使活动臂相对固定臂运动。

特别指出：吊臂与水平方向夹角小于 $10°$ 时方可进行吊臂的伸缩操作！吊臂长度调定以后，伸缩吊臂用销轴和紧定螺栓固定在大臂上。

2）卷扬系统

卷扬系统主要由液压马达、减速器和制动器的卷扬滚筒机构、卷扬用钢丝绳和滑轮组构成。

3）回转系统

回转系统主要包括一台液压马达、减速机、小齿轮和回转支承。回转支承固定在机座上。液压马达通过摆线针轮减速机驱动小齿轮，小齿轮围绕回转支承上的大齿圈转动，实现起重机的回转运动。

4）液压系统

液压控制系统由一台泵提供压力油；系统压力由多路换向阀中的溢流阀决定，调定在 18MPa。

手动多路换向阀包括 4 个手动操纵阀和 1 个脚踏阀，实现变幅、卷扬、回转、吊臂伸缩和动作速度的控制。扳动多路阀手柄并配合脚踏的动作（在阀的行程范围内，脚踏力越大，相应动作动作速度越快）达到使变幅、回转、卷扬等运动平稳的要求。

5）电气系统

6）起重机安全防护装置

① 吊臂过载保护调整

调节变幅液压缸平衡阀上的调节螺杆（顺时针旋则压力降低，逆时针旋则压力升高），限定吊臂举升的油压不超过 18MPa，达到保护吊臂不过载的目的。如果卷扬重物时吊臂下降，说明吊臂举升角太小，需升高吊臂后再卷扬。

② 吊钩过限保护

二位二通电磁阀用于控制吊钩卷扬达到上限位置时，使液压系统卸荷而停止卷扬上升。其工作原理如下：当吊钩卷扬达到上限位置时，吊钩组件将套在钢丝绳上的重锤顶起，与重锤连接的控制开关使电磁阀得电，处于右位接通状态，溢流阀因其遥控口通过回油而卸荷。卷扬上升停止，此时，将卷扬操纵手柄扳向卷扬下落位置，通过安装在此操纵杆上的行程开关（位于司机室底部）使该电磁阀失电，电磁阀恢复左位，液压系统恢复正常工作，实现落钩动作，吊钩脱离上限位置。

二、锤击桩机

1. 基本构造与工作原理

锤击桩机是一种使用桩锤冲击桩头，在冲击瞬间桩头受到一个很大的力，从而将桩贯入地层的桩工机械（图 7-5）。锤击桩机由桩锤、桩架及附属设备组成。桩锤依附在桩架前部两根牵引的竖直导杆（俗称龙门）之间，用提升吊钩提升。桩架为一钢结构塔架，在其后部附有卷扬机，用以起吊桩和桩锤，桩架由两根导杆组成导向架，用以控制打桩的方向，使桩按照设计的方向准确地贯入地层。有的塔架和导向架可以一起偏斜，用以打斜桩。桩架能转动，也能移行。

图 7-5　锤击桩机施工现场

锤击桩机按照使用的桩锤可以分为落锤打桩机、柴油锤打桩机、蒸汽锤打桩机、振动锤打桩机、液压锤打桩机等。目前使用极为普遍的是柴油锤打桩机。

2. 桩机的主要部件技术要求

（1）桩架

桩架为打桩的专用起重和导向设备，其作用主要是起吊桩锤和桩或料斗、插桩，给桩导向，控制和调整沉桩位置及倾斜度，以及行走和回转方式移动桩位。按行走方式的不同，桩架可分为滚动式、轨道式、履带式、步履式、悬挂式等（图 7-6）。

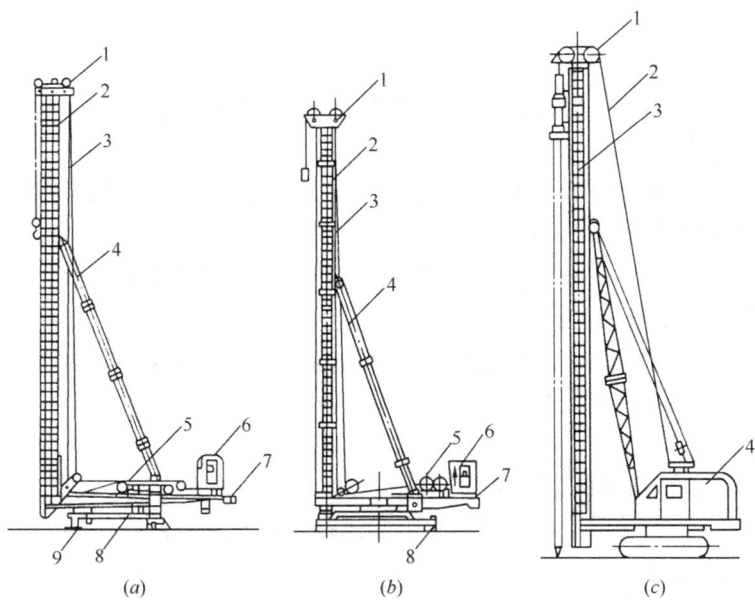

图 7-6 打桩架

（*a*）轨道式打桩架图；　　（*b*）步履式打桩架图；　　（*c*）悬挂式履带打桩架
1—顶部滑轮组；2—立
柱；3—锤和桩起吊用钢
丝绳；4—斜撑；5—吊锤
和桩用卷扬机；6—操作
室；7—配重；8—底盘；
9—轨道

1—顶部滑轮组；2—立
柱；3—锤和桩起吊用钢
丝绳；4—斜撑；5—吊锤
和桩用卷扬机；6—操作
室；7—配重；8—步履式
底盘

1—顶部滑轮组；2—锤和
桩起吊用钢丝绳；3—立
柱；4—履带式起重机

　　桩架的选用主要根据所选定的桩锤的形式、质量和尺寸；桩
的材料、材质、截面形式与尺寸、桩长和桩的连接方式；桩的种
类、桩数、桩的布置方式；作业空间、打入位置；以及打桩的连
续程度与工期要求等而定。

　　桩架主要由底盘、导杆、斜杆、滑轮组和动力设备等组成。
桩架的高度一般等于桩长＋滑轮组高＋桩锤长度＋桩帽高度＋起
锤移位高度（取 1～2m）。桩架的种类很多，应用较广的为万能
桩架、履带式桩架和步履式桩架、滚动式桩架。各类桩架、桩锤
的技术参数见表 7-2～表 7-8 所列。

（2）桩锤

1）桩锤种类

① 落锤：用人力或卷扬机拉起桩锤，然后自由下落，利用桩锤夯击桩顶，将桩打入土中。

② 柴油桩锤：利用柴油爆炸，推动活塞，上下往复运动，引起锤头跳动夯击桩顶。

③ 单动汽锤：利用蒸汽或压缩空气的压力将锤头上牵，然后自由下落冲击桩顶。

④ 双动汽锤：利用蒸汽或压缩空气的压力将锤头上牵及下落，增加夯击能量。

⑤ 液压锤：冲击锤芯通过液压装置提升到预定高度后快速释放，或者从液压补充获得加速度来冲击桩顶。

⑥ 振动锤：利用偏心轮引起激振力，通过刚性连接的桩帽传到桩上。

2）导杆式柴油锤的构造和工作原理

导杆式柴油锤每分钟冲击次数为 55～60 次，气缸的行程通过改变喷油泵的供油量来调节。导杆式柴油锤结构简单、操作方便，但由于这种锤冲击能量比筒式柴油锤小，且安装精度要求高，所以，近年来主要发展筒式柴油打桩锤。导杆式柴油锤一般仅用于小型轻质桩的施工。

① 构造

导杆式柴油锤由活塞、缸锤、导杆、顶部横梁、起落架、燃油系统和基座等组成。如表 7-18、图 7-7 所示。

导杆式柴油锤构造及描述 　　　　　　表 7-18

构造	描述
活塞	活塞与基座铸成一体，形成冲击锤，活塞上有四个活塞环，活塞中部有油道通到活塞顶的喷油嘴。活塞内腔为燃油箱，基座的一侧有桩架轨道的滑槽
气缸	又称缸锤，是导杆式柴油锤的冲击部分，重量有 600kg、1200kg、1800kg 三种

构造	描述
导杆	导杆由两根无缝钢管制成，表面光滑，导杆两端与顶部横梁和下部基座相连，给气缸和起落架导向
顶座	由顶部横梁（1）与起落架（2）组成。作用是既固定导杆，又与起落架相连
燃油系统	燃油系统由燃油泵、喷油嘴和油门调整杠杆组成。当气缸下落到接近压缩完时，撞击销（12）与曲臂（7）的斜面接触，推动曲臂旋转，驱动燃油泵工作

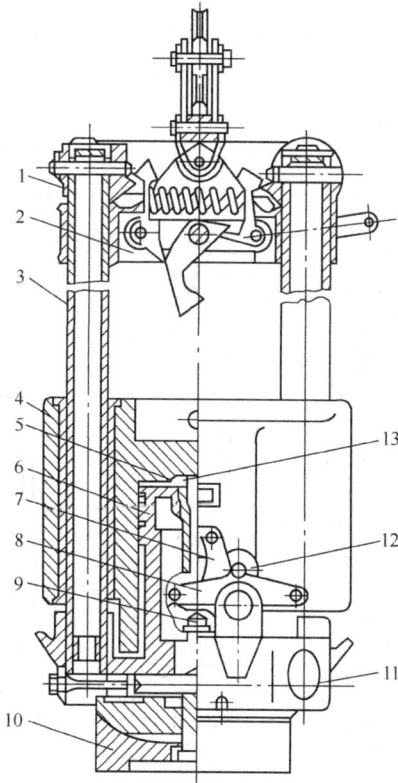

图 7-7　导杆式柴油打桩锤构造图

1—顶部横梁；2—起落架；3—导杆；4—钢缸；5—喷油嘴；6—活塞；
7—曲臂；8—油门调整杆；9—燃油系统；10—桩帽；11—基座；
12—撞击销；13—燃烧室

② 工作原理

导杆式柴油打桩锤的工作原理基本上相似于二冲程柴油发动机。导杆式柴油打桩锤的冲击部分是气缸，气缸可沿两导杆上下移动。导杆上端是横梁，导杆下端固定安装在底座上。在底座上有活塞，活塞的头部装有喷油器，喷油器通过油管与喷油泵相连。喷油泵的工作是由运动的汽缸所驱动的。

如图 7-8(a) 所示，为工作行程开始时的状态，此时，气缸上升到最高点，在自重力的作用下下落。图 7-8(b) 为下落的气缸套着活塞时的状态，被包容在活塞头部与气缸之内的空气被压缩，被压缩的空气温度升高（500~700℃），压缩终了时，柴油通过喷油器以雾状喷入气缸内。柴油与高温高压空气混合自行燃烧膨胀，使活塞和气缸作相反方向的运动，作用于活塞上的力使桩下沉，作用于气缸上的力使气缸跳起，如图 7-8(c) 所示。当气缸脱开活塞时，废气排到大气中，新鲜空气进入气缸，当活塞跳到最高位置时又开始下降，重复下一个工作循环。

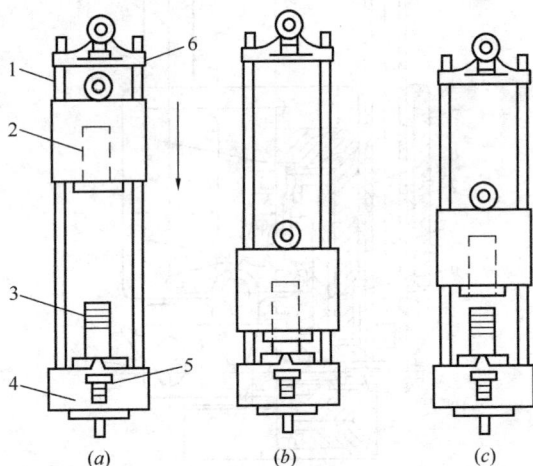

图 7-8　导杆式柴油锤的工作原理

(a) 工作行程开始；(b) 压缩；(c) 燃烧膨胀

1—导杆；2—气缸；3—活塞；4—底座；5—喷油泵；6—横梁

3）筒式柴油锤的构造（图 7-9）及工作原理

柴油锤与其他打桩设备相比，优点是构造简单，它本身既是

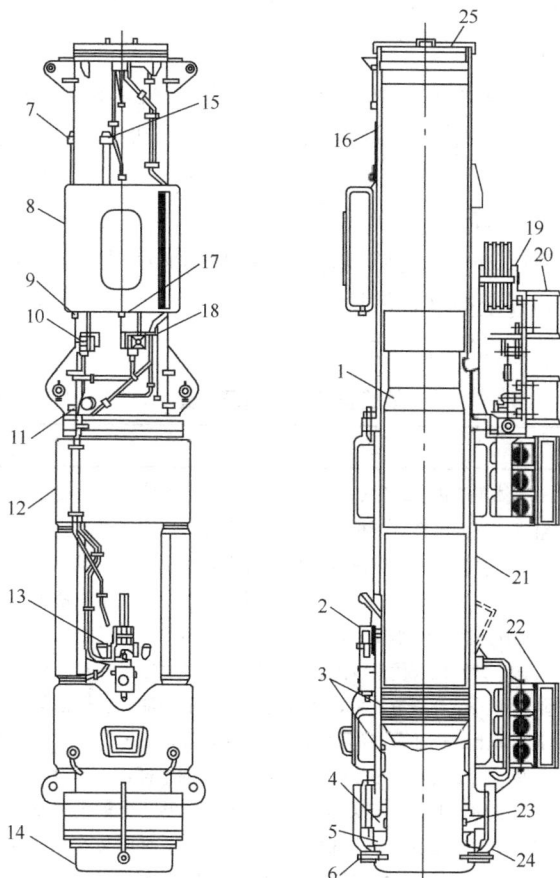

图 7-9　D72 型筒式柴油锤构造

1—上活塞；2—燃油泵；3—活塞环；4—外端环；5—缓冲垫；
6—橡胶环导向；7—燃油进口；8—燃油箱；9—燃油排放旋塞；
10—燃油阀；11—上活塞保险螺栓；12—冷却水箱；13—燃油和
润滑油泵；14—下活塞；15—燃油进口；16—上气缸；17—导气
缸；18—润滑油阀；19—起落架；20—导向卡；21—下气缸；
22—下气缸导向卡爪；23—铜套；24—下活塞保险卡；25—顶盖

发动机又是工作机，不需要其他辅助设备；冲击能量大，而且可根据外界阻力自动调整。但柴油锤在工作中的振动和噪声比较大，排出的废气污染严重，造成的公害问题较为突出。

① 构造

筒式柴油锤依靠活塞上下跳动来锤击桩，构造如图 7-9 所示，由锤体、燃料供给系统、润滑系统、冷却系统和启动系统等构成（表 7-19）。

② 工作原理

柴油锤启动时，由桩架卷扬机将起落架吊升，起落架钩住上活塞提升到一定高度，吊钩碰到撞块，上活塞脱离起落架，靠自重落下，柴油锤即可启动。

筒式柴油锤构造及描述　　　　　　　　　　　　　　　　表 7-19

构造	描述
锤体	锤体主要由上气缸、导气缸、下气缸、上活塞、下活塞和缓冲垫等组成。导向杆在打斜桩时为上活塞引导方向，还可防止上活塞跳出锤体。上气缸介于导向缸和下气缸之间，是上活塞的导向装置。下气缸是工作气缸，与上、下活塞一起组成燃烧室，是柴油锤爆发冲击的工作场所。由于要承受高温、高压及冲击荷载，下气缸的壁厚要大于上气缸，材料也较优良。上、下气缸用高强度螺栓连接。在上气缸外部附有燃油箱及润滑油箱，通过附在缸壁上的油管将燃油与润滑油送至下气缸上的燃油泵与润滑油泵。上活塞和下活塞都是工作活塞，上活塞又称自由活塞，不工作时位于下气缸的下部，工作时可在上、下气缸内跳动，上、下活塞都靠活塞环密封。并承受很大的冲击力和高温高压作用，在下气缸底部外端与下活塞冲头之间装有一个缓冲垫（橡胶圈）。主要作用是缓冲打桩时下活塞对下气缸的冲力。这个橡胶圈强度高、耐油性强。在下气缸四周，分布着斜向布置的进、排气管，供进气和排气用
燃油供给系统	燃油供给系统由燃油箱、滤清器、输油管和燃油泵组成。上活塞在气缸内落下时，打击燃油泵的曲臂，使燃油泵将油喷入下活塞表面。随着活塞上下运动，油泵一次又一次的喷油，使柴油锤连续爆燃，于是柴油锤的工作不停地延续下去。燃油因上活塞对下活塞的冲击雾化

构造	描述
润滑系统	润滑系统由润滑油箱、输油管及润滑油泵组成，润滑油泵也设置在上气缸外侧，2个润滑油泵分别安置在柴油喷油泵的两侧，当曲臂下压时，带动推杆使2个润滑油泵将润滑油泵出。泵出的润滑油通过两个出口再由数根油管将油分别送到上气缸和下气缸的各个部位
冷却系统	冷却系统有风冷和水冷两种。水冷式筒式柴油锤下气缸外部设置冷却水套，用水来降低爆炸产生的温升，冷却效果比风冷好。风冷构造比水冷简单，使用方便

（3）起吊装置

锤击桩机的起吊桩、悬挂桩锤、移架等通过配置以主、副卷扬机等完成。卷扬机的配置根据桩机要求由厂方配置，亦可以向厂方定购。主卷扬机最大牵引力 30～50kN，主卷扬机功率 11～30kW。

（4）其他装置

锤击桩机其他装置包括配电柜、电缆等。

3. 柴油打桩锤安全防护和注意事项

（1）打桩机为电动卷扬机时，起拔载荷不得超过电动机满载电流。

（2）卷扬钢丝绳应经常润滑，不得干摩擦。

（3）柴油打桩锤应使用规定配合比的燃油，作业前先将燃油箱注满，并将出油阀门打开。

（4）作业时，先打开放气螺塞，排出油路中的空气，并应检查和试验燃油泵，从油孔中观察喷油情况，发现不正常时，应予调整。

（5）作业前，应使用起落架将上活塞提起并高于上气缸 1cm 左右，打开贮油室油塞，按规定加满润滑油。对自动润滑的桩锤，应采用专用油泵向润滑油管路加入润滑油，并排净管路中的空气。

（6）对新启用的桩锤，应预先沿上活塞一周浇上 0.5L 润滑油，并应用油枪对下活塞加入一定量的润滑油。

（7）应检查所有紧固螺栓，并应重点检查导向板的固定螺栓，不得在松动及缺件的情况下作业。

（8）应检查并确认起落架各工作机构安全可靠，其起吊钩与上活塞接触线在 5~10mm 之间。

（9）提出桩锤脱出砧座后，其下滑长度不得超过 200mm，超过时应调整桩帽绳扣。

（10）应检查导向板磨损间隙，当间隙超过 7mm 时，应予更换。

（11）柴油锤连续运转时，应保证水箱中有足够的冷却水，当发现早期着火时，应停止工作，冷却 20~30min，为加速冷却，可将下活塞从气缸中滑出。

（12）锤击中，上活塞最高起跳高度不得超过出厂说明书规定。

（13）作业中，应重点观察上活塞的润滑油是否从油孔中溢出。当下气缸为自动加油泵润滑时，应经常打开油管头，检查有无油喷出，当无自动加油泵时，应每隔 15min 向下活塞润滑点注入润滑油。当一根桩打进时间超过 15min 时，则应在打完后立即加注润滑油。

（14）停机后应将桩锤放到最低位置，套上气缸套和吸排气孔塞子，关闭燃料阀。将操作杆置于停机位置，起落架升至高于桩锤 1m 处，锁住安全限位装置。

（15）遇有雷雨、大雾和六级及以上大风等恶劣天气时，应停止一切作业。当风力超过 7 级或有风暴警报时，应将打桩机顺风向停置，并应增加缆风绳或将立柱放倒在地面上。

（16）长期停用的桩锤，应从桩机上卸下，放掉冷却水、燃油及润滑油，清洗干净，并应做好防腐措施，盖上保护套，入库保存。

第三节 灌注桩施工设备

一、转盘式钻机

大口径转盘钻机的种类较多，常用的有 GPS-10、GPS-15、GPS-20、GPS-25A、GPF-2000 等型号，设备组成基本上由钻塔、卷扬机、变速箱、转盘、离合器等部分组成。常用转盘钻机性能参数见表 7-20 所列。

常用转盘钻机性能参数表　　表 7-20

钻机型号	钻孔方式	钻孔直径 (mm)	钻进深度 (m)	功率 (kW)	转盘扭矩 (kN·m)	转盘转速 (r/min)	钻塔额定负荷 (kN)
GPS-10	正循环	1000	50	30	5.5	正、反：50、88、158	180
GPS-15	正、反循环	1500	50	30～37	18	正、反：13、23、42（或 22、39、72）	180
GPS-20	正、反循环	2000	80	37～45	30	正、反：8、14、18、26、32、56	180
GPS-25A	正、反循环	2500	100	75	80	正：6、10、15、22、33、50；反：6	400
GPF-2000	正、反循环	2000	80	37～45	25	正：14、25、40、67、107；反：18	210

大口径转盘钻机，适用于钻进高层建筑、桥梁、港口基桩孔、大口径水井；亦可用于其他工程施工。以江苏省常用的 GPS-15 型钻机为例，介绍转盘式钻机。

1. 钻机的组成、特点

GPS-15 型钻机主要由转盘、卷扬机、传动装置、减速器、底座、液压系统、钻塔、循环泵组、工具总成组成（图 7-10）。

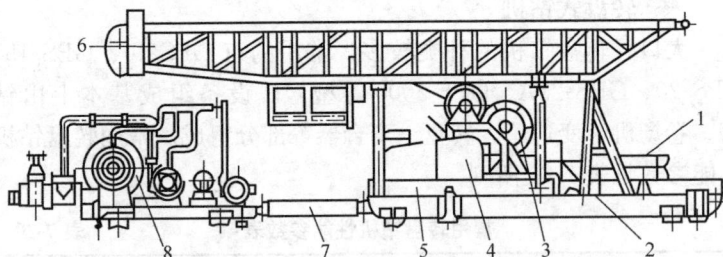

图 7-10　GPS-15 型钻机外貌图

1—转盘；2—减速器；3—卷扬机；4—传动装置；5—底座；

6—钻塔；7—连接器；8—反循环泵组

GPS-15 的主要特点如下：

（1）最大钻孔直径 1500mm，钻孔深度 50m。

（2）钻机为机械传动，机械、液压操作，操作方便、可靠。

（3）整套设备安装在滑撬式底座上，对孔就位简便，机动性强。

（4）液压操纵使滑台平移让出孔口，起、下大直径钻具灵活方便。

（5）钻机上设有导向槽，有助于提高钻机垂直度。水龙头及主动钻杆可沿钻塔导向槽后移并悬挂在钻塔内，减轻劳动强度和缩短起、下钻时间。

（6）钻机设有微调钻进机构，利于操纵。

（7）钻进压力采用加重块加压，并设有导正器，确保钻孔质量。

（8）排渣方式为泵吸反循环或正循环，泵吸反循环排屑效率高。

钻孔灌注桩施工如图 7-11 所示。

图 7-11 钻孔灌注桩施工照片

2. 钻机性能与参数

（1）钻孔直径：0.8、1.0、1.2、1.5m；

（2）钻孔深度：50m；

（3）让出孔口方式：整机平移让出孔口；

（4）钻杆：

主动钻杆：178mm×178mm×3750mm；

钻进钻杆：68mm×150mm×3000mm；

钻进钻杆：法兰、螺栓连接或插齿式连接；

（5）动力：

电动机型号：Y200L-4；

功率：30kW；

转速：1470r/min；

（6）转盘：

转速（正、反各二档）：13.23.42r/min；

最大扭矩：18kN·m；

（7）主卷扬机：

提升能力（单绳第一速）：30kN；

单绳提升速度（平均速度）：0.65、1.16、2.08m/s；

钢丝绳直径：20mm（$D-6\times19+1$）；

卷筒容绳量：80m；

（8）副卷扬机：

提升能力（第一速）：20kN；

单绳提升速度（平均速度）：0.46、0.78、1.44m/s；

钢丝绳直径：14mm（$D-6\times19+1$）；

卷筒容绳量：80m；

（9）钻塔：

结构型式："Ⅱ"型；

垂直高度：8m；

额定负荷：180kN；

（10）水龙头：

负载能力：180kN；

出水管胶管通径：150mm；

（11）游动滑车系统：

型式：3×3；

负载能力：180kN；

（12）排渣系统：

排渣方式：泵吸反循环；

（13）砂石泵参数：

流量：180m³/h；

吸程：0.075MPa；

扬程：0.13MPa；

功率：30kW；

转速：730r/min；

（14）钻机轮廓尺寸（长×宽×高）：9570mm×2420mm×8620mm；

（15）钻机总重量：15t。

3. 钻机传动系统

钻机传动系统，如图 7-12 所示。

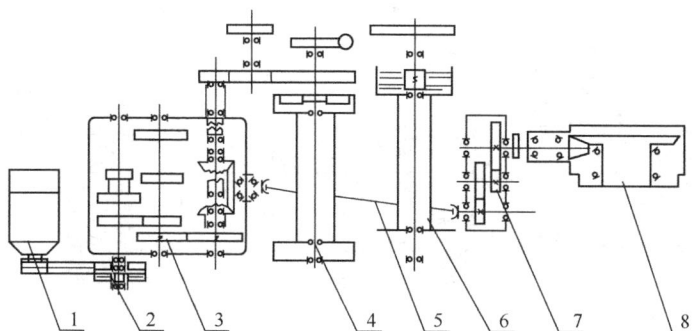

图 7-12　钻机传动系统图

1—电动机；2—离合器；3—变速箱；4—主卷扬；

5—万向轴；6—副卷扬；7—减速箱；8—转盘

4. 钻机主要组成部分介绍及其工作原理

（1）主机

主机主要由以下部件组成：转盘、卷扬机组、传动装置、减速器、底座、钻塔、液压系统。

（2）转盘

转盘是用于驱动主动钻杆及钻具，实现回转钻进的装置。转盘系一级圆锥齿轮传动机构。转台的轴向荷载，由一只单向推力向心轴承承受。动力由齿轮联轴器端输入经小锥齿轮至大锥齿轮，驱动转台，再通过大小补心驱动主动钻杆回转。转盘结构如图 7-13 所示。

（3）卷扬机组

卷扬机组包括主卷扬机、副卷扬机。主卷扬机结构如图 7-14、图 7-15 所示。

1）主卷扬机

主卷扬机的卷筒（7）由两个滚动轴承支承在主轴（8）上，其右端的刹车鼓外，装置带式制动器，即制动抱闸（9）。左侧有内齿圈（3），它通过行星齿轮（4）和中心齿轮（6）啮合。行星齿轮支承在提升盘（1）和导架（5）上，提升盘和导架分别用滚

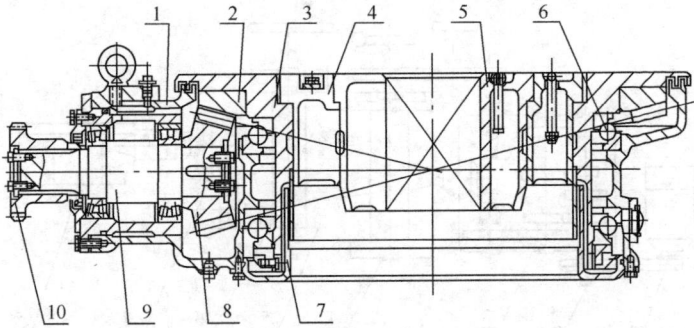

图 7-13 转盘

1—转盘壳体；2—大锥齿轮；3—转台；4—大方补心；5—小补心；
6—转轴；7—托油盘；8—小锥齿轮；9—轴；10—半联轴器

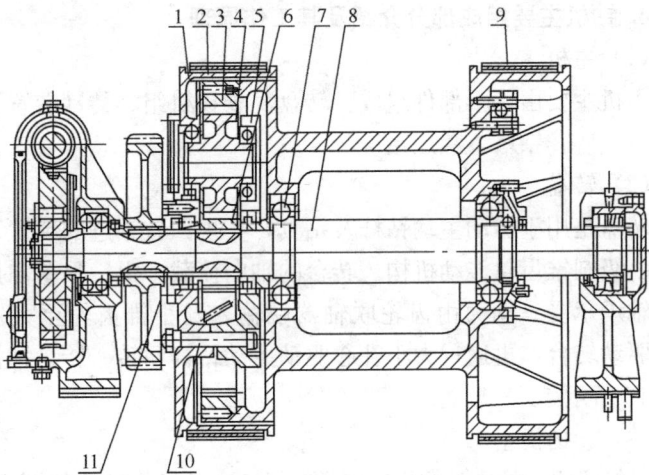

图 7-14 主卷扬机结构图

1—提升盘；2—提升抱闸；3—内齿圈；4—行星齿轮；
5—导架；6—中心齿轮；7—卷筒；8—主轴；
9—制动抱闸；10—螺栓；11—齿轮

动轴承支承在主轴上，二者又以三个配合螺栓（10）联接。在提
升盘上装有提升抱闸（2），其结构基本相同于制动抱闸。提升抱

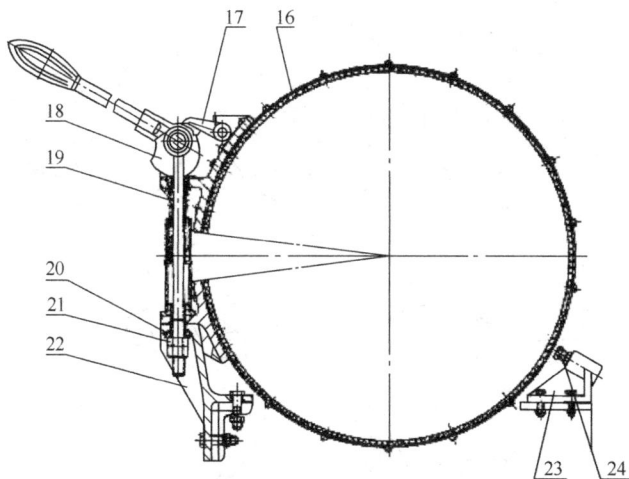

图 7-15 制动抱闸结构图

16—制动带；17—棘爪；18—凸轮；19—弹簧；20—球面垫圈；
21—螺母；22—支撑架；23—刹带调节架；24—螺栓

闸和制动抱闸均通过带手柄的凸轮（18）操纵。

其操作如下：当抱紧提升抱闸时（图 7-16a）行星齿轮不能公转，成为中心齿轮和内齿轮的过渡齿轮，从而使中心齿轮带动内齿圈，并使卷筒旋转，实现钻具提升。

当提升抱闸和制动抱闸都松开时（图 7-16b），卷筒自由地支承在主轴上，并被钻具自重带动而旋转，实现钻具下放。

当抱紧制动抱闸时（图 7-16c），内齿圈随卷筒一起被刹住不转，此时行星齿轮既作自转又作公转，实现钻具制动。

如图 7-15，带式制动器的螺母（21）和螺栓（24）用于调节刹带和轮箍的间隙，以保证提升和制动可靠。在制动抱闸的凸轮上，还有棘齿，另有棘爪（17），它可保证长期制动时的安全，支撑架（22）和刹带调节架（23）固定在机架上。

主卷扬机的动力，由变速箱输出后经机架上的介轮输入到主轴上的齿轮（11）带动主轴回转。主轴的左端，固定单向离合器凸轮（12），而蜗轮（15）的内孔即单向离合器的外壳。当蜗轮

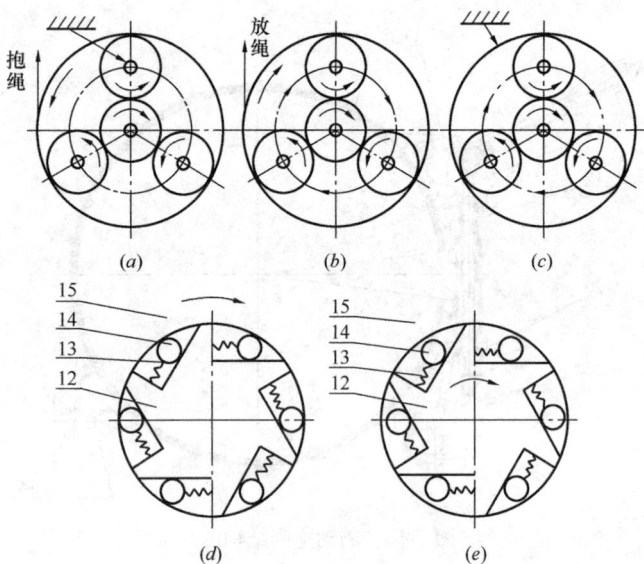

图 7-16　主卷扬机动作示意图

12—凸轮；13—弹簧；14—滚柱；15—蜗轮

为主动作顺时针方向旋转时（图 7-16d），滚柱（14）受弹簧（13）以及蜗轮的摩擦力作用，卡紧在蜗轮和凸轮的楔角内，从而带动凸轮旋转，将人力输入主卷扬机，作微调给进和人力提升。当凸轮受主轴的机动力驱动作顺时针方向旋转时（图 7-16e），虽然弹簧将滚柱推向楔角，单滚柱和蜗轮的摩擦力却能克服弹簧力，将滚柱推向另一方向，不形成卡紧力，则滚柱不能带动蜗轮旋转。故主轴的动力和蜗轮蜗杆机构互不干扰。

2）副卷扬机

副卷扬机结构如图 7-17 所示，副卷扬机制动系统如图 7-18 所示。

副卷扬机的主轴（4）两端由滚动轴承支承在轴承座（3）上。在主轴中部，通过二个滚动轴承支承着副卷筒（5）。主轴和副卷筒间由多片式干摩擦离合器联接，其结构和变速箱离合器相似，本处从略。副卷筒左端的刹车鼓外，装有带式刹车制动器

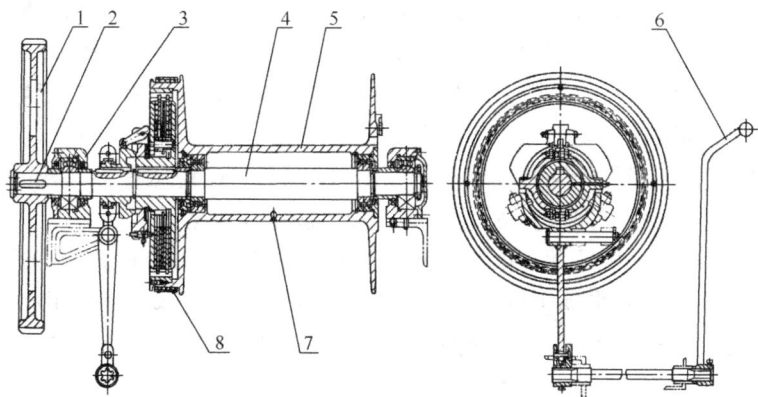

图 7-17　副卷扬机

1—大齿轮；2—平键；3—轴承座；4—主轴；

5—副卷筒；6—手柄；7—油塞；8—刹车

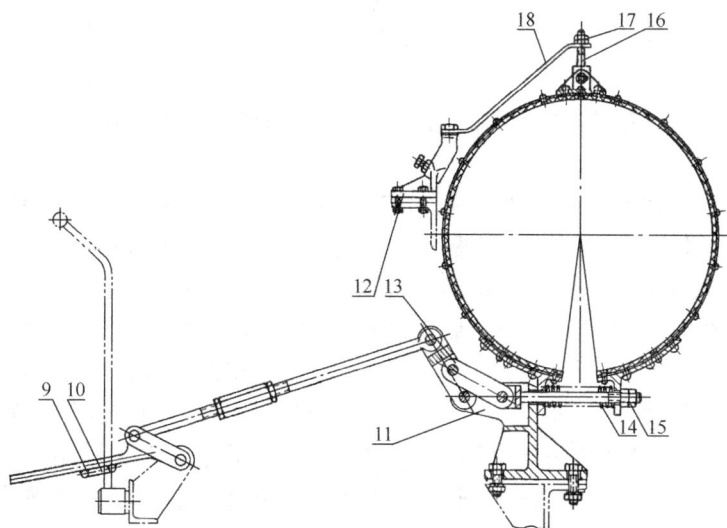

图 7-18　副卷扬机制动系统

9—脚踏板；10—环销；11—支座；12—支座；13—杠杆机构；14—弹簧；

15—螺母；16—吊钉；17—螺母；18—弹簧板

（8），并由脚踏板（9）通过杠杆机构（13）控制。离合器由手柄（6）控制，二者配合操作副卷扬机。弹簧板（18）和弹簧（14）以及吊钉（16），保证制动器松开时，制动带和刹车鼓有一定均匀的间隙。当此间隙大小不合适时，可通过二组螺母（15）（17）来调整，当需长期制动时，把手柄（6）上的挂钩压在脚踏板的环销（10）上即可。支座（11）（12）固定在机架上。

副卷扬机的动力由固定在主轴左端的大齿轮（1）输入，通过平键（2）带动主轴回转。支承副卷筒的二个滚动轴承，由密封在副卷筒内的稀油润滑。润滑油可在卸去油塞（7）后加入。其余轴承均为黄油润滑。

3）传动装置

传动装置主要由电动机、底座、皮带轮、C型三角胶带、防护罩等组成。

动力由装于电动机输出轴上的皮带轮，经5根C型三角胶带传至卷扬机组的变速箱离合器、驱动卷扬机和转盘工作。

4）变速箱

变速箱是传递回转运动并改变转速的部件。其结构如图7-19所示。

变速箱的第一轴（12）由二个滚动轴承在箱体上，其一端伸出箱体，和变速箱离合器相连接，把动力输入。在轴端还有一个滚动轴承，支承在变速箱离合器的壳体内。在该轴上有一个单滑动齿轮（10）和一个双联滑动齿轮（11），它们通过二个拨叉（15）由一个手柄（13）集中操作。手柄受限位板（14）的限位，保证换挡的安全。三个滑动齿轮中的任一个和固定在第二轴（17）上的相应齿轮（18、19、20）啮合，便可将动力输给第二轴，并使第二轴获得三速。第二轴由两端的滚动轴承支承在箱体上。在其上的另一个齿轮（16），和第三轴（9）上的齿轮（8）始终啮合，这就使第三轴获得三速。第三轴由一对圆锥滚子轴承支承在箱体上，其中部通过滚动轴承支承二个带牙嵌的伞齿轮（4）（7）和双向牙嵌离合器（6），在其间来回滑动，使其中任一

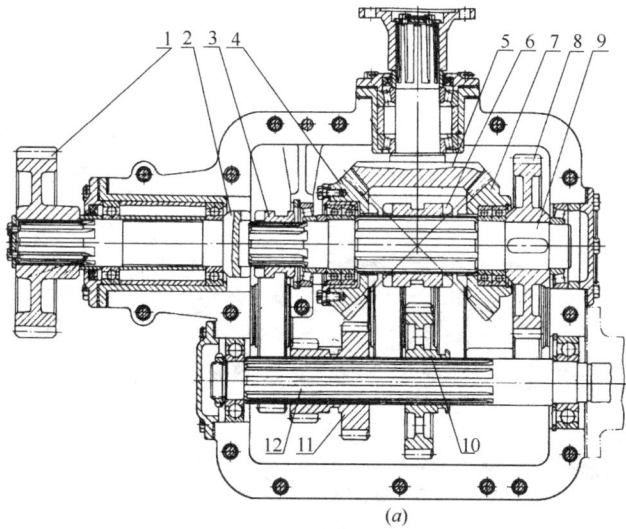

(a)

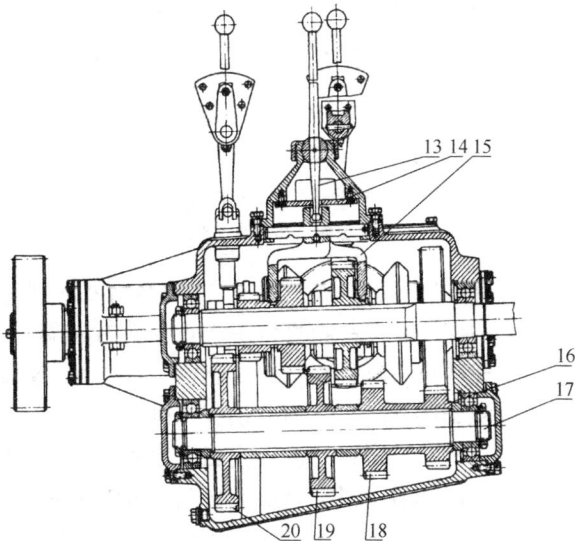

(b)

图 7-19　变速箱结构图（一）

1—齿轮；2—牙嵌离合器外套；3—牙嵌离合器内套；4—伞齿轮；5—带轴伞齿轮；
6—双向牙嵌离合器；7—伞齿轮；8—齿轮；9—第三轴；10—单滑动齿轮；
11—双联滑动齿轮；12—第一轴；13—手柄；14—限位板；15—拨叉；
16—齿轮；17—第二轴；18—齿轮；19—齿轮；20—齿轮；

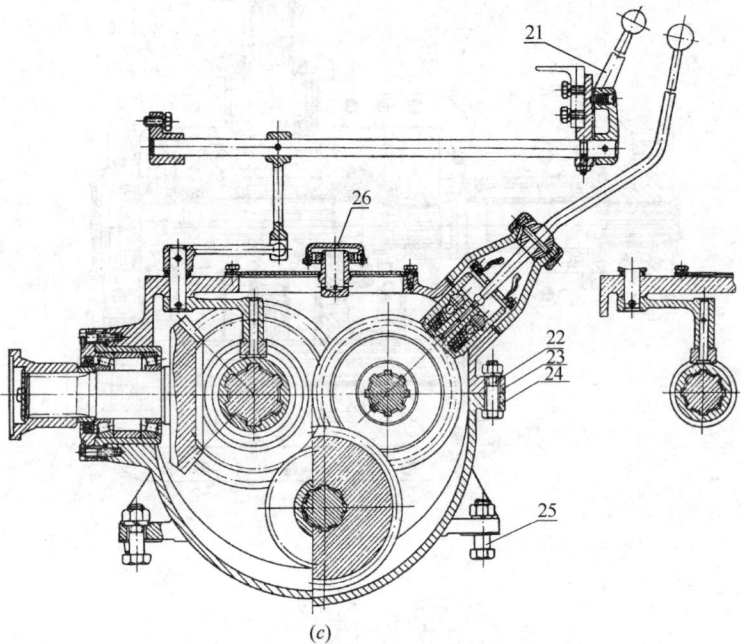

图 7-19　变速箱结构图（二）

21—手柄；22—螺栓；23—上箱体；24—下箱体；

25—螺栓；26—通气器

个获得动力，而传到带轴伞齿轮（5），并输出给万向轴从而使转盘获得正反各三速。在第三轴的另一端，安装牙嵌离合器内套（3），它可以和牙嵌离合器外套（2）结合，将动力通过箱体外的齿轮（1）传到机架的介轮，从而带动主、副卷扬机。

　　二个牙嵌离合器（3）（6）分别由二个手柄（21），通过杠杆机构加以操作。变速箱体被第一轴和第三轴的轴心线平面分成上箱体（23）和下箱体（24），二者以 14 个螺栓（22）固定成一体，整个变速箱以 4 个螺栓（25）固定在机架上。

　　变速箱内的润滑，除第三轴为油浴润滑外，其余均为飞溅润滑，在上箱体盖上，装有通气器（26），以适应箱内油温变化。

5）离合器

离合器是传递动力或卸载非常频繁的部件，联接在变速箱的端面上。离合器工作原理如图 7-20 所示；离合器结构组成如图 7-21 所示。

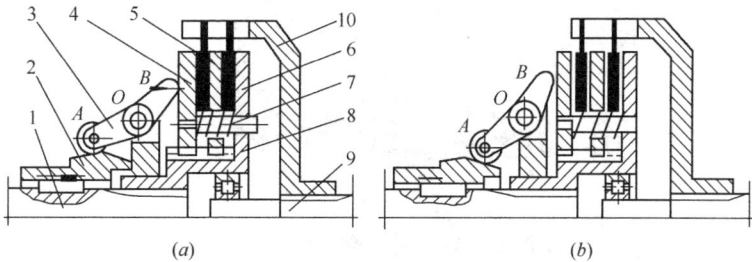

图 7-20　杠杆压紧式离合器工作原理图

(a) 工作状态；(b) 离开状态

1—输入轴；2—压紧滑块；3—杠杆；4—压紧；5—主动摩擦盘；6—被动摩擦盘；
7—弹簧；8—主动盘；9—输出轴；10—槽圈

离合器为多片式干摩擦离合器，主动摩擦片有两片，被动摩擦片有三片共四个摩擦面。主动摩擦片带有外齿，被动摩擦片带有内齿，它们和另一片被动摩擦片的外齿相结合，亦可在外齿上延齿向自由滑动。被动摩擦片以花键和变速箱的第一轴联接。当需要松开离合器时，压紧滑块移向右端，三个杠杆上的滚轮滑入锥面小段，杠杆就离开被动摩擦片，被动摩擦片被三个弹簧推动，沿被动摩擦片的外齿右移使摩擦片脱开。需结合时，压紧滑块左移至图示位置，杠杆上的滚轮滑入压紧滑块背锥面，即可压紧并自锁。压紧滑块的运动，由手柄通过杠杆和拨叉控制。

6）减速器

减速器是为适应大口径钻进低转速、大扭矩而设置的减速装置。其结构如图 7-22 所示。

动力由万向轴输入减速器第一轴，经两档减速齿轮减速后，由装于第三轴上的齿轮联轴器输出至转盘。

减速器的润滑除油浸润滑外，均靠飞溅润滑。

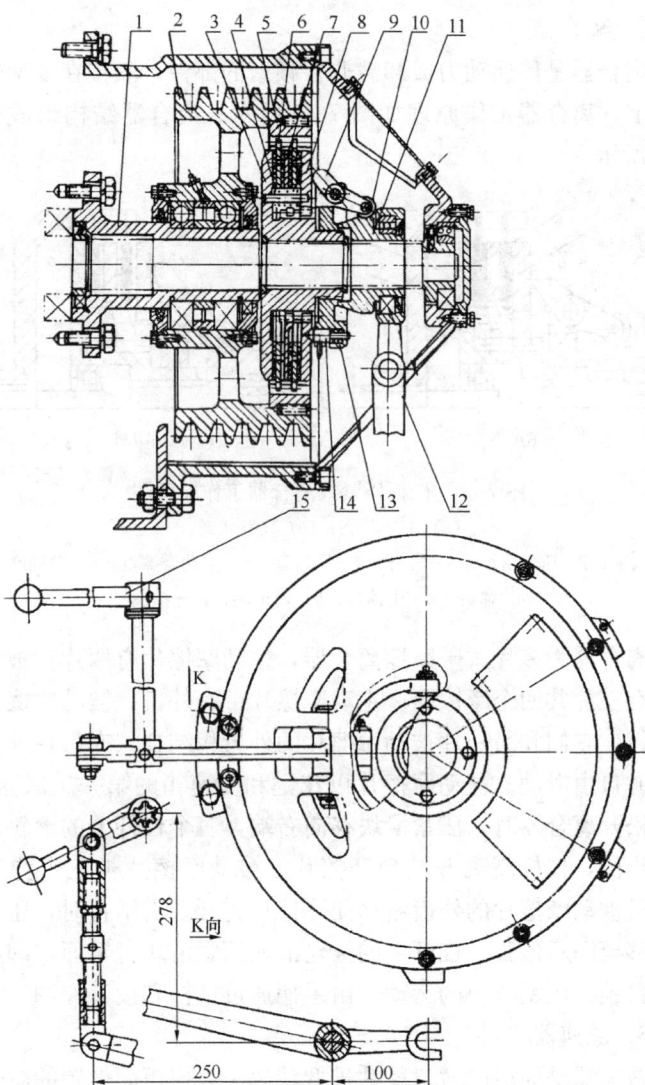

图 7-21　离合器部件图

1—油杯；2—滚动轴承；3—支撑环；4—带轴联轴器；5—轴套；

6—短顶杆；7—纸垫；8—螺栓；9—垫圈；10—皮带轮；11—螺母；

12—支撑螺栓；13—压盘；14—摩擦片总成；15—杠杆

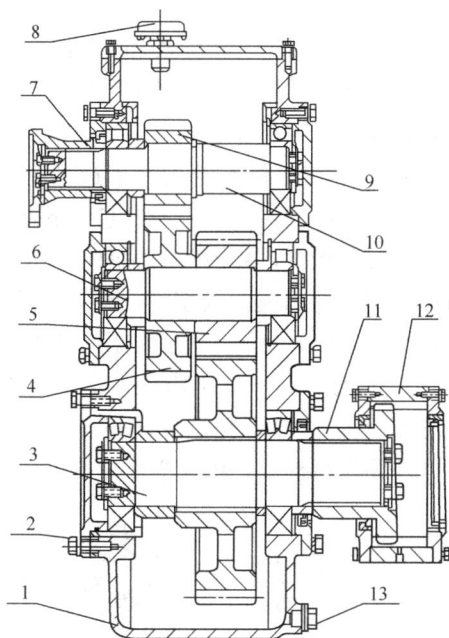

图 7-22　减速器

1—箱体；2—齿轮；3—第三轴；4—齿轮；5—齿轮；6—第二轴；

7—半片联轴器；8—通气罩；9—齿轮；10—第一轴；

11—半联轴器；12—内齿圈；13—六角螺母

7）底座

底座主要由滑台、下座、油缸、孔口板等组件组成。

滑台主要用于固定转盘、减速器、卷扬机组、传动装置、电气控制箱等部件。下座用于固定钻塔、起塔油缸、卧塔架、液压操纵箱、支腿、滚动支承。下座的平面有导轨，用油缸可使滑台在导轨上滑动，使滑台整体后移让出孔口。

滑台平移和孔口板移动用同一油缸控制。油缸一端固定于滑台上，另一端与孔口相联。孔口板装于下座的滑道上，可前后滑动，让出孔口。滑台与下座的固定采用斜垫压板自动压紧，联接快速、可靠。滑台和下座上面铺有花纹钢板。

8）钻塔

钻塔是用于悬挂游动滑车、水龙头和提引器等起升设备，以起、下钻具和其他重物，结构造型为Ⅱ型。钻塔主要由塔身、支架、二层台、起塔油缸、天车等组成。塔身采用矩形钢管焊接而成。塔身上焊有 U 形滑导，供水龙头上下运动时导向。钻头能沿滑导后移，让出孔口后悬挂于塔身上。起、下钻具时，主动钻杆不落地，可减轻劳动强度，缩短辅助时间。

支架是用矩形钢管焊制成的人字形支架，做支承塔身之用。二层台由栏杆和平台组成，供塔上作业之用。起塔油缸供起升和放倒钻塔用。天车（图 7-23）位于塔顶，由一个四滑轮组成的滑轮组与游动滑车组成 3×3 滑轮系统，另一滑轮供副卷扬机钢丝绳使用。钻塔外侧设有梯子，供上塔作业使用。

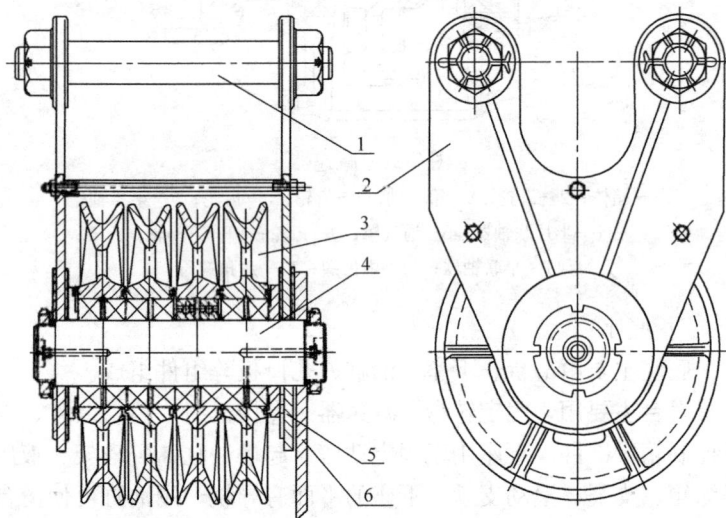

图 7-23　GPS-15 天车

1—悬挂轴；2—侧板；3—滑轮；4—滑轮轴；5—侧板；6—连接板

9）液压系统

液压系统由液压操纵箱、底座、平衡阀组、管路等组成，如

图 7-24 所示。电动机、油泵、阀组、油箱、滤油器等均装于液压操纵箱内。电动机驱动 CB-C18C-EL 齿轮油泵。油泵的吸油管前装有滤油器，保护油泵。阀组及油缸正常工作。油箱加油口装有滤油器。凡加入新油均需经过滤油器。

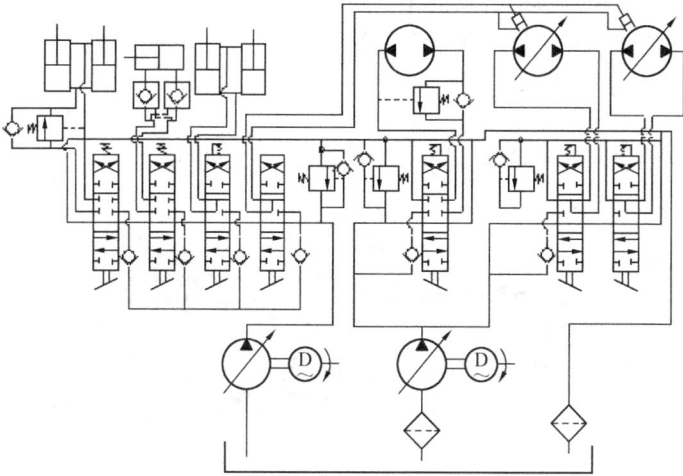

图 7-24　GPS-15 型钻机液压系统图

为了保证液压元件经久耐用，在总回油管输入油箱前设精滤油器。同时设有旁路单向阀，当精滤油器纸芯堵塞时，背压升高，旁路单向阀启开，保证油路畅通，操作者应及时更换或清洗滤油器纸芯。

溢流阀用于控制液压系统压力，其调定压力为 9.5MPa，系统压力大小由压力表显示。

整机移位和孔口板开合由同一油缸完成，由三位四通手动换向阀控制。

起塔油缸由二位四通手动换向阀控制，用于起升和放倒钻塔。起塔油缸进出口装有一组平衡阀，确保起落钻塔安全可靠。

（4）主机附件

主机附件包括万向轴、电气装置、台板总成、泥浆管线、椅子、支腿、卧塔架移动支承等部件。其中四个支腿装于底座上，用于调平钻机之用。在移动支承下面安放钢管，可用于钻机移位。

（5）工具总成

本套钻具包括游动滑车、水龙头、主动钻杆、圆钻杆、第一根圆钻杆、导正器、垫叉、提引器等。

1）游动滑车（图7-25）

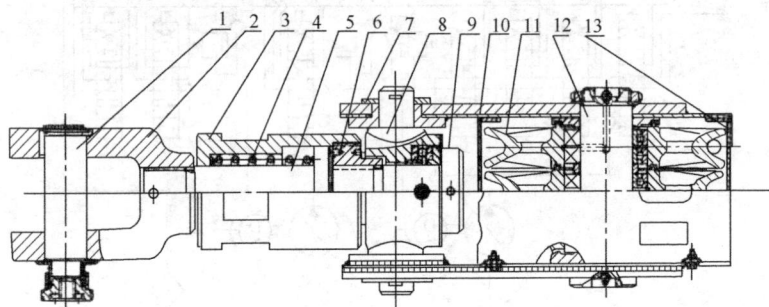

图7-25 GPS-15游动滑车

1—挡板轴；2—U形环；3—套筒；4—弹簧；5—长螺杆；6—顶盖；

7—侧板；8—横梁；9—螺杆；10—防护罩；11—滑轮；

12—滑轮轴；13—防护罩

2）水龙头（图7-26）

水龙头的中心轴由三个滚动轴承支承在壳体上，其中二个径向滚动轴承起扶正作用，推力轴承承受钻具重量。中心轴的下部通过法兰与主动钻杆联接。在水龙头壳体上用螺栓固定着盖架。它的上部和弯管联接，弯管另一头接上胶管接头后，便于安装胶管，盖架上部固定有内管，内管下部插入中心轴孔内，二者之间用密封圈加以密封。密封圈中部有隔离环，将密封圈分为两部分。当密封圈磨损后，通过填料压盖调整来保证密封性。

水龙头装在导向架中。导向架两端有导向轮。导向轮位于钻塔的U形导槽内。水龙头可沿导槽上下移动和让出孔口位置。

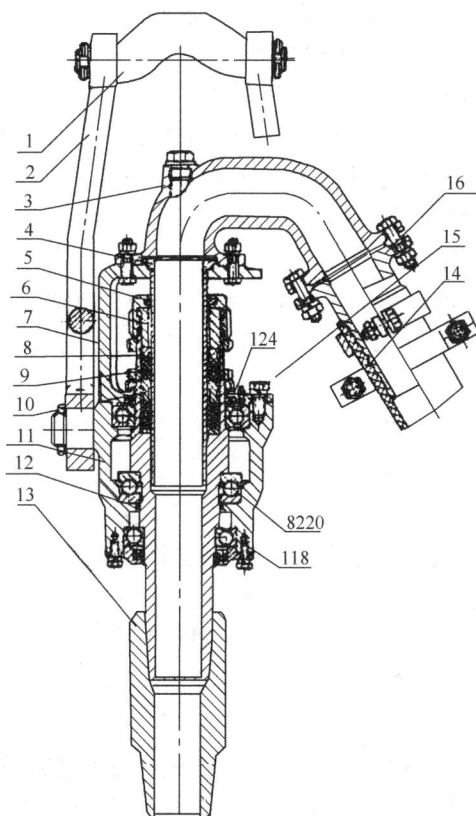

图 7-26　GPS-15 提引水龙头

1—吊攀提梁穿钉；2—左右吊攀提梁；3—弯管；4—内管；5—填料压盖；
6—填料压套；7—管架；8—填料上座；9—密封圈；10—隔离环；
11—水龙头体；12—主轴；13—接头；14—胶管；15—螺栓；
16—胶管接头

整个水龙头类似一个万向节头，能前后左右摆动，确保水龙头在钻进时处于平衡状态。

3）主动钻杆

主动钻杆为一方形截面钻杆，其规格为 178mm×178mm，长度为 3750mm。两端法兰接头分别和水龙头、圆钻杆相联。主动钻杆插入转台小方补心内，传递回转扭矩。

4）圆钻杆和第一根圆钻杆

圆钻杆是由 $\phi168\times4mm$ 的钻杆和烧焊在钻杆两端的两个法兰接头组成。每根钻杆长 3m。第一根圆钻杆长度为 1m，其结构与圆钻杆相同，仅在靠近法兰处加一块垫板，以便在提上钻杆时，把垫叉同时带上转盘平面。

5）导正器

导正器下部和钻头连接，上不接圆钻杆，中间有两个加重块支座。每个支座上装有 6 个导辊。加重块支座中间放置加重块，每块 0.5t，可根据需要加减。为了防止加重块在钻进中晃动，在支座上方有定位夹板，并用两根长螺栓，将导正支座、加重块、定位夹板固为一体。

6）垫叉

施工起下钻时，将钻具卡住悬挂于孔口的工具。垫叉有两个，升降钻具时，以垫叉叉口插入钻杆锁接头的切口内，即可将钻具悬于孔口；拧卸钻杆时则用来固定下部钻杆，用另一个垫叉固定上部钻杆，逆时针转动磨盘拧卸上部钻杆。

7）提引器

提引器由吊环提环、定位销等组成，使用时提环吊住法兰下平面，中间有销子穿过法兰的一个孔，以防止提引钻杆时，提环脱出。

（6）砂石泵组及 3PNL 泥浆泵

1）砂石泵组

砂石泵组主要为采用反循环钻进工艺所采用。采用反循环钻进工艺时，砂石泵组在 3PNL 泥浆泵配合下（3PNL 泥浆泵主要将钻杆内、泥浆管中及砂石泵中充满泥浆、排除空气），便于砂石泵形成真空，在空气气压的作用下，使孔底岩石颗粒、岩渣在孔内泥浆的悬浮作用下一起从钻头底部吸入沿钻杆内部，经水龙头、泥浆管排出孔。钻机配用砂石泵组传动图如图 7-27 所示。

正循环钻进工艺主要采用 3PN 及以上型号泥浆泵进行孔内

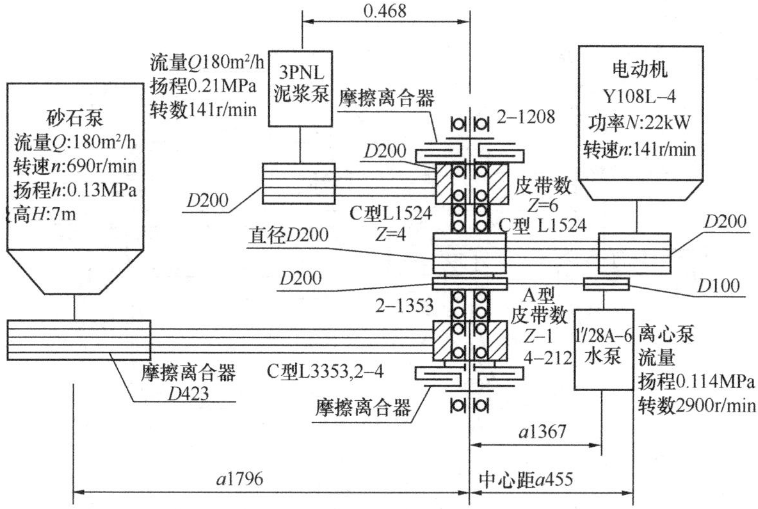

图 7-27　GPS-15 型钻机配用砂石泵组传动图

泥浆循环。

砂石泵组由吸入管、密封环、前盖、前衬板、泵体、叶轮、前衬板、水封环、填料、压盖、对开压盖、游标尺、透气盖、泵体、箱体、皮带轮等组成（图 7-28）。

2）3PNL 泥浆泵

3PNL 是单级单吸立式泥浆泵，是 PN 型泵的变型产品，吸入口向下，排出口通过出水管垂直向上。泵主要有泵体、叶轮、护板、轴、托架（或轴承件）、填料箱（或轴封体）等零件组成。叶轮为闭式，泵体具有带护套的双层结构。转向自电机方向看为顺时针方向。

3PNL 型泥浆泵具有以下特点：

① 流量大、寿命长、结构简单、运行可靠。

② 过流部分承磨件采用了耐磨铸铁，使用寿命较长。

③ 叶轮和护板的间隙可以及时调整，保持较高的工作效率。

④ 该型泵轴承直接装于中开托架内，拆检方便，调整及时，

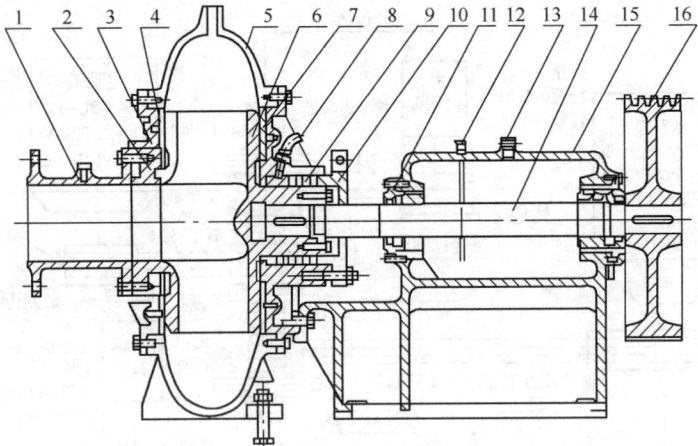

图 7-28　砂石泵

1—吸入管；2—密封环；3—前盖；4—前衬板；5—泵体；

6—叶轮；7—前衬板；8—水封环；9—填料；10—压盖；

11—对开压盖；12—游标尺；13—透气嘴；14—泵体；

15—箱体；16—皮带轮

并在泥浆池内改善了轴承的工作条件。

其中代号含义为：3——出浆口径（75mm）；P——杂质泵；N——泥浆；L——立式。

（7）转盘钻机安全防护装置

1）皮带传动、链传动和万向轴传动部位安全防护罩齐全牢靠、强度符合要求。

2）钻塔二层工作台安全防护栏杆齐全牢靠、强度符合要求。

3）机上配电箱（开关箱）漏电保护器性能良好，额定漏电动作电流应不大于 30mA，额定漏电动作时间应不大于 0.1s。

二、冲击式钻机

1. 冲击成孔原理及适用范围

冲击式钻机主要包括钻架、动力、起重装置、冲击钻头、转向装置和掏渣筒等，也可用 30～50kN 带离合器的卷扬机配合钢钻架及动力组成简易冲击式钻机（图 7-29）。

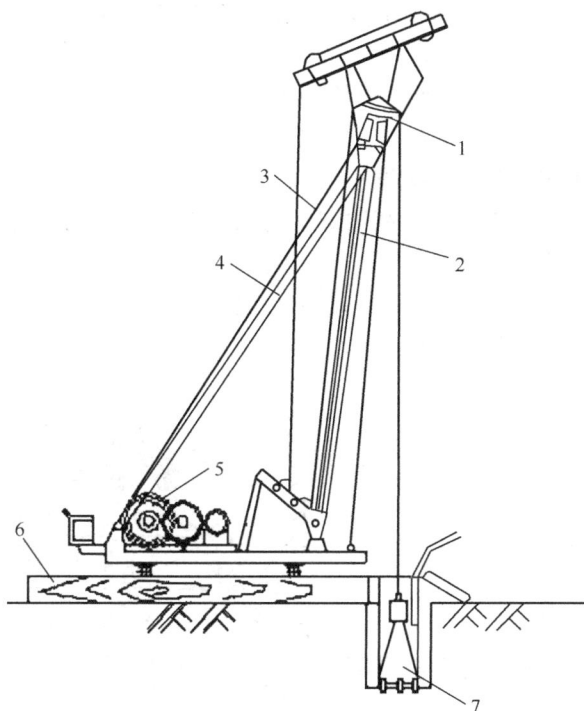

图 7-29　冲击式钻机结构示意图

1—导向滑轮；2—桅杆；3—钢丝绳；4—撑杆；5—卷扬机；

6—机台木；7—锤头

　　冲击式钻机主要用于岩层中成孔，成孔时将冲锥式钻头提升一定高度后以自由下落的冲击力来破碎岩层，然后下置泥浆管至孔底用 3PNL 泥浆泵泵送泥浆至孔底将岩渣冲出孔外。由于冲击式钻机的钻进是将岩石破碎成粉粒状钻渣，功率消耗很大，钻进效率很低。但在岩石强度超过 3～5MPa 时，常规的回转钻进方式无法进行或成本更高常选用此工艺方法使用，因此，冲击钻进成孔在强度高的岩石层、卵石层经常使用。

　　目前常用的冲击式钻机有 CZ 系列，其所有部件装在拖车上，包括电动机、传动机、卷扬机和桅杆等，整体牵引。该型钻孔是利用钻机的曲柄连杆机构，将动力的回转运动改变为往复运动，通过钢丝绳带动冲锤上下运动。通过冲锤自由下落的冲击作用，将卵石或岩石破碎，钻渣随泥浆（或用掏渣筒）排出。

冲锤有各种形状，但它们的冲刃大多是十字形的。

2. 冲抓锥的成孔原理

冲抓锥（图 7-30）利用锥头内的重铁块和活动抓片，下落时松开卷扬机刹把，抓片张开，锥头自由下落冲入土中，然后开动卷扬机拉升锥头，此时抓片闭合抓土，将冲抓锥整体提升至地面卸土，依次循环成孔。

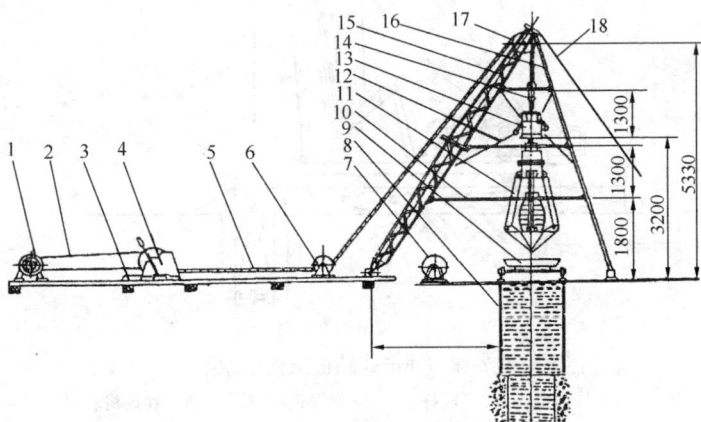

图 7-30　冲抓锥示意图

1—电动机；2—平皮带；3—枕木；4—专用卷扬机；5—钢丝绳；6—地滑轮；7—泥浆搅拌机；8—井口护筒；9—出土小平车；10—固定角铁；11—冲抓钻头；12—挂架拉绳；13—自动挂卸器；14—绳接头；15—桅杆；16—撑杆；17—天滑轮；18—防风绳

3. 冲击反循环成孔原理及适用范围

冲击反循环钻机是一种将传统冲击钻进方法和反循环连续排渣技术结合在一起的钻孔桩施工设备。其特点：

（1）使用同步卷筒双绳提引冲击钻头，有利于坚硬地层的钻进，减少冲孔的扩孔率。

（2）采用砂石泵，实现了泵举反循环连续排渣和超深孔的钻进。

（3）操作简便，适用地层广，尤其适于漂卵石和岩石层的钻进，成本低，钻孔效率高。

（4）适用于各种复杂地质条件（土层、砂层、漂卵石层、岩石层）下铁路公路桥梁、港口、码头、高层建筑的中长桩及超长桩施工，也可用于城市大口径污水井及野外深井的开挖钻进。

4.CZ 型冲击钻机

CZ 型冲击钻机的机械传动系统如图 7-31、图 7-32 所示，电动机（1）通过三角皮带传动主轴（2）；通过链条驱动工具卷筒（4）；通过三对齿轮副分别驱动冲击机构（3）、抽筒卷筒（5）和辅助卷筒（6）。主动链条、齿轮副以轴承套在主轴上。通过操纵机构使相应的摩擦离合器结合后传递动力。

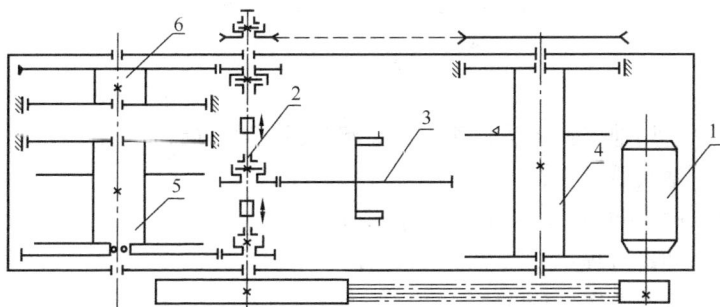

图 7-31 CZ-22 型冲击钻机机械传动系统
1—电动机；2—主轴；3—冲击机构；4—工具卷筒；
5—抽筒卷筒；6—辅助卷筒

（1）技术性能
钻孔直径：0.8～1.6m；
钻孔深度：50～100m；

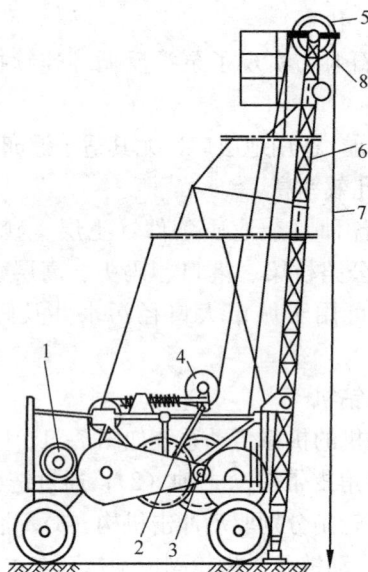

图 7-32　CZ-22 型冲击钻机

1—电动机；2—冲压连杆；3—主轴；

4—压轮；5—钻具天车；6—桅杆；

7—钢绳；8—抽筒天车

适用地层：土层、砂层、漂卵石层、岩石层；

钻头质量：2.5～3.2t；

冲击频率：35、40、45r/min；

冲击行程：0.7、0.85、1.0m；

排渣效率：180m³/h；

主电机功率：45kW；

钻孔效率：

土层、砂层：0.5～2.0m/h；漂卵石层：0.2～0.5m/h；岩石层：0.1～0.3m/h；

钻机总质量：11.0t（不含冲头）；

主机外形尺寸（长×宽×高）：工作时 7.8m×2.0m×9.0m，运输时 5.6m×2.0m×1.6m。

（2）工作原理

如图 7-33 所示，从钻机同步卷筒出来的两根受力相等的正反转钢丝绳，经冲击梁和桅杆的导向滑轮，提引冲击钻头。同步卷扬机工作原理，如图 7-34 所示。电动机通过传动机构驱动冲击机

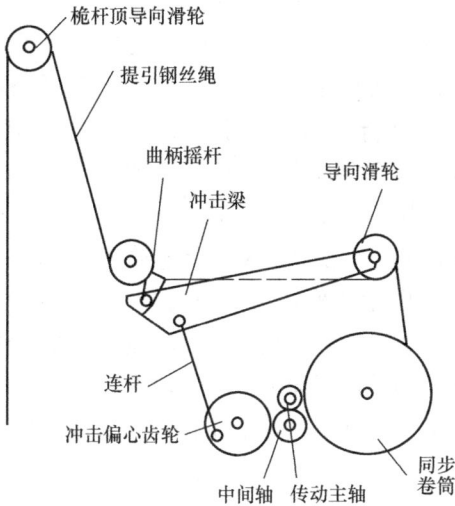

图 7-33　钻机传动原理

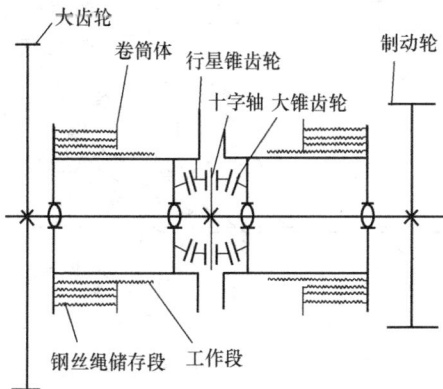

图 7-34　同步卷扬机的工作原理

构，拉动钢丝绳带动钻头作上下冲击运动，形成瞬时冲击力破碎地层。在两根主钢丝绳之间放置由副卷扬机提引的排渣系统，排渣管的下端在钻头中心管内，钻头作上下冲击运动时，排渣管除了随着钻孔进尺间歇下放外一般保持不动，并在冲击的同时，连续排出钻渣，获得较高的钻进效率。

如图 7-35 所示，一种典型的曲柄连杆—游梁式冲击机构，其工作原理为：冲击齿轮（1）被驱动后，带动轴和固定在轴上的两个曲柄（2）回转。两个连杆（3）的下端以销轴与曲柄铰链，上端与框架式双臂冲击梁（4）、支臂（5）相铰接。曲柄回转时，通过连杆带动冲击梁、支臂和支臂轴上的压轮（6）绕导向轮轴作圆弧形的上下摆动。从工具卷筒上引出的钢丝绳（10），绕导向轮（9）、压轮和桅杆顶部的天车，与孔内的冲击钻具连接，冲击梁向下摆动时，压轮下压钢丝绳，将冲击钻具提离孔底一定高度；压轮随冲击梁向上摆动时，则放松钢丝绳。冲击钻具在重力的作用下加速降落而冲击孔底岩石。如此循环，实现冲击钻进。

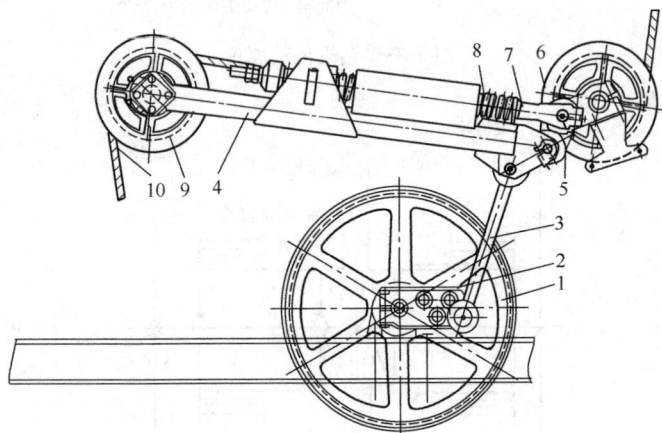

图 7-35　冲击钻机的曲柄连杆机构

1—冲击齿轮；2—曲柄；3—连杆；4—冲击梁；5—支臂；6—压轮；7—支杆；
8—缓冲弹簧；9—导向轮；10—钢丝绳

改变连杆与曲柄的铰接位置，就改变了冲击钻具的提升高度（即冲程），钻具每分钟的冲击次数（冲次）则决定于曲柄的转速，通常用改变钻机主轴上的皮带轮直径以改变曲轴的转速和钻具的冲次，CZ 型冲击钻机的曲柄上有四个距离不等的销孔，备有三个直径不等的皮带轮，故它有四个冲程和三个冲次可调节。

在冲击梁的臂梁上有缓冲装置，包括前端以销轴与支臂铰接的支杆（7）和套在支杆上的缓冲弹簧（8）等，缓冲装置对钻具的冲击运动起缓冲和补偿作用。其作用原理如图 7-36 所示。当压轮到达上止点开始下压钢丝绳的瞬时，压轮、压轮轴将受到钢丝绳的反作用力 P，这个反作用力的作用时间虽短，但数值却很大（特别是发生在冲击钻具未落到孔底的情况下），并具有冲

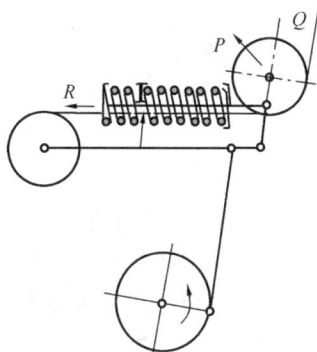

图 7-36　缓冲装置的
缓冲补偿作用

击荷载的性质。在力 P 作用下，压轮、压轮轴和支臂将绕冲击梁前端的销轴逆转一个角度，并带动支杆后移，压缩缓冲弹簧，弹簧吸收冲击能量，保护钻机不受刚性冲击，并减小振动，这就是它的缓冲功能。在支臂逆转的同时，压轮的位置抬高，放松一段钢丝绳，使钻具增加一段自由落体的距离，保证钻具不受阻滞地冲击孔底。钻具落到孔底，钢丝绳松弛，缓冲弹簧将伸长并推动支杆前移、支臂与压轮顺向转回原位，压轮位置降低，预紧已松弛的钢丝绳，避免下一个循环开始时出现钢丝绳抖动现象。钢丝绳的这一小距离的放松与预紧作用，就是缓冲装置的补偿功能。

在钻机的前机架上铰接桅杆。桅杆采用角钢焊接结构，分上下两节，上节截面小、可借助钻机卷筒在下节桅杆内伸缩，

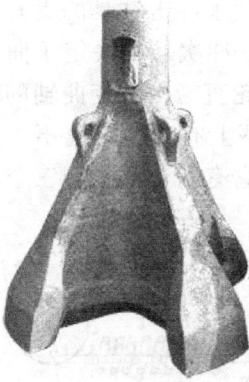

图 7-37 锤头

钻进时伸出，以提高桅杆高度；迁移时缩回，以缩短设备的长度，便于拖运。

（3）钻头（锤头）

一般是整体铸钢做成的实体钻锥，钻刃为十字形，采用高强度耐磨钢材做成，底刃最好不完全平直以加大单位长度上的压重，如图 7-37 所示。冲击时钻头应有足够的重量、适当的冲程和冲击频率，以使它有足够的能量将岩块打碎。

三、振动沉管桩机

振动沉管桩机是施工振动沉管灌注桩的一种机械设备。

1. 振动沉管桩机的基本构造及工作原理

（1）基本构造

各种振动桩机结构大同小异，几乎都由振动锤、桩架、沉桩管、底盘、行走结构、卷扬机组、配电系统等主要部件组成。图7-38 为振动桩机的总体结构。

（2）工作原理

振动沉管桩机将带有活瓣式桩尖（图 7-39）或钢筋混凝土预制桩尖的桩管（上部开有加料口），利用振动锤产生的垂直定向振动和锤、桩管自重及卷扬机通过钢丝绳施加的拉力，对桩管进行加压，使桩管沉入土中，然后向桩管内灌入混凝土，边振边拔出桩管，使混凝土留在土中成桩。

施工时，先安好桩机，将桩管下端活瓣桩尖合起来，或埋好预制桩尖，对准桩位，徐徐放下桩管，压入土中，校正桩管垂直度，符合要求后开动激振器，同时在桩管上加压，桩管即能沉入土中。

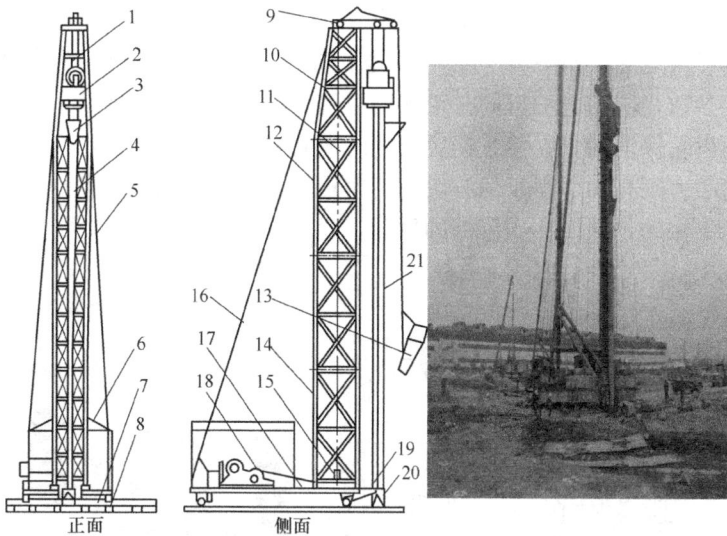

图 7-38 振动沉管设备

1—滑轮组；2—激振器；3—漏斗；4—桩管；5—前拉索；6—遮篷；7—滚筒；
8—枕木；9—架顶；10—架身顶段；11—钢丝绳；12—架身中段；13—吊斗；
14—架身下段；15—导向滑轮；16—后拉索；17—架底；18—卷扬机；19—架
压滑轮；20—活瓣桩尖

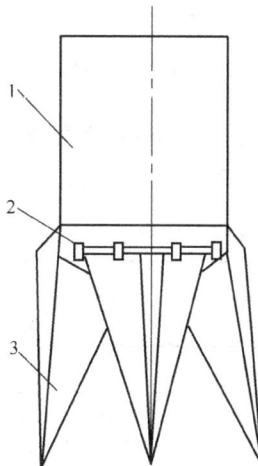

图 7-39 活瓣桩尖

1—桩管；2—锁轴；3—活瓣

121

振动锤（图 7-40）是振动沉管桩机的核心部件之一，目前市场常见的 DZKS 系列中孔双电机振动打桩锤，是利用两台性能参数相同的电动机同时带动两组偏心块作相反方向转动，并利用齿轮保证同步，使它们所产生的横向离心力相互抵消，而垂直离心力则相加，由于偏心块的高速转动，使整个系统产生垂直的上下振动，从而达到沉桩的目的。

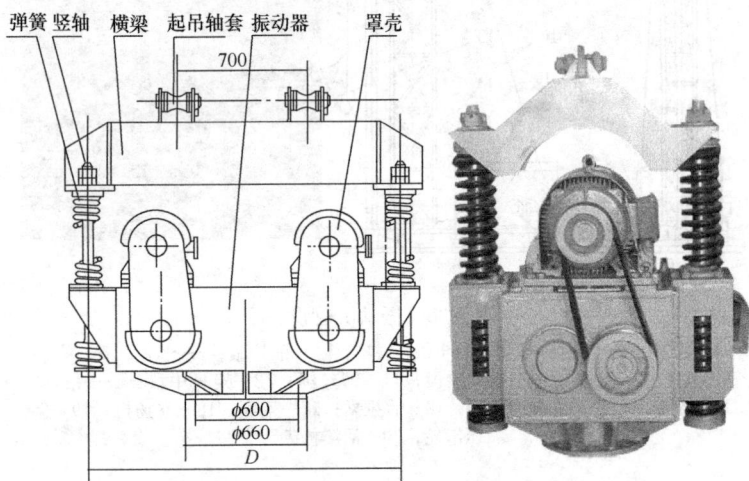

图 7-40　振动锤

2. 振动沉管桩机的主要部件技术要求

以 JZZ 系列桩架（表 7-21）为例介绍如下：

JZZ 系列桩架主要技术参数　　　　　　　　表 7-21

型号 项目	JZZ-40	JZZ-60	JZZ-75	JZZ-90
四匹振动锤型号	DZ-40	DZ-60	DZ-75	DZ-90
沉桩直径	≤400mm	≤500mm	≤500mm	≤500mm
沉桩深度	≤18m	≤25m	≤25m	≤25m
允许加压力	≤150kN	≤200kN	≤200kN	≤200kN

型号 项目	JZZ-40	JZZ-60	JZZ-75	JZZ-90
允许拔桩力	≤180kN	≤300kN	≤300kN	≤300kN
主卷扬机牵引力	30kN	50kN	50kN	50kN
主卷扬机电功率	11kW	18.5kW	18.5kW	18.5kW
移架卷扬机牵引力	15kN	20kN	20kN	20kN
移架卷扬机电功率	5.5kN	5.5kN	5.5kN	5.5kN
减速箱电机功率	1.5kW	1.5kW	1.5kW	1.5kW
外形尺寸	8.5m×10m× 24.6m	9.5m×10m× 32m	10m×10m× 32m	10m×10m× 32m
质量（不包括锤）	1.9t	2.65t	2.75t	2.95t
主柱允许倾斜范围	前倾5°	后倾10°		

（1）桩架

按行走方式的不同，桩架可分为滚管式、轨道式、履带式、步履式、悬挂式等。滚管式桩架目前市场较为常见。桩架主要由金属结构部分、工作装置和电气系统组成。

1）金属结构部分

金属结构部分由顶部滑轮组、立柱（挺杆）、斜撑、底盘、动滑轮组、加压滑轮组、桩管等组成。

① 顶部滑轮组：用法兰螺栓安装在立柱的顶部。

② 立柱：桩架主件。由多节壁厚 6～8mm、$\phi600$ 的圆筒和导轨、爬梯、上铰链、立柱支承组成，总长 30 余米。

③ 斜撑：调节立柱位置又能增强桩架整体稳定性，每根由 3 节壁厚 4.5～5mm、$\phi300$ 的管子组成。

④ 底盘：是立柱、斜撑、竖架系统、卷扬机等操作机械的支承件，又是固定斜撑结构的部件，由槽钢焊接成三大主要部件，用螺栓联接而成，是决定整体稳定性的关键部件。

⑤ 动滑轮组：下部与定滑轮组组合，上部用定长钢丝绳通

过顶部滑轮组与振动锤上滑轮组合，达到中心受压的目的。

⑥ 加压滑轮组：与振动锤的下滑轮组合，达到加压的目的。

⑦ 桩管：由管子、上部法兰、加料斗组成。上部法兰与振动锤或液压夹头连接在一起。管的外径及壁厚根据地基设计要求和振动锤的能量大小而定，一般桩管外径在 $\phi273\sim\phi480$ 之间。经常使用的有：$\phi273\times8$mm、$\phi325\times(8\sim10)$mm、$\phi377\times(8\sim10)$mm、$\phi480\times(10\sim12)$mm。

2) 工作装置

① 主卷扬机：桩架作业中拔桩和加压沉桩的主要动力，也是前后移架的动力，共有高、低、小三个卷筒，高卷筒为主卷扬筒，用于吊锤、竖架。低卷扬用于加压，小卷筒用于前后移位。

② 左右移位卷扬机：是桩机左右移架的同轴双筒卷扬机，左右移架行走速度为 1.3m/min。

③ 电控单筒卷扬机：用于吊料斗或钢筋笼。

3) 电气系统

桩架有完整、独立的电气系统，所有电气元件安装在配电箱内。

（2）振动锤

振动锤通常是有沉管和拔管的双重作用。振动锤按动力，可分为电动振动锤和液压振动锤，按振动频率可分为低频（400~1000r/min）、中频（1000~2000r/min）、高频（2000~3000r/min）和超高频（大于3000r/min），按振动偏心块结构，可分为固定式偏心块和可调式偏心块。

目前市场常见的是电动振动锤，DZKS系列。

电动振动锤其结构主要由吸振器、振动器及电气装置三大部分组成。

1) 吸振器

吸振器由弹簧、竖轴、横梁、起吊轴套、加压滑轮等组成。横梁两侧各装有两根竖轴，每根竖轴上下各套入压缩弹簧成为一组，由于四组弹簧的作用，使振动器产生的较大振幅传送到吸振器时将大为减少，保证起吊拔管和加压钢丝绳不发生激烈振动，从而使桩架在工作时获得良好的隔振效果。沉管作业时，如沉管阻力大、沉入速度缓慢时，可通过装在横梁两侧下部的加压滑轮进行加压，使沉管效果显著提高。

2）振动器

振动器主要由电机、偏心块、主轴、齿轮等组成，动力是两台电机通过三角胶带传给箱内两条主轴，并由中间齿轮保证同步，主轴上装有四组对称的偏心块。主箱体的后部装有两只导块，可使振动锤滑轮架导杆上下移动，右侧装有电缆固定板，用以固定电缆软线，以防止振动器在振动过程中断线。

3）电气装置

电动振动锤中均采用笼型异步电动机作为原动机。DZKS 型系列装有两台电机，并由四只齿轮强制同步，因此，两台电机的转向一定要相反，接线时千万注意电机的转向，以免机件损坏。

3. 安全保护

（1）配电柜和电动机必须接地线。

（2）振动锤使用时，对施工现场的电源必须满足要求，否则会发生启动困难的情况，如施工现场周围的电源不能满足要求时，应安装专用变压器，对变压器、电缆线、输送长度的要求见表 7-22 所列。

变压器、电缆线、输送长度的要求　　表 7-22

振动锤型号	电力变压器（kVA）		专用变压器（kVA）	电缆线截面积（mm²）	
	100m 以内	200m 以内		50m 以内	75m 以内
DZ-40	>125	>160	100	35	50
DZ-50	>160	>200	160	50	70
DZ-60	>180	>250	200	70	95
DZ-70	>200	>315	315	95	120
DZ-90	>200	>315	315	95	120

（3）桩架在使用过程中，主要部件要经常擦洗和检查，卷扬

机的刹车离合，导向机构的就位情况，配电箱的仪表使用情况，均需每天做次检查。

（4）振动锤转速较高，润滑保养的好坏直接影响到使用寿命，各机械部位的润滑参数见表 7-23 所列。振动器箱体油量不足时，应随时予以补充，加油的多少可通过检视箱体，前后的油塞要拧紧。

各机械部位的润滑参数 表 7-23

润滑部位	润滑剂	润滑参数	润滑时间
振动箱体	40 号机械油	1	300h
尼龙轴套	钙基润滑脂	8	每班一次
加压滑轮	钙基润滑脂	2	每班一次

（5）桩架属振动机械，要经常检查全机连接出处的螺栓是否松动，如有发现必须及时拧紧，磨损的应立即更换。

（6）润滑油型号：导杆、主卷扬机加钙基润滑脂（黄油）；地轮管上加废机油；卷扬机上的齿轮加齿轮油；蜗轮箱是加齿轮油。

（7）电动机接线盒的导线若有损伤，要包上浸漆绝缘带或套上绝缘套管，严重损坏，须送电动机修理厂更换。

（8）电动机与箱体连接的螺栓要经常检查，以防松动而振坏电机。

四、旋挖钻机

1. 旋挖钻机的基本构造及基本原理

（1）基本构造

整机结构如图 7-41 所示。主要由底盘行走机构、钻桅、变幅机构、主副卷扬、动力头、钻杆、钻头、转台、发动机系统、驾驶室、车棚、配重、液压系统、电气系统、空调系统等组成，该机自带动力，具有履带行走、底盘履带轨距可伸缩、钻桅自行起落并实现自主装卸、同时适应摩阻式和机锁式伸缩钻杆、全液压驱动、图形导引、卸土后转台自动复位、工作状态电子监控、

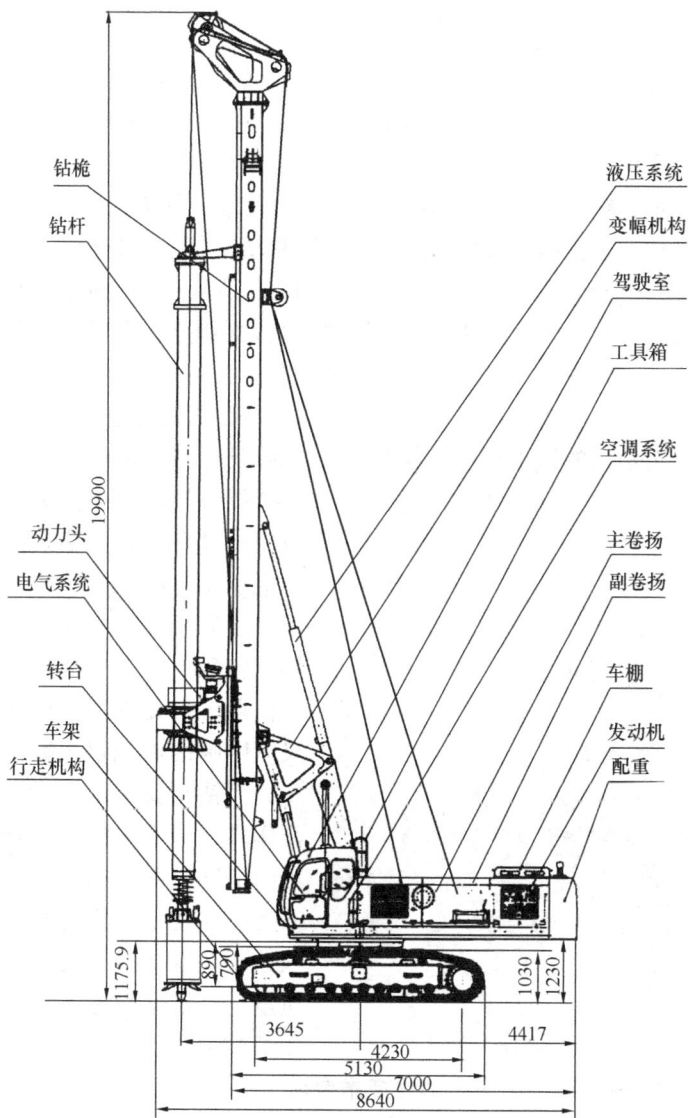

钻桅

钻杆

液压系统

变幅机构

驾驶室

工具箱

空调系统

主卷扬

副卷扬

19900

动力头

电气系统

转台

车架

行走机构

车棚

发动机

配重

1175.9

890

790

1030

1230

3645

4230

5130

7000

8640

4417

图 7-41　旋挖钻机整机结构

多功能互锁等功能。

（2）基本功能及其工作原理

旋挖钻机主要功能为上车钻孔作业和下车移动行驶，两部分通过控制系统实现互锁。钻机行驶时，发动机驱动双联液压泵供油，高压油经中心回转体到行走马达驱动行走减速机，实现底盘的行走、转向、制动等功能。履带轨距伸缩、钻桅起落、动力头加压均通过控制阀分别由相应液压缸驱动，而钻杆旋转、主副卷扬提升、转台回转则通过控制阀分别由相应液压马达驱动相应减速机。动力头驱动马达经减速机减速及大小齿轮减速带动钻杆旋转，同时供油给加压油缸，使动力头有垂直向下的压力，实现正常钻进作业，提升钻杆时主卷扬回转，将钻头提升至地面，转台回转至地面的抛土位置，若为回转斗则需再提升钻头至动力头下端挡板位置，通过撞击下挡板使回转斗底盖开启，采用回转急停方式进行抛土作业；若为短螺旋钻头，则采用回转急停方式直接实施抛土作业。钻孔深度及回次进尺深度则由虚拟仪表数码显示。当钻至要求深度后即停止作业。下放护壁套筒时，可由辅助支腿直接压入或由动力头驱动的护筒将套筒旋入地下，这样可以提高成孔质量。旋挖钻机施工照片如图 7-42 所示。

图 7-42 旋挖钻机施工照片

2. 旋挖钻机的主要部件技术要求

（1）底盘

底盘包括车架及行走装置。车架底架为箱形焊接结构，两纵梁间距由液压油缸控制，从而可以改变履带轨距。履带行走机构

（图 7-43a）包括行走减速机、驱动轮、支重轮、托链轮、导向轮、履带总成及张紧装置（如图 7-43b）等组成。履带行走机构是由液压泵供油驱动液压马达，经减速机、驱动轮带动履带，使之前进或后退。行走减速机为北京力士乐的 GFT80T3 型，减速机的高速带有常闭多片式停车制动器，停车时，在弹簧作用下自行制动，行走时液压控制制动器脱开。

　　履带张紧装置（图 7-43b）由张紧油缸、张紧弹簧、导向轮、油杯等组成。其作用是保持履带一定的张紧度，在其工作中或行驶时起缓冲作用。履带松到一定程度可用黄油枪通过油嘴向张紧油缸注入黄油，驱动导向轮外移，使履带张紧，调整比较方便。

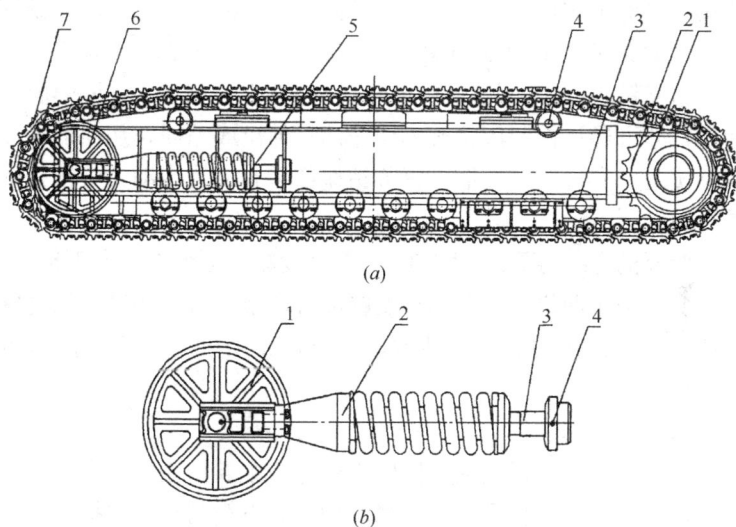

(a)

(b)

图 7-43　履带总成及张紧装置

(a) 行走机构；

1—行走减速机；2—驱动轮；3—支重轮；4—托链轮；

5—张紧装置；6—导向轮；7—履带总成

(b) 张紧装置

1—导向轮；2—张紧弹簧；3—张紧油缸；4—注油嘴

（2）转台

转台主要包括回转减速机、回转支承、转台主体、钻桅支承等组成，作用是承载上部重量，并使之作回转运动。

转台的回转是从液压泵供油驱动液压马达，经回转减速机的小齿轮带动回转支承内齿圈，从而使上车回转。回转减速机采用力士乐（北京）公司的 GFB36T3 型减速机，为三级行星齿轮传动带常闭式多片式制动器。回转支承选用单排、四点接触球式回转支承。

（3）钻桅及变幅机构

钻桅为箱式截面，一般有三节钻桅，上部鹅头和下部钻桅均可折叠，并可利用自身的动力和结构，不用吊机，在钻桅处于后倾状态时即可实现自装自卸，上部鹅头装有滑轮，主、副卷扬钢丝绳从中穿过；下面一节钻桅装有辅助支腿油缸，当调整轨距时，钻桅钻到履带一侧（90°方向），支腿油缸伸出，将该侧履带抬起，即可通过控制阀将履带伸缩油缸伸出或缩回，从而加大或缩小轨距，实现履带伸缩。每节钻桅都带有滑轨，动力头钻杆依靠滑轨上下滑动。

变幅机构由动臂、三脚架、拉杆及变幅油缸组成（图 7-44）。

变幅采用两级油缸，动臂变幅油缸调节动臂的幅度，钻桅倾斜油缸调节钻桅的垂直。钻桅左右可调整角度各为 5°，前后可调整角度分别为 5°、15°。

（4）主、副卷扬

该机主、副卷扬安装在回转平台上。主卷扬用以提升和下放钻杆，副卷扬用以提升钻具、吊放护筒、下钢筋笼，卷扬由液压马达驱动，卷扬减速机为力士乐北京公司的 GFT 系列，主卷扬可实现双速控制，且有自由下放功能，以适应钻进的需要。控制方式为液压先导控制，主、副卷扬配有压绳器。

（5）动力头

动力头外观如图 7-45 所示，主要包括托架和驱动器，托架用以支承驱动器使之在滑轨上运行，并传递加压油缸的加压力，驱

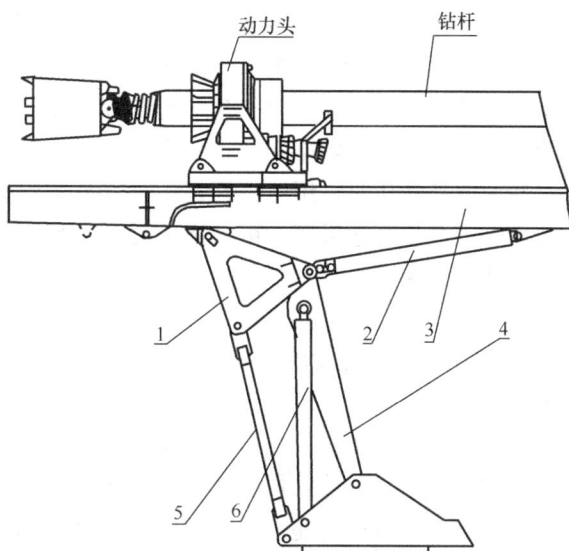

图 7-44 变幅机构示意图

1—三脚架；2—钻桅变幅缸；3—钻桅；4—动臂；5—连杆；6—动臂变幅缸

图 7-45 动力头外观

动器主要包括两组液压马达、减速机、驱动齿轮及齿轮箱、套管式驱动套等。

工作原理为液压泵供油带动液压马达，经减速机和驱动齿轮的两极减速后，以低速大扭矩的形式通过套管式驱动套传递给钻杆。动力头一级齿轮箱采用循环油润滑，二级齿轮箱采用油浴润滑，减速机采用意大利进口减速机。当抛土作业时，驱动马达小排量并采用"急停"方式实现。驱动套采用矩形牙嵌与钻杆配合传递扭矩和压力，并由进口轴承支承，采用油浴润滑；动力头下部有压盘，使用回转钻斗时，用于打开钻斗底门卸土，该部件控制系统为变量泵—变量马达系统，可根据土壤地质条件的不同自动改变其扭矩和钻进速度。

（6）钻杆

钻杆分为摩阻式和机锁式两种，钻杆第一节（最外层一节）采用矩牙形嵌与动力头相配合，以传递扭矩和动力，上端通过回转支承和支承架与滑轨连接，使之自由转动的同时能随动力头上下滑动。机锁式钻机里面各节钻杆也采用矩形牙嵌与外面一节钻杆相配合，当牙嵌嵌合时能传递扭矩轴向压力，牙嵌分离时，各节钻杆可以自由伸缩，最里面一节钻杆上端通过回转头与主卷钢丝绳相连，下端与钻头相连接，钻杆缩回时，各节杆（机锁式钻杆在解锁后）通过主卷钢丝绳提升。

（7）发动机系统

发动机系统为整个机器提供动力，包括发动机以及发动机维持正常工作而必须的进、排气系统、冷却系统、前后悬置、油泵联轴器等（详见发动机说明书）。发动机选用原装美国进口CUMMINS 电喷发动机，规格型号为 QSB5.9-240，186kW/2200rpm，发动机配有机油压力表、水温表、转速表，工作时间表等传感器及仪表，还带有辅助取力口，供冷却系统用。发动机油门控制为电控方式。

（8）液压系统

旋挖钻机所有功能均有液压系统驱动，如行走马达，回转马达，动臂变幅油缸，桅杆变幅油缸，主副卷扬马达，动力头马达等。本系统大致分为以下几部分：中心回转体及其以下部分为下车液压系统，中心回转体以上部分为上车液压系统。另外，还有先导油路系统、冷却系统、动力头过滤系统、液压油等重要组成部分。下车液压系统可实现行走及履带轨距的改变，包括行走系统、履带伸缩等。上车液压主油路系统可实现：桅杆变幅、桅杆角度调整、加压、提升、主卷扬、副卷扬、上车回转以及动力头的回转等功能。

（9）电控系统

旋挖钻机电气系统包括电控发动机、控制器、操作面板、传感器及显示仪表等几个单元。采用了先进的 CAN 总线可编程控制器、图形导引显示控制器、发动机功率极限调节控制器等智能模块，成为一个集数据采集、可编程控制、虚拟仪表、总线传输、故障诊断一体的智能控制系统。

3. 安全防护装置

为了设备和人身的安全，控制上采取了联锁与保护。

（1）主卷扬上升限位装置

为保护主卷扬上升时，钻杆顶端冲击鹅头。当钻杆提升到顶端时，行程开关动作，此时主卷扬只能下降不能上升。但当特殊情况如换钻杆时，可用如下方法取消限位：将移位、作业开关置于移位档，向后拉左手柄，同时按下左手柄上两个按钮 SB1/SB2，可操作主卷扬越过限位上升而提出钻杆。当执行这一操作时应特别注意安全。

（2）回转限制装置

在钻孔作业时，当钻孔深度大于零值时，设备认为钻杆已进入洞中，此时上车回转将造成事故，程序上对此作了限制，只有当钻孔深度小于－20cm 时，上车才能回转；如果深度接近开关发生故障，而此时钻孔深度又小于零值时，请将调整作业开关调至调整档，使其处于移位状态，现在可以进行上车回转动作。

（3）倾角限制装置

在立桅前请先摆平设备，且将移位作业开关置于移位档，才能开始立桅，当桅杆左右偏摆大于 5°时，只能操作电手柄朝相反的方向动作，否则操作无效。只有桅杆同时处于 X、Y 轴±5°内时，CAN 进行自动调平操作，否则操作无效，如果倾角传感器发生故障，此时倾角显示 X、Y 轴均大于 $5°$，急需把桅杆摆直，请与厂家联系。

（4）抛土限制装置

在钻孔作业时，当钻孔深度大于零值时，设备认为钻杆已进入洞中，此时对抛土功能作了限制，只有当孔深小于 $-20cm$ 时，才能进行抛土作业。

（5）其他装置

如遇紧急情况，会危及人身和设备的安全，请及时按下急停按钮，使所有液压动作停止。

第四节　地基处理施工设备

一、深层搅拌桩机

1. 深层搅拌桩机的基本构造及工作原理

（1）工作原理

深层搅拌法是利用搅拌机在地基一定深度范围内钻进、搅拌，就地将软土与输入的水泥浆或石灰等固结剂充分拌合，使软土和固化剂产生一系列的物理—化学反应，凝结成桩体或墙体，从而提高地基土强度的一种地基加固方法。

深层搅拌桩机可分为双轴与单轴两类，或称单头、双头搅拌机。

双轴搅拌机有两根搅拌轴、两个搅拌头，机械运转时两根搅拌轴相向旋转。在两根搅拌轴中间装有一根输浆管，固化剂通过此管路压入土层中。在搅拌轴的底端接有搅拌头，搅拌头上焊有两对搅拌叶片，随轴转动专门切削、搅拌土体、并将土体与固化剂拌匀拌透。

单轴搅拌机只有一根搅拌轴、一个搅拌头，固化剂通过搅拌轴由搅拌头上的出浆口直接喷出。

图 7-46 为某型深层搅拌桩机安装示意图；图 7-47 为搅拌头示意图。图 7-48 为双轴搅拌桩机施工照片。

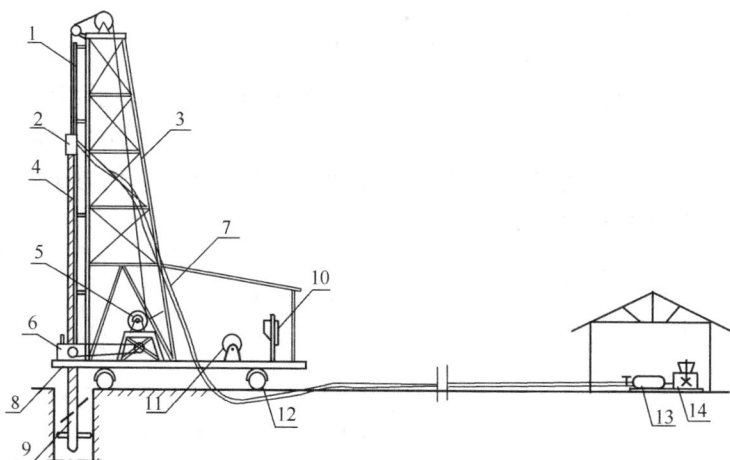

图 7-46　搅拌桩机安装示意图

1—导向架；2—水接头；3—塔架；4—搅拌轴；5—升降机；6—（2台）转盘；
7—送浆管；8—机座；9—搅拌头；10—配电箱；11—移动绞车；12—行走管；
13—送浆泵；14—搅拌桶

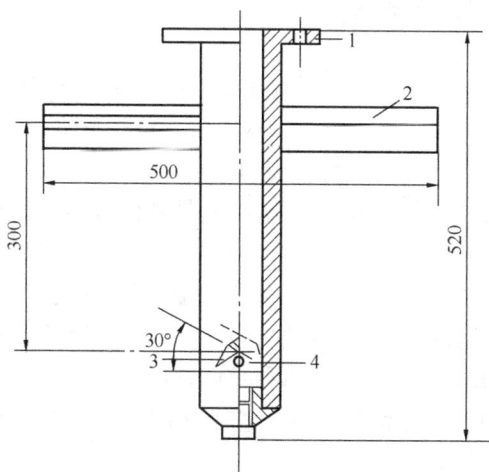

图 7-47　搅拌头示意图

1—法兰盘；2—搅拌叶片；3—切削叶片；4—喷嘴

（2）搅拌桩机基本构造及要求

目前市场上使用的搅拌机的型号很多，没有一个统一的全国标准，这里我们根据江苏地区常用的机型选用 SJB 型进行介绍。

搅拌桩机主要由机座、机架、撑杆、板架、动力头、卷扬机、搅拌轴、灰浆泵、搅拌桶、输浆管、配电箱等部件构成。各部件的规格要求如下：

图 7-48　双轴搅拌桩机施工照片

机座：长 9m、宽 4m，采用 24 号槽钢焊制。

机架：高约 25m，分节制作，分节组装成架。采用 8 号、5 号角钢焊制，规格为 0.8m×0.8m。

撑杆：用于调节和连接机座、机架的两根支撑杆，采用优质钢材制作。

板架：采用 $\phi159$ 无缝钢管制成的"A"字形活动支柱，主要用于竖立或下放机架。

动力头：由电动机和减速机组成，电机根据需要可以是一台或两台，可选配 30kW 或 40kW。减速机为 2K-H 型行星齿轮减速器。

卷扬机：用于提升或下降搅拌机具及机座移动，有 2 台，一大一小。

搅拌轴：采用无缝钢管，分段焊接成需要的长度。轴下端连接搅拌头，搅拌头上镶焊硬质合金。中间的输浆管也采用相同的钢管，但输浆管的出口处装有一单向球阀。

灰浆泵：选用单缸柱塞泵，型号为 HB3，额定压力 15kg/cm²，额定流量 3m³/h。

搅拌桶：容量不小于 0.5m³，能连续工作。

移机方式：采用人工撬动走管的方式移机，走管直径 $\phi270$，两根。

搅拌桩机主要技术参数见表 7-24 所列。

搅拌桩机参数表　　　　　　　表 7-24

参　　数	电动机功率（kW）	
	2×30	2×40
额定电流（A）	2×60	2×75
搅拌轴转速（r/min）	43	43
额定扭矩（N·m）	2×6430	2×8570
搅拌轴数	2	2
搅拌轴距离（mm）	515	515
搅拌头直径（mm）	700	700
灰浆泵输送量（m³/h）	3	3
灰浆泵输送压力（MPa）	1.5	1.5
主卷扬提升能力（kN）	50	50
一次处理面积（m²）	0.71	0.71
最大加固深度（m）	12	18
主机外形尺寸 $l×b×h$（mm）	950×482×1617	950×482×1737
总质量（kg）	2250	2450

2. 主要部件的技术要求

（1）动力头

动力头由电机和减速机组成，两者装配在一个箱壳内，是桩机的搅拌装置。电机要从正规生产厂家购买，根据生产要求选配相应功率，常用 40kW，但现在也有 50kW 的。减速机采用行星齿轮式的，它的转速比为 1∶23～1∶87，输出扭矩 10000N·m，输出轴尺寸为 120mm，与搅拌轴采用法兰盘式联接。动力头可沿机架上的滑槽上下移动。

（2）灰浆泵

灰浆泵由传动机构和泵体两部分组成，装于槽钢焊制的底盘上，由三角皮带及一对齿轮将电机回转运动传递至曲轴，再通过连杆、十字头使活塞产生往复运动，从而起到吸浆、排浆的作用。灰浆泵的结构如图 7-49 所示。

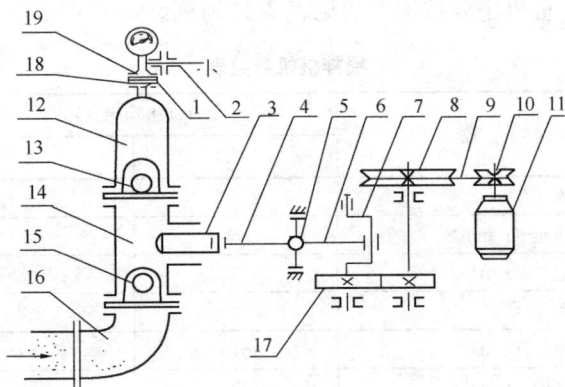

图 7-49　灰浆泵示意图

1—橡胶膜；2—压力安全阀；3—活塞；4—活塞杆；5—十字头；
6—连杆；7—曲轴；8—大皮带轮；9—三角带；10—小皮带轮；
11—电动机；12—空气室；13—排出阀；14—泵缸；15—吸入阀；
16—弯头；17—减速齿轮；18—下油室；19—上油室

（3）卷扬机

搅拌桩机共配有两台卷扬机，一台用于提升、下放搅拌机具，牵引力要达到 5t，称之为主卷扬；一台用于前后、左右移动机座，牵引力达到 2t 即可，简称小卷扬。卷扬机包括卷筒、锥形摩擦离合器和操纵机构。

3. 主要安全防护装置介绍

（1）限位装置

因为搅拌桩机机架是通过板架自行竖起的，所以机架的竖立过程是搅拌桩施工的第一大安全节点。竖立前先在地面将机架组装连接好，机架与机座先用铰链连接，铰链插销用不小于 φ25 钢件制作，在逐渐竖起的过程中保证机架与机座的相互位置不变。竖立到位后再用螺栓将二者紧紧联接在一起。同理，放倒机架时也是如此。

（2）防护罩壳

凡是机械运转部位都安装防护罩壳，如注浆泵的皮带轮处、搅拌桶的桶口处。注浆泵处的罩壳采用整体落地式结构，既能防止异物卷入皮带轮内，又便于机械维修时很方便地移开，但要注意罩壳内框应保持与大小皮带轮有相同的间隙。搅拌桶口处的防护罩采用网状结构，呈半圆状平铺在桶口，网格间距不大于20cm，常用 $\phi 6.5$ 钢筋焊制。

（3）电流过载保护

正常施工中电机电流不大于75A，如果地层土质较硬，搅拌头切削土体的阻力较大，则电流有可能超过允许值。如果长时间电流过载，则有可能造成电机烧毁、搅拌轴折断等严重事故，因此一定要对电机进行过载保护。常规设定 120A 为最大过载电流，超过此值则自动切断电力供应。

二、高压旋喷桩机

1. 高压旋喷桩机的基本构造及工作原理

高压旋喷又称高压喷射注浆，是利用钻机把带有喷嘴的注浆管钻进或置入到土层的预定位置，以高压设备使水泥浆或水以 $20 \sim 30$MPa 的高压从喷嘴中喷出，冲击破坏土体，同时喷嘴以一定的规律移动，使浆液与土搅拌混合，凝固后形成一定形状的固结体。根据所用注浆管的种类不同，可分为单管法、二重管法、三重管法。高压旋喷桩施工照片如图 7-50 所示。

单管法使用单层注浆管，浆液从注浆管的底部喷嘴以 $20 \sim 25$MPa 的压力向侧面喷出。其设备安装见图 7-51。

二重管法使用分别输送浆液和压缩空气的双层注浆管。高压浆液从内管通过喷嘴以 $20 \sim 25$MPa 的压力向侧

图 7-50 高压旋喷桩施工照片

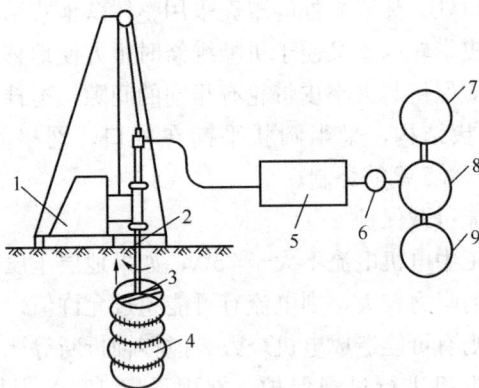

图 7-51　单管旋喷示意图

1—钻机；2—注浆管；3—喷头；4—旋喷固结体；5—高压泥浆泵；

6—浆桶；7—水箱；8—搅拌机；9—水泥仓

面喷出，同时，压力为 0.7MPa 左右的压缩空气从内管与外管的环状间隙通过喷嘴也向侧面喷出。气喷嘴与浆喷嘴同轴线，气喷嘴套在浆喷嘴外面，两者环状间隙为 1~2mm。这样一来，喷射出来的浆液的四周环绕着一层压缩气体，对土体可以产生较大的冲击能量，可以形成较大的加固体。其设备安装如图 7-52 所示。

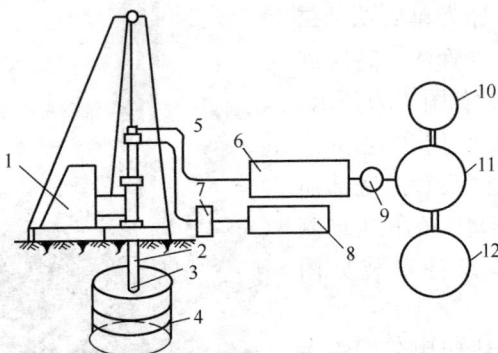

图 7-52　二重管旋喷示意图

1—钻机；2—二重管；3—喷头；4—固结体；5—φ19 高压胶管；6—高压泥浆泵；7—气量计；8—空压机；9—浆桶；

10—水箱；11—搅拌机；12—水泥仓

三重管法使用分别输送水、浆、气三种介质的三重注浆管。压力为 25～35MPa 的高压水从内管流至内喷嘴向侧面喷出，压力为 0.7MPa 左右的压缩空气从内管与中管的环状间隙流至外喷嘴，形成一股环绕水射流的圆筒状气流，水气同轴喷射流可以产生更大的冲击能量，形成更大的空间，同时用泥浆泵从中管与外管的间隙中注入浆液，从喷头的喷嘴喷出，与部分气水射流切下来的土颗粒搅拌混合，填充气水射流冲击切割出来的空间，凝固后形成更大的固结体。水气同轴喷嘴结构与二重管喷嘴结构相同，浆液喷嘴另单独设立。其设备安装如图 7-53 所示。

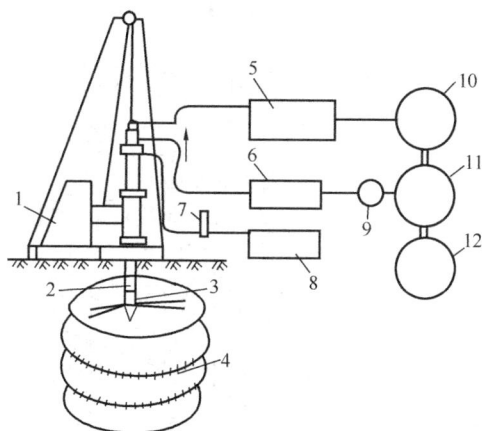

图 7-53　三重管旋喷示意图

1—钻机；2—三重管；3—喷头；4—固结体；5—高压水泵；6—泥浆泵；7—气量计；8—空压机；9—浆桶；10—水箱；11—搅拌机；12—水泥仓

2. 基本构造

旋喷桩机主要由钻机、高压泥浆泵、高压清水泵、注浆泵、空压机、注浆管总成、高压胶管、低压管、搅拌桶、配电箱等组成。

（1）钻机

钻机的主要作用就是成孔、提升、下置及转动注浆管，根据动力传递方式有机械传动式和液压传动式两类，下面结合市场上常用的机型分别介绍。

1) 机械传动式

该型钻机给进行程长，有 1800mm 和 2300mm 可选，有利提高工作效率。当钻进为 $\phi110$ 时钻深可达 50m。钻机钻速范围大，挡数多，可根据不同地层选择钻进参数。钻机主要组成为：动力机（可配电动机或柴油机）、离合器、动力头、桅杆、机架和液压系统。各部分组成结构如图 7-54 所示。

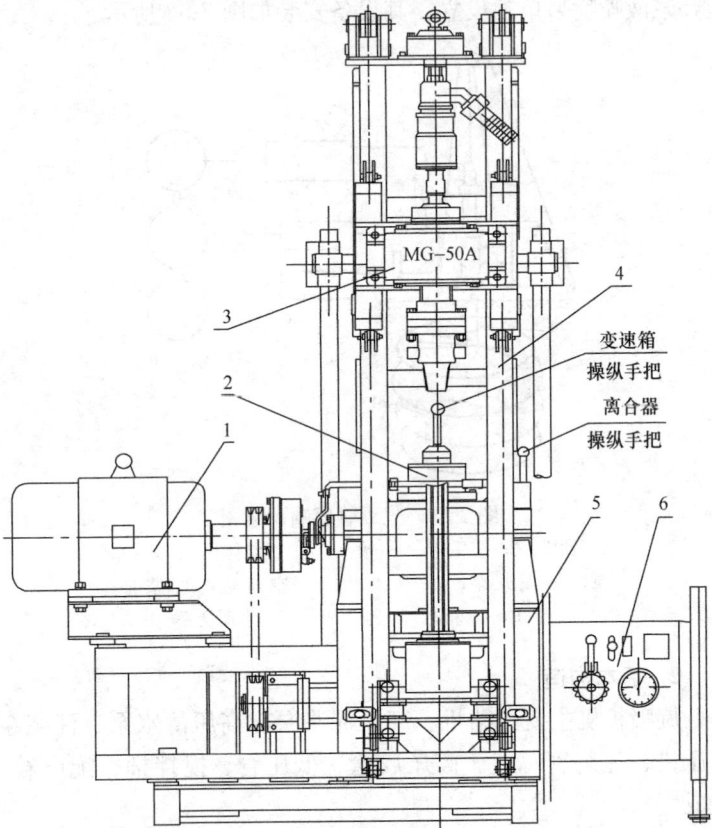

图 7-54　机械钻机主要组成部分示意图

1—动力与离合器；2—变速箱；3—动力头；4—桅杆；5—机架；6—液压系统

142

该机的主要技术参数请查阅有关资料和相关厂家设备说明书。

该型机的动力传递方式为：动力机通过弹性联轴节将运动传递至离合器、变速箱，经六方传动轴传递至动力头，并同时带动钻具转动。通过变速箱获得四正一反的转速。同时，动力机经两根 B 型皮带传动带动油泵工作。

2）液压式钻机

该型机是全液压式，有液压、机械两种变挡方式，变速范围广，传动平稳、步履移机、液压给进提升，整机结构紧凑，操作灵活，自动化程度较高。钻机主要组成为：液压操纵系统、卷扬机、步履底盘、动力头、液压卡盘、钻塔、给进系统、斜撑等。各部分组成结构如图 7-55 所示。

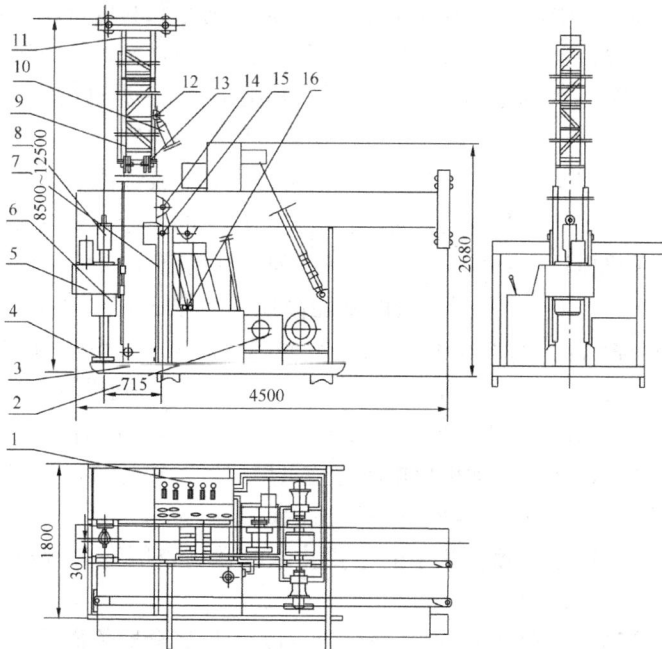

图 7-55 液压钻机主要组成部分示意图

1—液压控制系统；2—卷扬；3—机架；4—夹持器；5—动力头；6—液压卡盘；
7—下钻塔给进系统；8—水龙头及钻具系统；9—中钻塔；10—斜撑；11—上钻塔；
12—斜撑销轴；13—耳板销轴；14—油缸上销轴；15—钻塔销轴；16—油缸下销轴

该机主要技术参数请查阅有关资料和相关厂家设备说明书。

该型机的液压系统动力传递方式为：用一台电机带动两个并联的油泵，两个油泵一个为变量泵（简称大泵），另一个为逆时针转动的双联定量泵。定量泵第一联负责卷扬机提升，第二联负责起落塔、给进和提升；变量泵负责动力头回转及液压卡盘松开。三条油路分开调节控制，避免相互发生干扰。由于钻进和高喷时动力头的速度要求不一样，故大泵采用变量泵。快速倒杆和慢速倒杆或旋喷提升所需不同速度用调节阀调整，同样，通过调整溢流阀、单向阀、平衡调节阀等液压元件，可以综合设定系统的压力和流量，从而满足不同的工艺要求。

（2）泵

高压旋喷所用泵有高压泥浆泵、高压清水泵和低压注浆泵三类，一般情况下高压清水泵可采用高压泥浆泵代替；低压注浆泵常用 BW 系列的地质专用泥浆泵，其结构及性能与后面介绍的高压泵类似，故在此仅介绍高压泥浆泵的有关内容。

高压泥浆泵是高压旋喷施工的关键设备，其性能的好坏直接关系到旋喷施工的成败与否。目前，高压泵的生产厂家主要有西安探矿机械厂生产的 ZJB-55.90 系列、湖南衡阳探矿机械厂生产的 BW-120/32 系列、天津聚能高压泵有限公司生产的 XPB-90/32 系列，但泵的总体结构基本相同，都是三缸柱塞往复泵，最高压力基本上能达到 35MPa。下面结合 BW 系列进行介绍：

BW-120/32 型高压泵由泵头、泵体、泵架、离合器、电动机等部件组成，电动机根据所选的泵型配备，常规的有 55kW 和 90kW。各部分的组合如图 7-56 所示。

BW-120/32 型高压泵的主要技术参数请查阅有关资料和相关厂家设备说明书。

该型泵的动力传递方式为：外动力通过离合器传递给大皮带轮，带动三个曲轴运动，曲轴通过连杆及十字头与柱塞相连，这样曲轴的回转运动就转换成柱塞的往复运动，实现水泥浆的吸入与排出。电机是通过齿轮变速机构、V 带变速机构等来驱动曲

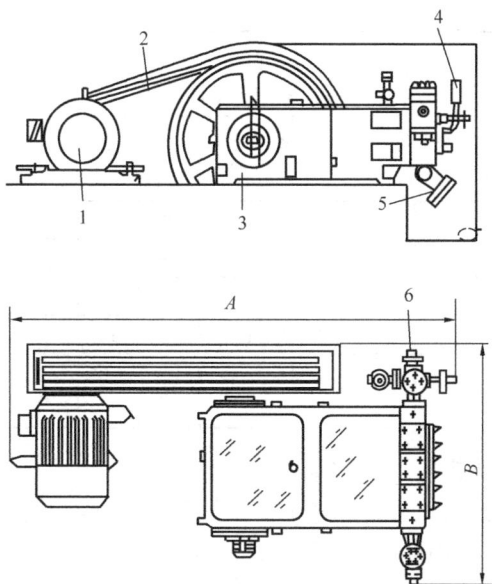

图 7-56　高压泵结构示意图

1—电动机；2—传动皮带；3—泵；4—压力表；5—吸入口；6—排出口

轴作回转运动的。

柱塞泵的柱塞直径、曲轴转数及输入功率与泵的输出压力和流量具有一定的内在联系，具休见表 7-25 所列。

柱塞泵性能参数表　　　　　　　　　　表 7-25

曲轴转数为 405rpm				曲轴转数为 500rpm				
柱塞行程（95mm）								
泵量（L/min）	额定泵力（MPa）			柱塞直径（mm）	额定泵压（MPa）			泵量（L/min）
40	45			22	45			50
50	35	45		25	35	45		65
65	28	35	42	28	28	35	48	80
75	25	30	38	50	30	25	30	40	50	95

曲轴转数为405rpm					曲轴转数为500rpm				
柱塞行程（95mm）									
泵量 (L/min)	额定泵力 (MPa)				柱塞直径 (mm)	额定泵压 (MPa)			泵量 (L/min)
85	22	26	34	45	32	22	26	36	45	105
100	18	22	28	36	35	18	22	30	36	125
135	14	17	21	28	40	14	17	24	28	170
170	11	13	17	22	45	11	13	18	22	215
功率 kW	37	45	55	75		45	55	75	90	功率 kW

（3）空压机

二重管法或三重管法施工需要配备空压机，要求压缩空气压力为 0.6～1.0MPa。

风量为 3～5m³/min，以选用容积式空压机为宜，常用往复式空压机。往复式空压机有 VY-3/8、VY-6/7、VY-9/7 等型号，图 7-57 为 VY-9/7 空压机的组装示意图。该型空压机的结构特

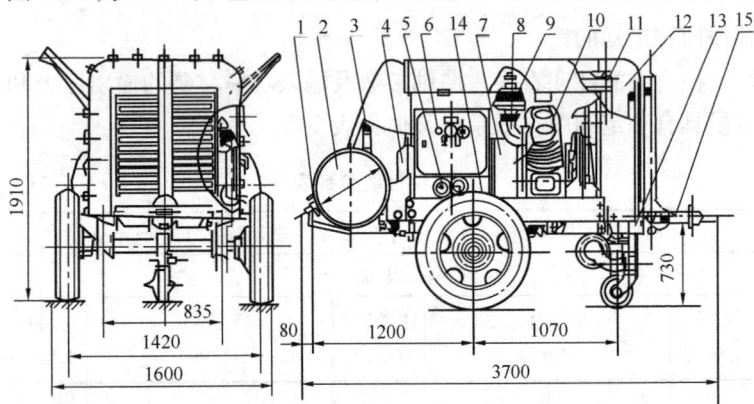

图 7-57　空压机安装示意图

1—排气口；2—储气罐；3—安全阀；4—电动机；5—压力表；6—起动器；
7—联轴节；8—吸气门；9—空气滤清器；10—气缸；11—风扇；12—机罩；
13—底架；14—胶轮；15—拖钩

点是气缸排列为 V 形，左边为一级缸，右边为二级缸，冷却方式为吸风式风冷。其工作原理是：通过曲轴连杆机构把电动机的旋转运动变成活塞的往复直线运动。气缸盖上有控制进、排气的气阀，随着活塞的往复运动，实现气缸内气体的吸进、压缩和排出。

本机正常运转时可得到 0.7MPa 的压缩空气。当用气量减少或不工作而压缩机仍在工作时，储气罐中的气体压力持续增高，将会超过 0.7MPa，为了保持二级排气压力稳定在 0.63～0.725MPa 之间，在二级排气管后面装有压力调整器，它以管路的形式将高压气体重新引流到二级缸的进气口处，并顶开进气阀片起到卸载作用；当二级缸压力低于 0.63MPa 时压力调整器自动关闭。如果系统压力持续增高，最高压力已达到 0.77MPa 时，这时设在储气罐上的安全阀开始工作排气，迅速将气体压力降至安全值。

（4）注浆管总成

注浆管分单层注浆管、二重注浆管、三重注浆管，它们连同各自的导流器和喷头组成注浆管总成。

1）单层注浆管总成

单层注浆管总成由单管导流器、单层注浆管、单管喷头组成。

单管导流器安装在单层注浆管的顶端，其作用是把不旋转的高压胶管与旋转的注浆管连接起来，并保证工作时浆液不泄漏。图 7-58 为单管导流器的结构。

单层注浆管一般采用直径 $\phi50$ 或 $\phi42$ 地质钻杆，每根长 1～3m，连接螺纹采用细牙型，且要采取密封措施。

单管喷头安装在单层注浆管的最下端，有平头型和圆锥型两种，如图 7-59 所示。平头型在底端镶有合金，适用于碎石土或硬土；圆锥型底端没有硬合金，适用于黏性土或砂性土。

2）二重注浆管总成

二重注浆管总成由二重管、导流器和二重管喷头组成。

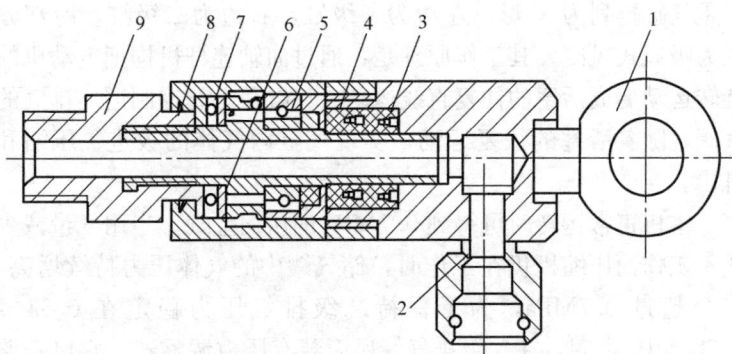

图 7-58 单管导流器

1—提升环；2—卡口接头；3—上壳；4—密封圈；5—向心球轴承；

6—推力球轴承；7—下壳；8—毡封；9—活接头

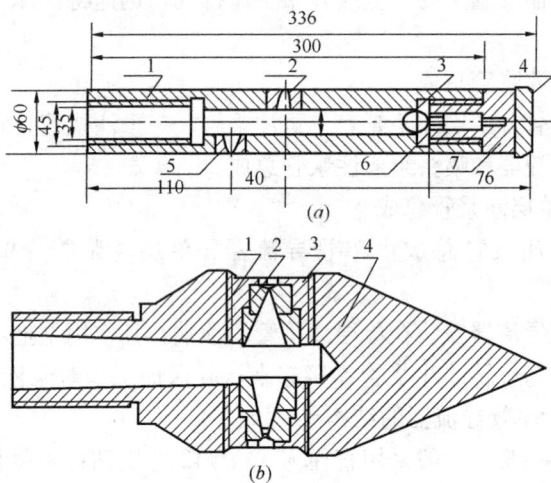

图 7-59 单管喷头

(a) 平头型

1—喷嘴杆；2—喷嘴；3—钢球；4—硬质合金；5—喷嘴；6—球座；7—钻头

(b) 圆锥型

1—喷嘴套；2—喷嘴；3—喷嘴接头；4—钻尖

二重管导流器的作用是将高压胶管和空气胶管连接起来，使压缩空气进入二重注浆管的内管、高压水泥浆液进入内管与外管的环状间隙，用密封圈保证浆液通道与空气通道互不相通。导流器内安装有轴承，保证二重注浆管转动时导流器外壳不动。图 7-60 为某型号的二重管导流器的结构图。

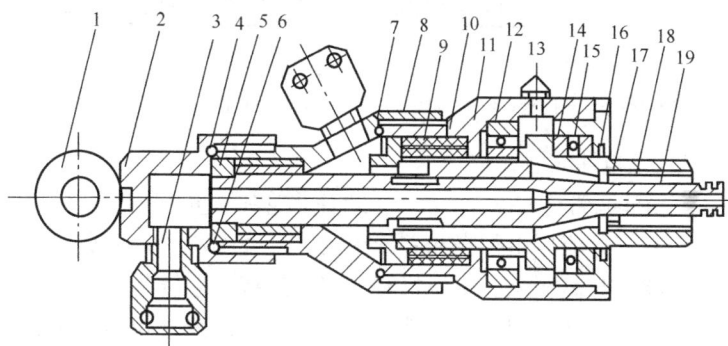

图 7-60　二重管导流器

1—吊环；2—上壳；3—接头插座；4—O 形密封圈；5—上压盖；6—V 形密封圈；7—O 形密封圈；8—中壳；9—Y 形密封圈；10—Y 形密封圈；11—下壳；12—向心轴承；13—黄油嘴；14—推力轴承；15—下盖；16—毡油封；17—定位环；18—外管；19—内管

二重管就是两种介质的通道，连接后要保证两通道互不串通。图 7-61 为二重注浆管的结构剖面图。其外管直径 $\phi50$，壁厚 5mm；内管直径 $\phi18$，壁厚 2mm，均为无缝钢管。

二重管喷头是实现气、液同轴喷射和钻进的装置，其侧面设

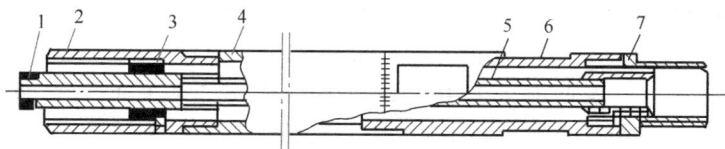

图 7-61　二重注浆管

1—O 形密封圈；2—外管母接头；3—定位圈；4—钻杆；5—内管；6—卡口管；7—外管接头

149

两个气、液同轴喷嘴，气的喷嘴呈环状套在高压浆液喷嘴的外面。二重喷头的示意图如图 7-62 所示。

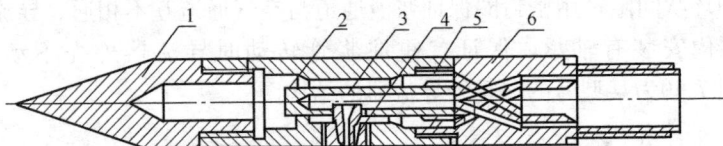

图 7-62　二重管喷头

1—管尖；2—内管；3—内喷嘴；4—外喷嘴；5—外管；6—外管公接头

3）三重注浆管总成

三重注浆管总成由导流器、三重注浆管和三重注浆喷头组成。

三重管导流器由外壳和芯管组成，外壳不旋转，上有三个接头通过软管与高压泵、空压机和注浆泵连接。芯管是内、中、外三层管套组合在一起的加工件，下端与三重注浆管相连并随之一起活动，三层管套间利用各种密封圈保证三个通道互不相通。图 7-63 为三重管用导流器示意图。

三重注浆管就是选用三根不同规格的管子套在一起，其结构

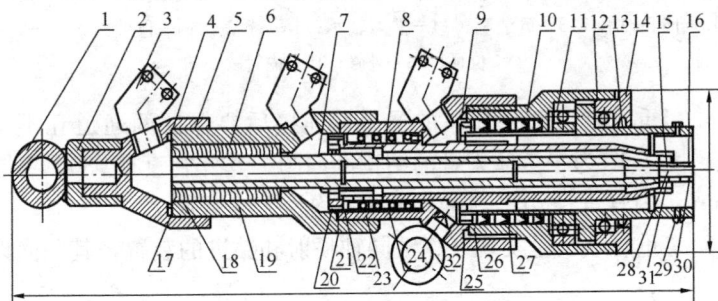

图 7-63　三重管导流器

1—吊环；2—螺母；3—卡口式接头；4—O 形密封圈；5—上壳；6—中壳；7—内管；8—下壳；9—压紧螺母；10—底壳；11—向心球轴承；12—推力球轴承；13—毡油封；14—底盖；15—O 形密封圈；16—O 形密封圈；17—压紧螺母；18—V 形密封圈；19—支撑环；20—压紧螺母；21—O 形密封圈；22—支撑环；23—V 形密封圈；24—固定环；25—O 形密封圈；26—支撑环；27—V 形密封圈；28—定位器；29—挡圈；30—螺栓；31—挡圈；32—定位环

如图 7-64 所示。内管规格为 $\phi18\times3$，中管为 $\phi40\times2$，外管为 $\phi73\times5$，内管输送高压水，内—中管环状间隙输送压缩空气，中—外管环状间隙输送浆液。内管和中管通过 O 形密封圈实现接触式密封，外管通过螺纹进行密封。

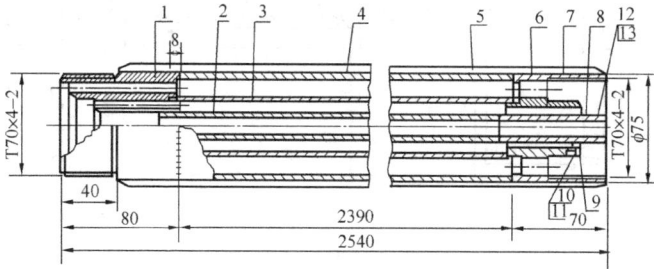

图 7-64　三重注浆管

1—内母接头；2—内管；3—中管；4—外管；5—扁钢；6—内公接头；

7—外管；8—内管公接头；9—定位器；10—挡圈；11—O 形密封圈；

12—挡圈；13—O 形密封圈

　　三重注管喷头由芯管、喷嘴和钻头组成，分为平头和圆锥型两种，两种只是钻头形状和喷浆孔位置不同，其余内部结构完全相同，都有两组气、液同轴喷嘴，如图 7-65 所示。

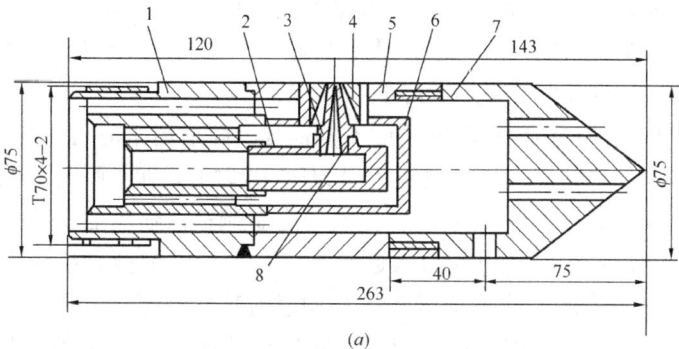

(a)

图 7-65　三重注浆管喷头（一）

(a) 圆锥型喷头；

1—内母接头；2—内管总成；3—内管喷嘴；4—中管喷嘴；

5—外管；6—中管总成；7—尖锥钻头；8—内喷嘴座

151

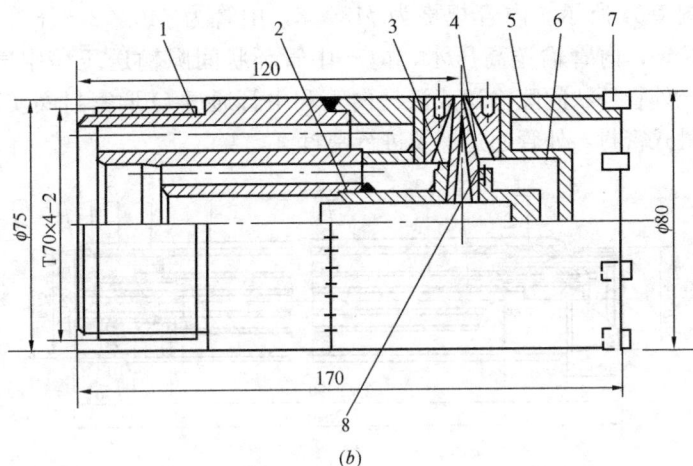

图 7-65　三重注浆管喷头（二）

(b) 平头型喷头

1—内母接头；2—内管总成；3—内管喷嘴；4—中管喷嘴；

5—外管；6—中管总成；7—硬质合金；8—O形密封圈

4）喷嘴

喷头的核心部件就是喷嘴，喷嘴的结构对射流的特性有很大的影响，要求喷嘴的内表面的加工光洁度一定要高，不低于 9 级。因为光洁度不好，很容易产生横向环流，使射流过早地离散雾化，使射流的能量显著降低。

喷嘴的材质因所喷介质的不同而异。喷射清水时可用 45 号钢制造并热处理，使其硬度达到 HRC45 以上，如果喷射水泥浆则要求耐磨性要好，常用 YG8 硬质合金制造。喷嘴的形状对射流影响也很大。其内孔形状通常有圆柱型、圆锥型和流线型三种，如图 7-66 所示。流线型的结构射流特性最好，但加工难度很大，在实际工作中很少使用；圆柱形的压力损失较大，而锥形喷嘴的流速系数、流量系数与流线型的相差无几，且加工方便，故多被采用。常用圆锥喷嘴的锥度 13°～14°，喷嘴直径 $\phi 1.5 \sim \phi 3.5$。

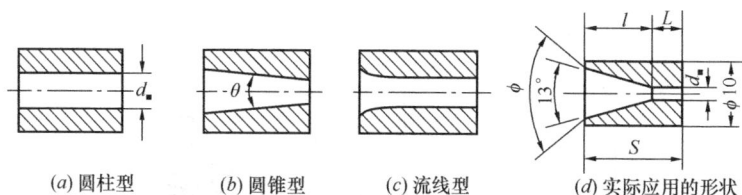

| (a) 圆柱型 | (b) 圆锥型 | (c) 流线型 | (d) 实际应用的形状 |

图 7-66　喷嘴形状图

3. 主要部件的技术要求

（1）钻机

1）机械传动式钻机

① 动力与离合器

钻机动力选用 Y160M-4 型电动机，通过弹性联轴节与离合器联接并输出动力，同时两根 B 型三角带带动油泵工作，为液压系统供油。

离合器为干式双片常闭式摩擦离合器，其摩擦片、压紧弹簧、分离杠杆等主要零件均与工农 12 型手扶拖拉机离合器通用，结构简单、操作方便、维修容易，工作时靠六只压紧弹簧片传递动力；通过手柄操纵离合器分离机构，压缩压紧弹簧，摩擦片间产生间隙，使动力与传动系统断开；摩擦片正常磨损由压紧弹簧自动补偿，不需要另行调整。

离合器操纵分离机构的调整如图 7-67 所示，必须注意使三只分离杠杆与推力轴承端间隙一致，均保持为 0.5mm 左右。间隙过小或无间隙，分离轴承将与分离杠杆一起高速旋转，由于该轴承无法补油，长时间高速旋转将使其烧毁。调整时只需调整三只调整螺钉上的调整螺母，当三处间隙一致（均为 0.5mm 左右）后，将每只螺钉上的两个螺母拧紧，以防松脱。

注意：当钻机长时间不用时，应将离合器置于工作位置（离合器操纵手柄为"合"），否则弹簧长时间处于压缩状态会过早失效。

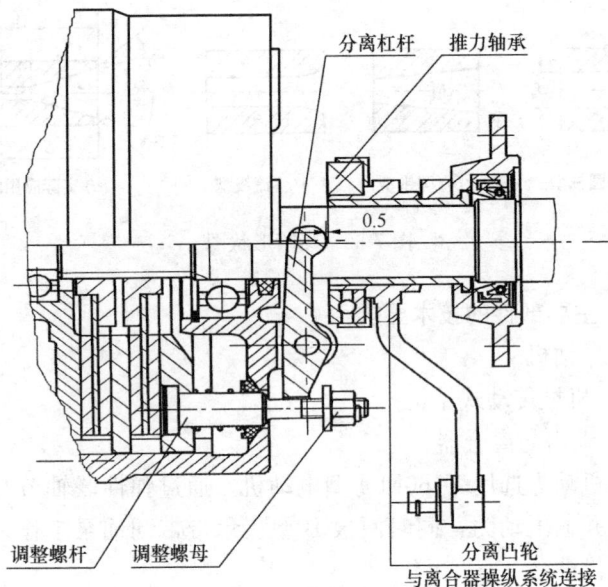

图 7-67   离合器操纵分离机构调整示意图

② 变速箱

钻机变速箱是用一个手柄集中操作控制三个拨叉工作，获得四正一反的五个输出转速。其传动比为 $i=23.43$、11.97、6.63、3.87，$i_{反}=28.76$。拨叉操纵机构设有变速定位挡和挡间互锁装置，确保换挡安全可靠，手柄位置有铭牌标识，确保准确。

变速箱通过六方传动轴将运动传给动力头。

变速箱通过固定在箱体上左、右转轴架装在钻机机架上，并可绕该轴转动，其轴线即是动力机—离合器—变速箱输入轴的中心线。

③ 动力头

动力头是一个一级齿轮减速箱，通过六方传动轴将运动输入，动力头的从动轴线即是钻孔中心线。从动六方传动轴套上接水龙头，其下边的丝扣接头直接与钻杆连接。水龙头可将冷却液或压缩空气送至孔底，六方轴套通过内外六方带动钻具旋转。动力头用螺栓与左右滑板固定，并一起装在桅杆的两个导轨上，通过桅杆的升降系统，拖动动力头沿导轨做上下滑动。

④ 液压系统

钻机液压系统由油泵、油箱、阀、油管及接头和油缸（执行机构）等组成。图 7-68 为钻机液压系统原理图。油泵是由大、小泵组成的双联齿轮泵，正常钻进或用动力头起落桅杆时，小泵工作（二位分配阀处于Ⅰ位），当快速提升、下降钻具时，可控制大、小油泵同时工作（二位分配阀位于Ⅱ位）。阀包括多路换向阀和二位分配阀。多路换向阀由溢流阀和动力头升降操作阀组成。溢液阀在钻机出厂时已限定最大工作压力，操作者可根据需要的系统压力调节调压手轮或快速增压手把；动力头升降阀是一个三位六通换向阀，可控制动力头提升、下降、停止。二位分配阀可控制油泵工作油量，即小泵或大泵＋小泵同时工作。阀和压力表共装在一个操作面板上，面板两侧有销轴插装在机架上，工作时拨出一根销轴，面板可任意旋转至有利操作的位置。

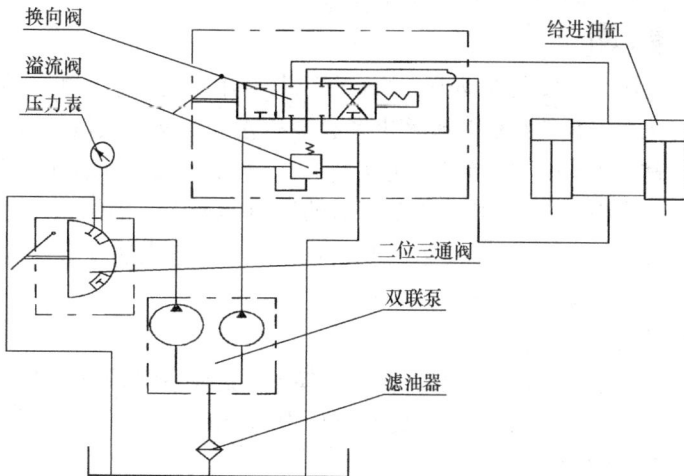

图 7-68　液压系统原理图

2) 液压钻机

① 底盘、钻塔和斜撑

钻机的底盘、钻塔和斜撑都由型材焊接而成,卷扬机、液压系统和下钻塔均安装于底盘上。

钻塔分三节,总高度 12.5m,使用两节时高 8.5m。

底盘由四条支腿、两只横向移动油缸和两层底架组成,四条腿均采用液压系统进行收缩和支张,可同时进行,也可单独进行,两只横向油缸和两层底架通过油缸伸缩。

两个斜撑的作用就是为了增加钻机工作时的稳定性,起塔时由人工支扶,起塔后调整好斜撑的长度后装好销轴,落塔时先拔下销轴再人工支扶移走。

② 动力头

动力头由液压马达和变速箱两部分组成,安装在给进系统的拖板上,给进和提升时随拖板一起移动,其动力通过液压卡盘传递给钻具。变速箱有快速和慢速两挡,转速范围 0～300rpm,钻进时可根据地层情况和阻力大小适当选择。

旋喷提升时因回转阻力较小,调节变量泵的排量就可得到较低的转速,此时钻具转速可选择在 0～30rpm 之间任意调节。

③ 液压卡盘

液压卡盘安装在动力头的底部,其作用是夹持钻具和带动钻具回转。卡盘的结构为碟簧夹紧、油压松开、常闭式液压卡盘。通孔直径为 $\phi92$,夹持钻具可达到 $\phi89$,根据需要可配 $\phi50$、$\phi73$、$\phi89$ 钻具用的卡盘。松开卡盘所需油压为 14MPa,操作时注意控制最大松开卡盘油压不能超过 16MPa,以免造成油管渗油或碟簧弹性疲劳损坏等事故。

④ 给进系统

给进系统由给进油缸、托板、导轨、链轮和链条等组成,油缸行程 1.6m,托板带动动力头行程为 3.2m。

⑤ 液压系统

钻机的液压系统采用并联的两个单泵供油系统,用一台电机带动两个油泵，一个为变量泵，另一个为逆时针转动的双联定量泵。定量泵第一联负责卷扬机的提升，第二联负责起落塔和给进、提升；变量泵负责动力头的回转及液压卡盘的松开。三条油路分别调节控制，以免相互发生干扰。由于钻进和旋喷时动力头速度不一致，所以变量泵泵量较大。倒杆和旋喷提升所需不同的速度用调速阀调节，同时通过溢流阀、单向阀、平衡调速阀等液压元件综合调定系统的压力和流量，以满足不同工艺的要求。液压系统的联接如图 7-69 所示。

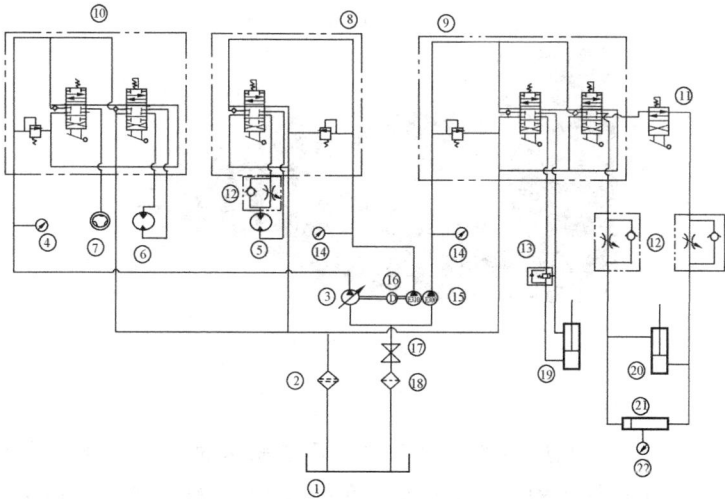

图 7-69　液压系统联接图

1—油箱；2—滤油器；3—变量泵；4—压力表；5—卷扬马达；6—动力头液压马达；7—液压卡盘；8—多路换向阀；9—多路换向阀；10—多路换向阀；11—手动换向阀；12—单向调速阀；13—平衡阀；14—压力表；15—双联齿轮泵；16—电动机；17—截止开闭阀；18—网式滤油器；19—起塔油缸；20—给进油缸；21—三通阀；22—孔底压力计

（2）高压泵

高压泵主要是由泵头、泵体、泵架、防护罩、排出系统和吸水管等组成。

157

1）泵头

泵头是高压泵的主要部件，用 45 号优质碳素结构钢锻造，能承受 50MPa 的高压。泵头有彼此隔开的三个缸，每一个缸各有一个进水阀座和排水阀座，进排水阀为 φ32 的钢球，阀门的升程控制在 5～6mm；进水阀的升程由限位座控制，排水阀的升程由阀盖限位。三缸有共同的进水室和排水室。高压注浆泵如图 7-70 所示。

图 7-70　高压注浆泵

2）泵体

泵体就是高压泵的传动部件，内装输入轴，有两对大小齿轮、曲轴连杆机构、十字头及柱塞等零部件。输入轴为空心花键轴，支承在两个滚动轴承上，其一端装有离合器手柄壳体，另一端装离合器；花键上装有两个可滑动的小齿轮，通过拉杆和拨叉带动小齿轮实现两挡变速，空心内装有长顶杆操纵离合器的离合。

曲轴为组合式结构，由两个主拐轴和一个中间拐轴及两个大齿轮通过八个销键联接组合而成。曲拐偏心 60mm，相互成 120°布局，曲轴支承在两个滚动轴承上。连杆为整体式 40Cr 钢锻造，其大头通过滚动轴承装在曲拐轴轴颈上，其小头铜套通过十字头销轴与十字头连接；十字头在十字头滑套内作往复运动。十字头滑套端装有密封套，它是用紧固螺钉固定在泵体上，防止十字头滑套的轴向窜动；密封套内装有三个密封圈，其中两个朝后装，另一个朝前装，可防止泵体内机油外泄，还可防止液力端的水泥浆液进入泵体内。

3）衬套

衬套既是泵头和泵体的定位套，又是柱塞的密封内腔，其内装有 5 个 V 形密封圈和两种密封圈座，此外还装有润滑油杯，它与衬套上面的油杯相通，油杯下端有一个单向阀门，保证油杯内润滑油脂能进入衬套内腔润滑柱塞，同时又能阻止泵体内水泥浆流入油杯。

密封圈座内装有柱塞座，它是柱塞的定位导向套，可防止其下沉偏磨密封圈。密封圈与柱塞间的松紧用压紧螺母来调节，调节时要注意松紧适度，保证工作时无泄漏即可。

4）离合器

离合器与大皮带轮装在一起，通过两个滚动轴承由装在泵体上的轴盖支撑，是一种干式平面摩擦离合器。当离合器总成被具有 12 个弹簧力量的压盘压紧在皮带轮上时，通过齿轮带动泵体的输入轴运转；当长顶杆将推盘顶起时，通过横杆将压盘抬起，弹簧被压缩，致使摩擦片总成脱开，皮带轮即空转。离合器的离合是由安装在泵体上的离合手柄来控制的。

5）泵架

泵架由机架、冷却水泵、冷却水箱及过滤网等组成。

泵架采用滑撬式结构，由槽钢焊制而成，它是泵体和动力机的共同底座。冷却水泵排出端通过输入胶管与泵体的冷却水管相连，输入端通过吸水胶管与冷却水箱相连。冷却液经过过滤循环使用。冷却液最好采用防锈液或皂化液，也可采用废机油（按废机油与柴油 1∶9 或 1∶10 配制）。

（3）空压机

1）底盘

空压机底盘为槽钢焊制的，装有中间冷却器、压缩机主机、电动机及电气启动器等，下部有两个外径为 $\phi219\times2250$mm 的储气罐，底盘后端装有三个"1"的输气阀。

2）启动器

启动器为箱式防护结构，由交流接触器、热继电器、电铃等元件组成。采用延时 Y—△自动控制的方式，并具有油压过低保护功能。接通电源后指示灯（H1）亮，按启动按钮（S2）、H1灯灭、H2灯亮、电动机起动、Y—△转换、H2灯灭、H3灯亮、电动机正常运转。在启动或运转过程中，如果压缩机机油过低，H4灯亮，电铃报警，电动机停。按 S3 复位按钮，H4灯灭，电铃停。在需要停机或空压机发生异常，按 S1 停止按钮，电动机停止运转。启动器为间断长期工作制，若连续启动两次，需间隙时间不少于 90s。

3）曲轴箱

曲轴箱直接与电机相连，内部装有曲轴、连杆，上部安装气缸，下部装有底壳，后部装有冷却风扇，前部装有飞轮。曲轴为两拐轴，每拐上装有两根连杆，曲柄上铸有平衡铁，用以平衡离心力和惯性力。连杆为球墨铸铁件，小头通过活塞销与活塞相连，连杆大头为剖分式结构，内镶巴氏合金轴衬，通过连杆螺栓装配在曲轴的曲柄销上。

4）储气罐与安全阀子

为了稳定排气管道的压力，储备一定量的气体，维持供需气量之间的平衡，以及减少调节机构的动作次数，在二级气缸之后配置了储气罐。

当系统中的气体压力超过工作压力时，为了能将多余的气体排出，使系统的压力降低到正常值，在中间冷却器和储气罐上分别装有安全阀。一级安全阀的排放压力为 0.27MPa，二级安全阀的排放压力为 0.77MPa。

4. 安全防护装置

（1）限位装置

因为钻机机架是通过油缸依靠液压系统自行竖起的，所以机架的竖立过程是一大安全节点。竖之前先试竖，加压要缓。机架与机座先用铰链连接，铰链插销用不小于 $\phi 25$ 钢件制作，在逐渐竖起过程中保证机架与机座的相互位置不变。竖立到位后再用螺栓将二者紧紧连接在一起并插好保险。同理，放倒机架时也是如此。

（2）防护罩壳

凡是机械运转部位都安装防护罩壳，如钻机的皮带轮处、高压泵的皮带轮处、搅拌桶的桶口处等。

高压泵处的罩壳采用整体落地式结构，既能防止异物卷入皮带轮内，又便于机械维修时很方便地移开，但要注意罩壳内框应保持与大小皮带轮有相同的间隙。

搅拌桶桶口处的防护罩采用网状结构，呈半圆状平铺在桶口，网格间距不大于 20cm，常用 $\phi 6.5$ 钢筋焊制。

（3）安全阀

安全阀是高压旋喷施工最重要的保护装置，它能保护高压泵、高压胶管免遭因超压而可能受到的损坏及施工人员的人身安全。安全阀采用一次性膜片式安全结构，下端装有溢流用的压紧螺母和膜片。膜片是根据泵的最大额定压力 32MPa 特制的，用户不得随意采用代替物。当喷嘴堵塞或因其他原因导致排出管路的压力超过安全阀的额定压力时，安全膜破裂，水泥浆液在压力的作用下从压紧螺母溢流孔流出，通过回水管回流到浆池。具体安全阀结构如图 7-71 所示。

安全阀每天要检查一次。因阀

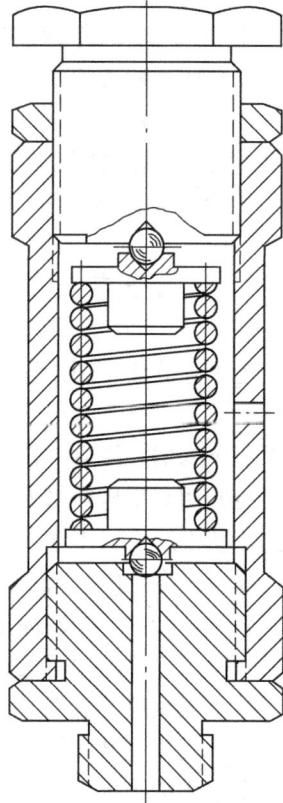

图 7-71　安全阀结构图

座溢流孔在不工作时是盲孔，水泥浆液很容易在此处凝固堵塞溢流孔，从而致使安全阀失效，所以要经常检查。

安全阀每动作过一次后，要及时换上新的膜片。

（4）高压胶管保护钢圈

高压胶管的连接要无泄漏，胶管内衬钢丝编织网要无磨损。因为高压胶管一旦泄漏，高压水泥浆液将对人体造成严重伤害。要求胶管外必须包裹一层钢丝保护圈，以避免胶管在施工时产生的抖动造成对胶皮的磨损。

（5）空压机的储气罐及安全阀

空压机的储气罐及安全阀是空压机正常使用的安全保护装置。安全阀有中间冷却器上安装的一级安全阀和储气罐上安装的二级安全阀，两者的安全压力不同，但作用相同。当气体的压力超过安全阀设定的值时，安全阀就会动作，从而保护设备及人员安全。此外，储气罐还需根据《压力容器安全监察规程》进行定期的检验和维护保养。

第五节　地下连续墙工艺与机械

地下连续墙是用特制的挖槽机械在泥浆护壁的情况下，每次开挖一定长度（一个单元槽段）的沟槽，待开挖至设计深度并清除沉淀下来的泥渣后，将在地面上加工好的钢筋骨架（一般称为钢筋笼）用起重机械吊入充满泥浆的沟槽内，然后通过导管向沟槽内浇筑混凝土，由于混凝土是由沟槽底部开始逐渐向上浇筑，所以随着混凝土的浇筑，泥浆也被置换出来，待混凝土浇至设计标高后，一个单元槽段即施工完毕。各个槽段之间由特制的接头连接，形成连续的地下钢筋混凝土墙。

地下连续墙具有以下一些优点：（1）施工时振动小，噪声低，非常适于在城市施工。（2）墙体刚度大。用于基坑开挖时，可承受很大的土压力，极少发生地基沉降或塌方事故，已经成为深基坑支护工程中必不可少的挡土结构。（3）防渗性能好。由于墙体接头形式和施工方法的改进，使地下连续墙几乎不透水。
(4) 可以贴近施工。由于具有上述几项优点，可以紧贴原有建筑物建造地下连续墙。(5) 可用于逆做法施工。地下连续墙刚度大，易于设置埋设件，很适合逆做法施工。(6) 适用于多种地基条件。地下连续墙对地基的适用范围很广，从软弱的冲积地层到中硬的地层、密实的砂砾层，各种软岩和硬岩等所有的地基都可以建造地下连续墙。(7) 可用作刚性基础。目前地下连续墙不再单纯作为防渗防水、深基坑维护墙，而且越来越多地用地下连续墙代替桩基础、沉井或沉箱基础，承受更大荷载。(8) 用地下连续墙作为土坝、尾矿坝和水闸等水工建筑物的垂直防渗结构，是非常安全和经济的。(9) 占地少，可以充分利用建筑红线以内有限的地面和空间，充分发挥投资效益。(10) 工效高、工期短、质量可靠、经济效益高。

地下连续墙尽管有上述明显的优点，但也有它自身的缺点和尚待完善的方面，这主要表现在：(1) 在一些特殊的地质条件下（如很软的淤泥质土，含漂石的冲积层和超硬岩石等），施工难度很大。(2) 如果施工方法不当或施工地质条件特殊，可能出现相邻墙段不能对齐和漏水的问题。(3) 地下连续墙如果用作临时的挡土结构，比其他方法所用的费用要高些。(4) 在城市施工时，废泥浆的处理比较麻烦。

一、适用范围

(1) 水利水电、露天矿山和尾矿坝（池）和环保工程的防渗墙；(2) 建筑物地下室（基坑）；(3) 地下构筑物（如地下铁道、地下道路、地下停车场和地下街道、商店以及地下变电站等）；(4) 市政管沟和涵洞；(5) 盾构等工程的竖井；(6) 泵站、水池；(7) 码头、护案和干船坞；(8) 地下油库和仓库；(9) 各种深基础和桩基。

作为支护结构，用地下连续墙比钻孔灌注桩和深层水泥土搅拌桩等昂贵，对其选用，必须经过全面的技术经济比较。一般来说，其在深基坑工程中的适用范围归纳起来有以下几个方面：

（1）在软土地区适用于开挖深度超过10m的深基坑；（2）在建筑物、地下设施密集地区且环境保护要求较高时施工深基坑；（3）用于以逆作法施工的基坑支护结构与建筑物主体结构相结合的"两墙合一"。

二、分类

1. 按成墙方式可分为：（1）桩排式；（2）槽板式；（3）组合式。

2. 按墙的用途可分为：（1）防渗墙；（2）临时挡土墙；（3）永久挡土（承重）墙；（4）作为基础用的地下连续墙。

3. 按墙体材料可分为：（1）钢筋混凝土墙；（2）塑性混凝土墙；（3）固化灰浆墙；（4）自硬泥浆墙；（5）预制墙；（6）泥浆槽墙（回填砾石、黏土和水泥三合土）；（7）后张预应力地下连续墙；（8）钢制地下连续墙。

4. 按开挖情况可分为：（1）地下连续墙（开挖）；（2）地下防渗墙（不开挖）。

三、挖槽机械及选择

在地下连续墙施工中常用的挖槽机械（图7-72），按其工作机理主要分为挖斗式、回转式、冲击式和液压双轮铣成槽机。

图7-72 挖槽机照片

1. 挖斗式挖槽机

挖斗式挖槽机是以其斗齿切削土体，切削下来的土体收容在斗体内，再从沟槽内提出地面开斗卸土，然后又返回沟槽内挖土，以如此重复的循环作业进行挖槽。

为了保证挖掘方向，提高成槽精度，一种主要措施是在抓斗上部安装导板，即成为我国常用的导板抓斗；另一种措施是在挖斗上装长导杆，导杆沿着机架上的导向立柱上下滑动，成为液压抓斗，这样既保证了挖掘方向又增加了斗体自重，提高了对土的切入力。

图 7-73 为索式斗体推压式导板抓斗。图 7-74 为导杆液压抓斗。

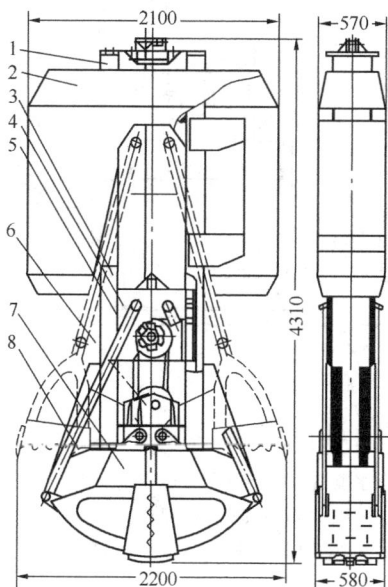

图 7-73　索式斗体推压式导板抓斗

1—导轮支架；2—导板；3—导架；
4—动滑轮座；5—提杆；6—定滑
轮；7—左右斗体；8—弃土压板

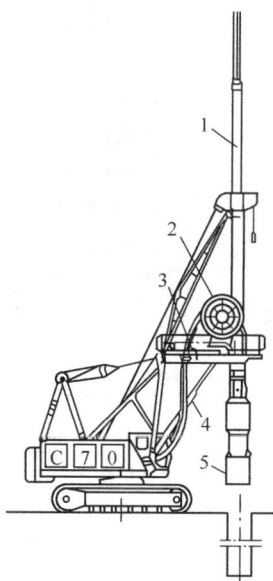

图 7-74　导杆液压抓斗
构造示意图

1—导杆；2—液压管线回收轮；
3—平台；4—调整倾斜度用的
千斤顶；5—抓斗

如果抓斗斗体的上下和开闭是由钢索操纵的，称为索式抓斗。如果是用导杆使抓斗上下，并通过液压开闭斗体，称作导杆抓斗。

165

挖斗式挖槽机构造简单、耐久性好、故障少，适用于较松软的土质。对于较硬的土层也可以用钻抓法施工，即用索式导板抓斗与导向钻机组合成钻抓式成槽机进行挖槽。

我国用的钻抓式成槽机如图 7-75 所示。施工时先用潜水电钻根据抓斗的开斗宽度钻两个导孔，孔径与墙厚相同，然后用抓斗抓除两导孔间的土体。

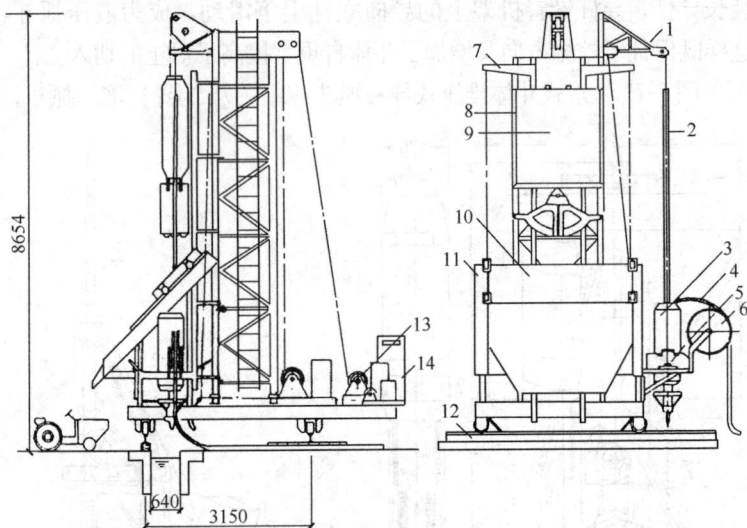

图 7-75　抓斗式成槽机

1—电钻吊臂；2—钻杆；3—潜水电站；4—泥浆管及电缆；

5—钳制台；6—转盘；7—吊臂滑车；8—机架立柱；9—导板抓斗；10—出

土上滑槽；11—出土下滑槽架；12—轨道；13—卷扬机；14—控制箱

图 7-76 所示为钻抓法施工的工艺布置。

2. 回转式挖槽机

这类挖槽机是以回转的钻头切削土体进行挖掘，钻下的土渣随循环的泥浆排出地面。按照钻头数目，回转式挖槽机分为单头钻和多头钻，单头钻主要用来钻导孔，多头钻用来挖槽。

我国使用的 SF-60 和 SF-80 型多头钻，是参考日本 BW 钻机结合我国国情设计制造的。它由机架、钻机、滑轮组、卷扬机、

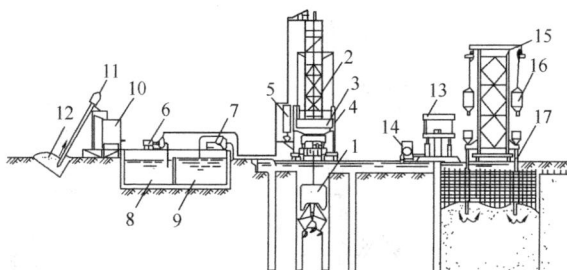

图 7-76　地下连续墙用抓斗法施工的工艺布置

1—导板抓斗；2—机架；3—出土滑槽；4—翻斗车；5—潜水电站；

6、7—吸泥泵；8—泥浆池；9—泥浆沉淀池；10—泥浆搅拌机；

11—螺旋输送机；12—膨润土；13—接头管顶升架；14—油泵车；

15—混凝土浇灌机；16—混凝土吊斗；17—混凝土导管

电力系统、管道系统、测重、测斜等部分组成，如图 7-77、图 7-78 所示。这种多头钻采用动力下放、泥浆反循环排渣、电子测斜纠偏和自动控制给进成槽，具有一定的先进性。

用多头钻挖槽对槽壁的扰动少，完成的槽壁光滑，尺寸较准确；吊放钢筋笼顺利；混凝土超量少；效率高；无噪声；现场作业人员少；操作安全；施工文明。它适用于软黏土、砂性土及小粒径的砂砾层等地质条件。特别在密集的建筑群内，或邻近高层及重要建筑物处皆能安全而高效地进行施工。

3. 冲击式挖槽机

目前，我国使用的主要是钻头冲击式挖槽机，它是通过各种形状钻头的上下运动，冲击破碎土层，借助泥浆循环把土渣携出槽外。它适用于老黏性土、硬土和夹有孤石等较为复杂的地层情况。

钻头冲击式挖槽机的排土方式有正循环方式和反循环方式两种。

泥浆正循环方式就是将泥浆通过钻杆从钻头前端高压喷出，携带被破碎的土渣一同上升至槽壁顶部排出，然后经泥水分离装置排除土渣后，再用泥浆泵将泥浆送至钻头处，使之循环。

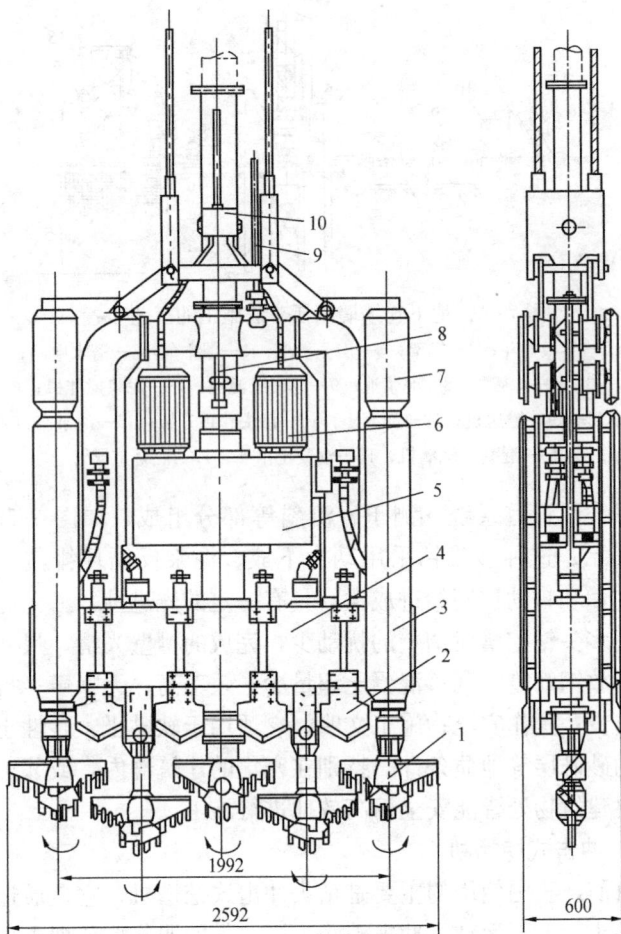

图 7-77　多头钻机的钻头

1—钻头；2—侧刀；3—导板；4—齿轮箱；5—减速箱；6—潜水电动机；
7—纠偏装置；8—高压进气管；9—泥浆管；10—电缆接头

　　泥浆反循环方式是泥浆经导沟流入槽内，携带土渣一起被吸入钻头，通过钻杆和管道排出地面，经泥水分离装置排除土渣后再把泥浆补充到挖槽内。驱动泥浆吸进钻头空心钻杆的是砂石吸水泵或压缩空气，也可以二者混用。

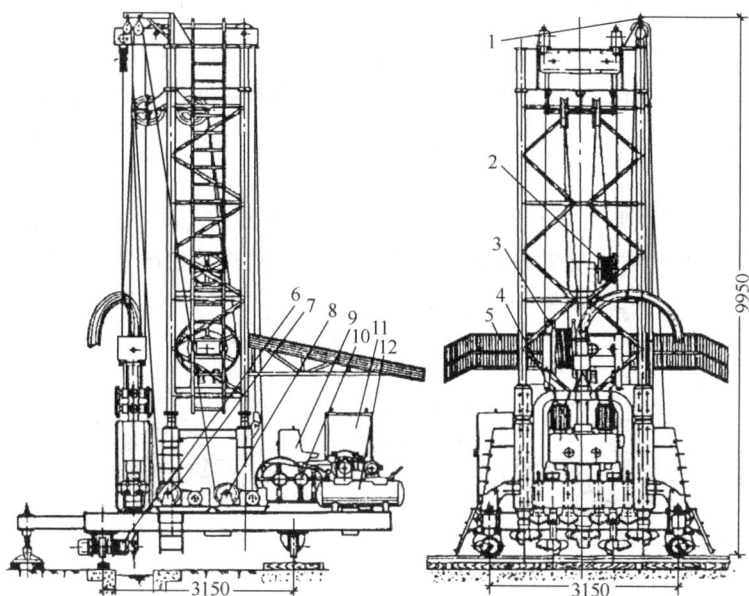

图 7-78　多头钻成槽机

1—小台令；2，3—电缆收线盘；4—多头钻机机头；5—雨篷；
6—行走电动机；7、8—卷扬机；9—操作台；10—卷扬机；
11—配电箱；12—空气压缩机

此法泥浆的上升速度快，可以把较大颗粒的土渣携出，而且土渣亦不会堆积在挖槽工作面上。泥浆反循环方式与挖槽断面积无关，土渣排出量和土渣的最大直径取决于排浆管的直径。但是，当挖槽断面较小时，泥浆向下流动较显著，作用在槽壁上的泥浆压力较正循环方式低，因而会减弱泥浆的护壁作用。

4. 液压双轮铣成槽机

液压双轮铣成槽机是地下连续墙的一种新型施工设备，其成槽效率比液压抓斗设备高 2～3 倍，成孔孔型规则，垂直度可控制在 3‰ 以下。

双轮铣设备的成槽原理是通过液压系统驱动下部两个轮轴转动，水平切削、破碎地层，采用反循环出渣。最大成槽深度可达

150m，一次成槽厚度在 800～2800mm 之间。国内常用的双轮铣设备主要有德国宝娥公司、意大利沙特兰地地基设备有限公司、法国索莱唐日公司铣削式成槽机，成槽原理基准相同，现就以国内市场占有较大的德国宝娥公司生产的 BC36 型双轮铣成槽机为例介绍。

BC36 型双轮铣设备主要由三部分组成：起重设备、铣槽机、泥浆制备及筛分系统等，双轮铣布置结构图如图 7-79 所示。

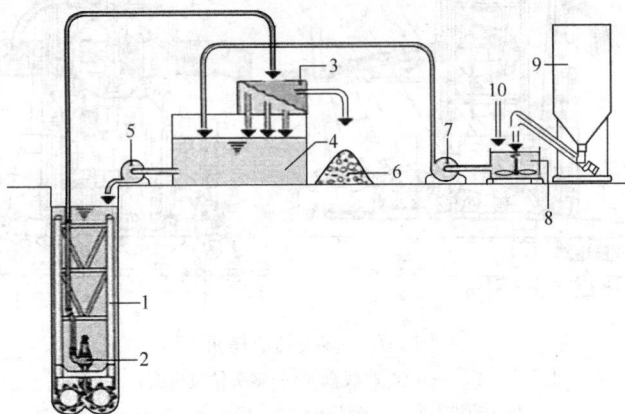

图 7-79　双轮铣布置结构图

1—旋转铣刀；2—铣刀泥浆泵；3—除砂器；4—供浆池；5—地泵；
6—出砂；7—供浆泵；8—泥浆搅拌机；9—斑脱土壤；10—水

主要工作部位为铣刀架，高 12m、重 36t 带有液压和电气控制系统的钢制框架，下部安装 3 个液压马达，水平向排列，两边马达分别驱动两个装有铣齿的铣轮。铣槽时，两个铣轮低速转动，方向相反，其铣齿将地层围岩铣削破碎，中间液压马达驱动泥浆泵，通过铣轮中间的吸砂口将钻掘出的岩渣与泥浆混合物排到地面泥浆站进行集中除砂处理，然后将净化后的泥浆返回槽段内，如此往复循环，直至终孔成槽。

双轮铣槽机的铣头部分安装了一定数量的、用于采集各类数据的传感器，操作人员可以通过触摸屏，很直观地看到双轮铣槽机的工作状态（铣头的偏直状况、铣削的深度、铣头受到的阻力），并进行相应的操作。操作员可以针对不同土层设定铣头的下降速度，通过控制铣头所承受的压力来减少在铣头沿高度的左右两侧各安装 2 块导向板，前后两个各安装 4 块纠偏板。在地层多变地区，铣头在铣削时，往往会使前后、左右的刮刀产生受力不同的情况，造成铣头倾斜，从而引起槽孔的偏斜。此时，操作员通过触摸屏，控制液压千斤顶系统伸出或缩回导向板、纠偏板，调整铣头的姿态，并调慢铣头下降速度，从而有效地控制槽孔的垂直度。

双轮铣槽机可以在任何地层中开挖槽孔，不仅开挖槽孔的速度比液压抓斗快，而且槽孔的垂直度高；它还带有电子指示仪，可自动记录孔深、孔斜等情况，并通过触摸屏显示出来，在槽孔施工完成后，自动保存的测斜记录可全部打印出来，即可作为工程测斜资料。因此，液压双轮铣槽机是在硬土层中构筑地下连续墙的先进设备，铣槽机实物图如图 7-80 所示。

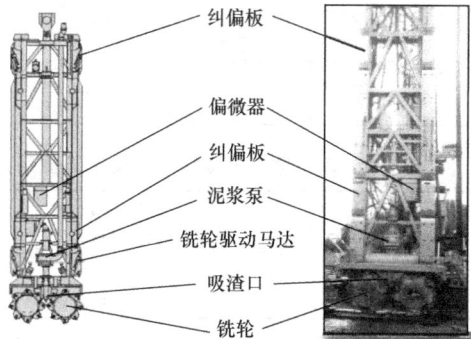

图 7-80　铣槽机实物图

纠偏板
偏微器
纠偏板
泥浆泵
铣轮驱动马达
吸渣口
铣轮

（1）双轮铣设备主要优缺点

1）优点

① 对地层适应性强，更换不同类型的刀具即可在淤泥、砂、砾石、卵石及中硬强度的岩石、混凝土中开挖。

② 钻进效率高，在松散地层中钻进效率 $20\sim30\mathrm{m}^3/\mathrm{h}$，在中硬岩石中钻进效率 $1\sim2\mathrm{m}^3/\mathrm{h}$。

③ 孔形规则（墙体垂直度可控制在 3‰ 以下）。

④ 运转灵活，操作方便。双轮铣的履带式起重机可自由行

走，不需要轨道，在控制室可方便安全操作。

⑤ 排渣同时即清孔换浆，减少了混凝土浇筑准备时间。

⑥ 自动记录仪监控施工全过程，同时全部记录。

⑦ 低噪声、低振动，可以贴近建筑物施工。

施工进度（工效）对比表

表 7-26

序号	成槽设备	设备型号	土层	中风化岩层 （50~100MPa）	微风岩层 （大于 100MPa）
1	液压抓斗	HSWG2.8/800-1200 （利勃海尔）	10m³/h	无法使用	无法使用
2	旋挖钻	SR220C（三一）	10m³/h	0.3~0.5m³/h	异常困难
3	双轮铣	BC36（宝娥）	20~30m³/h	5~8m³/h	1~2m³/h

施工质量对比表

表 7-27

序号	成槽设备	设备型号	成槽质量
1	液压抓斗	HSWG2.8/800-1200 （利勃海尔）	墙壁较粗糙、钢筋笼顺利下放、孔形规则（墙体垂直度可控制在3‰以下）
2	旋挖机	SR220C（三一）	圆弧壁面、只能下放圆形钢筋笼
3	双轮铣	BC36（宝娥）	墙壁光滑、钢筋笼顺利下放

地下连续墙施工设备及使用范围对比表

表 7-28

序号	成槽设备	设备型号	成槽速度 （m³/台班） 土层 （m³）	岩石 （m³）	成槽质量	配合设备	适用范围
1	液压抓斗	HSWG2.8/ 800-1200	80	0	墙壁较粗糙、钢筋笼顺利下放	挖掘机、汽车、100t履带吊车	土层
2	旋挖机	SR220C （三一）	80	4	圆弧壁面、只能下放圆形钢筋笼	挖掘机、汽车、100t履带吊车	土层软岩
3	双轮铣	BC36 （宝娥）	180	10	墙壁光滑、钢筋笼顺利下放	挖掘机、汽车、100t履带吊车	所有复杂地层，在硬岩中优势突出

2）缺点

① 不适用于存在孤石、较大卵石等地层，此种地层下须和冲击钻或爆破配合使用。

② 对地层中的铁器掉落或原有地层中存在的钢筋等比较敏感。

③ 设备自重较大对场地硬化条件要求较传统设备高。

（2）其他方面的优点

1）混凝土：混凝土接头开挖二期槽段时，切削齿同时切削两侧一期槽段的已浇筑完成的混凝土。二期槽段切削后可形成紧密的混凝土与一期混凝土的连接（被切削的混凝土表面足够粗糙），确保连接密实度达到完美的标准。

2）开挖过程中垂直度的监测与导正：液压双轮铣设备 DMS 电子系统可时刻监控液压双轮铣的工作参数及位置；专业器械装置可对垂直度的偏差及时进行修正。

3）适应土层：液压双轮铣借助 UCS 阀，可适应强度达 50～100MPa 的各种土层或岩层。

4）环境保护：由于开挖过程中噪声及产生的震动很小，不会对周边建筑造成影响。切削渣通过反循环系统并经过泥浆处理系统的分离可重复利用，分离出来的砂可运送至现场指定的渣土存放区或直接运出工地。

第六节　长螺旋钻机

长螺旋钻机的种类较多，常用的有 GGS-120、KLB600、KLB800、CFG20/24、SZKL600B、CKL800、ZKL800BB 等型号，本节以 GGS-120 为例介绍长螺旋钻机。

一、长螺旋钻机的基本构造及基本原理

1. 基本构造

整机结构如图 7-81 所示。整机的组成部件主要有：顶部滑轮组、立柱、斜撑及调整机构、A 型架、拔杆、平台、支腿、

行走台车、纵向行走履靴、横向行走履靴、卷扬机、电液控制系统、驾驶室、后滑轮组、定位器、钻杆、钻头、动力头，见表7-29所列。

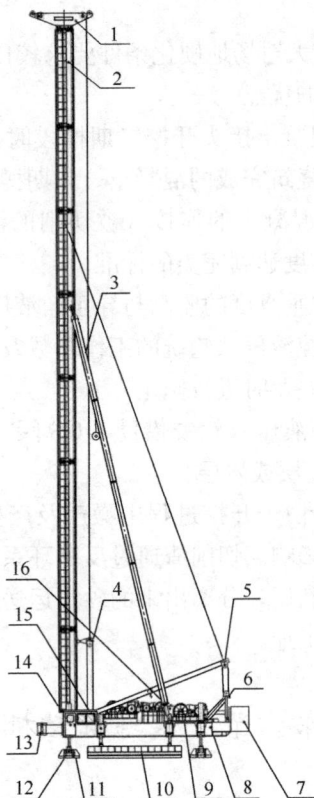

图 7-81　GGS-120 构造图

1—顶部滑轮组；2—立柱；3—斜撑及调整机构；4—后滑轮组；
5—拔杆；6—A 型架；7—配重；8—平台；9—卷扬机；10—纵
向行走轮（短船）；11—横向行走轮（长船）；12—行走台车；
13—定位器；14—驾驶室；15—支腿；16—电液系统

序号	名称	说明
1	顶部滑轮组	顶部滑轮组是用螺栓连接安装在立柱顶部,用于吊成桩设备(如钻机、桩锤等)及吊装用。用户可根据吊挂不同设备任意选购
2	立柱	立柱采用螺旋焊管 $\phi 1120 \times 12mm$,前面导轨,中心距为600mm,导轨直径由 $\phi 102 \times 10mm$ 合理设计安全可靠
3	斜撑及调整机构	斜撑由调整油缸及撑杆组成。它的作用是通过改变两边油缸长短来改变斜撑长短,从而改变立柱的垂直度
4	后滑轮组	改变钢丝绳方向和缠绕倍率
5	拔杆及托架	包括拔杆、撑杆托架、滑轮组。用与拉拔立柱起架,同时起支托撑杆作用
6	A 型架	由支架和滑轮组组成,用于竖架和放架
7	配重	增加抗倾覆稳定性
8	平台	箱型焊接结构,是桩架的身体,连接各个部件形成整体;也是控制系统和操作人员的工作平台
9	卷扬机	电动,运行可靠;用于起架、拔桩、吊装等
10	纵向行走履靴(短船)	由上下两部分组成,中间回转轴连接;上部分铺设钢轨供台车行走用,上下两部分可自由旋转,从而实现整个桩机的旋转移位;也是机身与地面的支撑底座
11	横向行走履靴(长船)	内铺设有钢轨供行走台车行走和桩机移位之用,也是机身与地面的支撑底座
12	行走台车	每个台车上装有 4 个行走轮,可在履靴内铺设的钢轨上行走。行走油缸推动行走台车,从而实现桩架的移位行走
13	定位器	钻杆导向作用

长螺旋钻机主要构造说明   表 7-29

序号	名称	说明
14	驾驶室	宽敞、舒适、明亮；驾驶员通过室内的控制面板按钮和操作手柄控制桩机工作，通过仪表显示监视桩机工作状态
15	支腿	支腿由支腿架和支腿油缸组成。行走时用来顶升桩架；打桩时用作辅助支承，以增加桩架的稳定和可靠性。各个油缸上装有液压锁，保证可靠工作，该支腿采用插销结构方便使用与运输
16	电液系统	包括电气控制系统、液压控制系统、液压油缸、泵站及油路等；是整机的动力来源，用来实现各种动作的控制和驱使，是桩机的智能核心
17	动力头	动力头由电动机、减速机、中心齿轮、中心轴等部分组成，进给和提升随起吊滑轮组一起移动，其动力通过旋转接头传递给钻具。减速机分快慢两档，钻进时可根据地层情况和阻力大小选择
18	钻杆钻头	螺旋钻杆为中空式（图 7-82）

图 7-82　钻杆、钻头、动力头

2. 工作原理

长螺旋钻机油缸的工作是由多路换向阀手把操作。主要液压油泵启动、停止，卷扬机的出、收绳、停止都是由面板上的按钮来操作。在螺旋钻杆钻至设计深度后，提钻的同时利用混凝土泵通过钻杆中心通道以一定压力将混凝土压至桩孔中，混凝土灌注到位后借助钢筋笼自重或专用振动设备将钢筋笼插入混凝土中至设计标高形成钢筋混凝土灌注桩（图7-83）。

图 7-83　长螺旋钻机施工照片

二、长螺旋钻机的主要部件技术要求

1. 液压系统

GGS-120 打桩机液压系统主要由电机油泵组、控制阀块组、液压电气操作台、油箱及相关液压辅助件等组成。

为保证液压系统运行的可靠，液压系统设有高精度回油过滤器，液压站结构紧凑布置合理，操纵台集液压—电气控制于一体，结构紧凑操作便捷。

（1）主要技术性能参数（表7-30）

参数	表 7-30
额定压力	21MPa
工作压力	18MPa
柱塞泵	91L/min

（2）技术要求

安装前管路及油箱应清洗干净，管路安装后进行密封性试验。液压系统推荐使用 N46 号液压油。

2. 电路系统

使用电压不得低于 380V，匹配变压器及发电设备应符合要求。设备使用前应可靠接地，接好所有限位开关。若使用双动力头时，动力头上下运动限位开关要与液压卷扬机安全系统连接好。主油泵电机采用 Y-△启动，时间调整 3～5s 不得太长。

第七节　三轴搅拌桩机

三轴搅拌桩机的基本构造及工作原理

1. 工作原理

在土层深部就地将水泥和土强制搅拌（两轴同向旋转喷浆与土拌合，中轴逆向高压喷气在孔内与水泥土充分翻搅拌合），利用土和水泥水化物间的物理化学作用，形成有一定强度的水泥土固结体，从而改善土的强度、透水性、承载力等特性。

2. 三轴搅拌桩机基本构造及说明

整机结构如图 7-84 所示。整机的组成部件主要有：顶部滑轮组、组合式立柱、斜撑、行走履靴、卷扬机、电液控制系统、动力头、钻杆、钻头以及配套设备（表 7-31）。

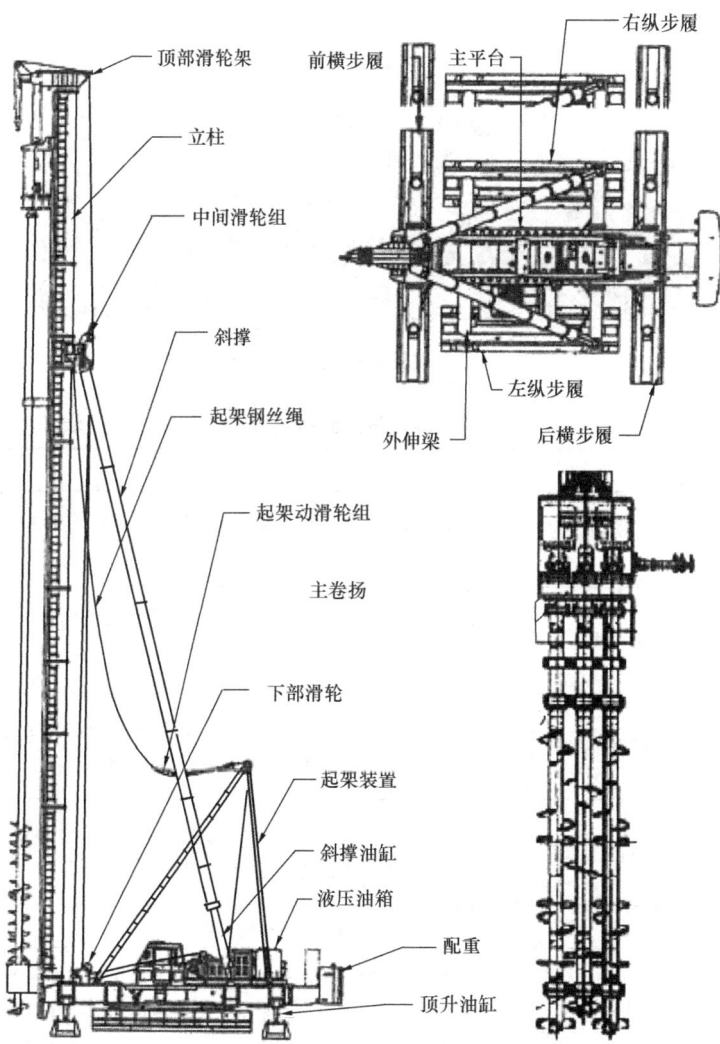

图 7-84 三轴搅拌桩机示意图

顶部滑轮架

立柱

中间滑轮组

斜撑

起架钢丝绳

起架动滑轮组

主卷扬

下部滑轮

起架装置

斜撑油缸

液压油箱

配重

顶升油缸

前横步履

主平台

右纵步履

左纵步履

外伸梁

后横步履

图 7-85　三轴搅拌桩机施工照片

三轴搅拌桩机主要构造说明　　　　　　　　　　　表 7-31

序号	名称	说明
1	顶部滑轮组	顶部滑轮组是用螺栓连接安装在立柱顶部，用于吊成桩设备（如钻机等）及吊装用
2	组合式立柱	可根据不同桩深及施工工法的需要对立柱进行长度组合
3	斜撑及调整机构	斜撑由调整油缸及撑杆组成。它的作用是通过改变两边油缸长短来改变斜撑长短，从而改变立柱的垂直度
4	行走履靴	由上下两部分组成，短船实现整个桩机的旋转移位，长船可实现整个桩机的移位
5	卷扬机	电动，运行可靠；用于起架、提升等
6	电液系统	包括电气控制系统、液压控制系统、液压油缸、泵站及油路等；是整机的动力来源，用来实现各种动作的控制和驱使，是桩机的智能核心
7	动力头	由两台立式电机通过齿轮联轴器与行星减速机连接，通过齿轮将动力传递给输出轴，输出法兰盘与连接盘、螺旋钻杆、钻头连接进行钻孔作业

序号	名称	说明
8	钻杆	由内外六方承插式接头、芯管、螺旋叶片、搅拌叶片组成
9	钻头	钻头功能是定心、切削、输送钻屑与钻进成孔
10	配套设备	主要有制浆站、空压机、泵送机

第八节　新型桩工机械

一、墙式混合搅拌工法桩机械（TRD工法桩机械）

1. 工作原理

TRD工法是水泥土搅拌连续墙工法桩的一种，它是使插入地中的链型掘削刀横向移动，连续掘削地层，同时竖向注入掘削液、固化液与原位掘削土混合、搅拌，在地中原位造成固化墙体的工法。其墙体厚度可根据改变刀具宽度实现不同的施工厚度，目前的施工深度已达61m。

2. 主要机械构件

施工机械大致由履带吊车、切削地层及把切削土体和水泥浆混合成水泥土的切削机构、可使切削机构左右滑动的主架三部分构成。履带吊车规格取决于墙深，通常使用600kN型。切削器机构由切削刀架（宽1.7m），带切削刀具的链条和链条驱动用油压发动机构成。刀架内设置数个水泥浆喷出口。TRD机的实物照片如图7-86、图7-87所示。

刀架和链条可按需要的长度组装，构成可以上下升降的门式主架（宽8m，高5.35m），用2条后背牵索将主架支承固定在履带主机的前面。该主架的上下两端装有切削刀架，该刀架的左右滑动分别由装在主架上的水平油压千斤顶驱动。随着履带移动，油压千斤顶使刀架反复依次滑动实现连续施工。

按切削轨迹，可作全断面切削的形式，设置切削刀具，每次推进距离为几米。另外，刀具前进方向先是朝下，到底部转向朝上。

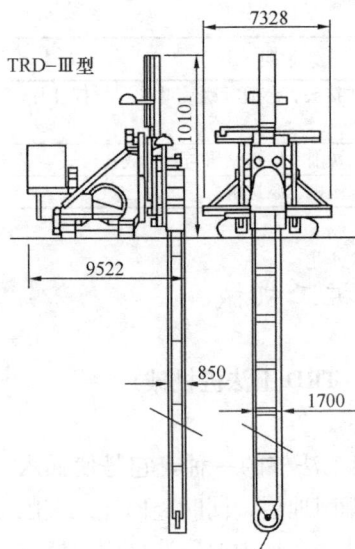

图 7-86　TRD 构造规格图

图 7-87　TRD 实物照片

3. 主要优缺点

（1）优点

如图 7-88 所示是链切削和螺旋钻模式的对比图。水平方向旋转同时掘削搅拌混合的螺旋钻及搅拌叶片型，在地层变化较多的地层中，尽管螺旋钻反复升降，但地层影响残余仍较大，即实现

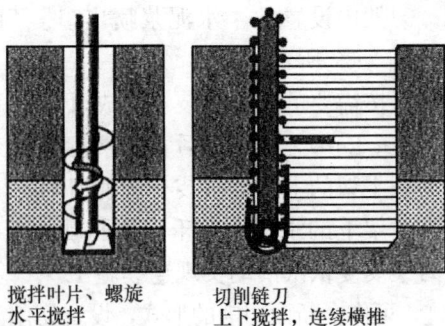

搅拌叶片、螺旋　　切削链刀
水平搅拌　　　　　上下搅拌，连续横推

图 7-88　对比图

182

均匀搅拌较为困难。另外，墙体各幅段的接头存在冷缝，大深度时幅段稍有扭曲和倾斜，都会致使漏水，即作止水墙的可靠性差。

然而，对链切削式而言，因为是把墙深范围内的地层在竖直方向上搅拌混合，所以地层在竖直方向上形成均匀水泥土。

另外，因 TRD 机搅拌混合是连续横行，故构筑的连续墙为等厚墙，即 TRD 工法为全断面地层加固工法。TRD 施工照片如图 7-89 所示。

图 7-89　TRD 施工照片

机械高度矮，不会出现翻倒，施工精度高，最适合都市土木工程中应用。

归纳起来，TRD 工法的优点如下：

1）施工机械的高度较矮，仅为 10～12m，稳定性好。

2）掘削刀上插有测斜计，利用该测斜计可以在运转室的监视画面上实时确认架刀的位置和倾斜程度，从而实现高精度施工。

3) 切削能力强,与以往的柱桩成墙工法相比,掘削搅拌时间缩短。对硬质地层(砂砾层、硬黏土层、软岩层等)也能施工。

4) 因为竖向全层同时混合搅拌,所以即使对交互层也可以造成强度起伏小的匀质墙。

5) 因为横向连续成墙,所以连续墙的止水性能好。

6) 因为连续墙为等厚墙,所以 H 型钢芯材的间隔可以任意设定,同时还可以插入嵌板和钢板桩等护墙板。

7) 可以造成水平俯角不大于 30°的地下倾斜墙。

(2) 缺点

1) 弯角施工困难

对于小曲率半径或 90°转弯的情形而言,必须把链状切削器拔出改变方向重新插入地层。该作业为人工作业,工期、成本均存在迫切改进的必要。

2) 断续注入施工困难

当在自立性和非自立性的混杂地层中施工时,设计要求在某一深度范围的自立性层段上,无需注入固化液。但要求在其他崩塌性的层段上,为了防止周围地层沉降和确保槽壁稳定,必须注入充足的固化液。对于这种施工要求来说,TRD 工法施工难度大,效果也不好。

要求只对地层中的某一中间层段注入不同的固化液,而对其他层段注入另一种固化液的施工要求来说,TRD 工法的施工效果差,不易实现。

二、全套管全回转钻孔机械

1. 工作原理

全套管全回转钻机是一种新型、环保、高效的钻机,它是一种集全液压动力和传动,机电液联合控制于一体的钻机,具有全回转套管装置、压力套管和挖掘同时进行,冲抓斗依靠起重机的大小吊钩配合来完成对土层的冲挖作业(图 7-90)。

图 7-90　全回转布置图

利用 DTR 全套管全回转钻机的回转装置的回转，使钢套管与土层间的摩阻力大大减少，边回转边压入，同时利用冲抓斗、冲击锤挖掘取土，直至套管下到桩端持力层为止。挖掘完毕后立即进行挖掘深度的测定，并且确认桩端持力层，然后清除虚土。成孔后将钢筋笼放入，接着将导管竖立在钻机中心，最后浇筑灌注混凝土成桩。

2. 主要型号与机械构件

（1）工作装置主要结构（图 7-91）

图 7-91　工作装置主要结构

1）锲形夹紧装置：与传统夹紧机构相比，无论在什么位置都能夹紧套管，并使套管保持高的垂直精度；而且套管的拉拔阻力越大，夹紧力也就越大。

2）马达减速机：四套马达减速机可以提供足够的扭矩，传递给套管强大的回转力，可适应复杂的地层及切削障碍物。

3）垂直装置：液压垂直装置保证施工中钻孔的垂直度，随时纠正施工中套管角度。

4）口径变更装置：方便的口径变更使得设备适用于多种口径的变更要求。

5）辅助夹紧装置：能更好地保证套管的垂直度，同时在大深度挖掘时弥补配套起重机起吊能力不足的问题。

6）工作行走装置：履带式行走装置，液压横向伸缩功能，可使设备在场地上方便自行移动及桩心定位。

（2）动力站主要结构（图 7-92）

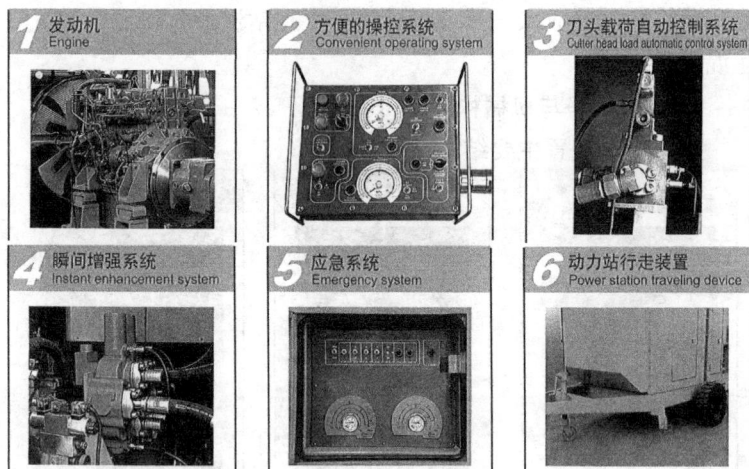

图 7-92　液压动力站主要结构

1）发动机：发动机巨大的功率能够给设备提供巨大的扭矩，使得机器获得强大的扭矩来运作，能够适应任何复杂困难的地层。

2）方便的操控系统：微电脑的操控平台，可根据工况调节转速、扭矩、压入力，使机器处于最佳工作状态，极大提高了工作效率。

3）刀头荷载自动控制系统：在切削硬岩时，通过电脑的自动控制，能够很好地保护刀头及有效地提高切削效率。

4）瞬间增强系统：在碰到障碍物时，可瞬间加大起拔力和扭矩，使得障碍物得到排除。

5）应急系统：在动力站上又设置控制系统的主要功能，出现故障时，可使用应急系统完成施工作业。

6）动力站行走装置：方便行走的动力站，使设备在施工现场能够自如地行走，能够很好地完成钻机地对位工作；其支撑结构在工作时能够保证设备的平稳及安全。

（3）辅助机具（图 7-93）

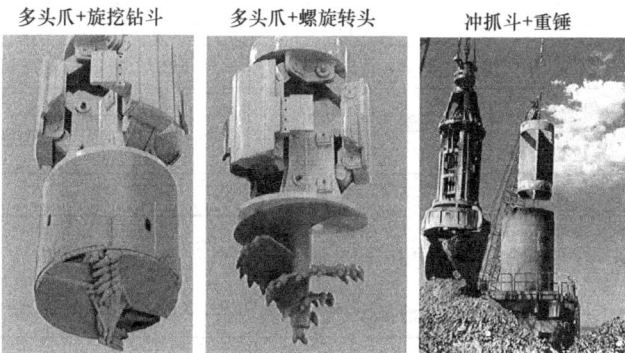

图 7-93　辅助机具

1）多头爪＋螺旋转头：根据需要多头爪可以选配旋挖钻头和螺旋钻头。低噪声、低振动的状态下工作。能够选择悬吊钢丝绳的根数，因此可用小型起重机配合作业。

2）多头爪＋旋挖钻斗：多头爪是一种套管内部挖掘装置，在清除钢筋混凝土及钢桩及破碎块石等地下障碍物时发挥巨大威力，它能有效地传递套管的扭矩、压入力。

3）冲抓斗＋重锤：在岩层或有混凝土桩体冲抓斗不能冲挖时，用重锤反复冲击，破碎后用冲抓斗挖掘。

4）冲抓斗：冲抓斗是主要的套管内部冲挖装置，依靠吊机的大小钩配合来完成冲挖作业。作业时冲抓斗沿套管内壁自由落下，下落速度快、冲击力强，硬质地层可直接冲挖且作业效率高。斗刃成圆弧形，且斗体重，可实现水下冲挖。内置滑轮组，抓紧力随起吊力的增加而成倍增加。

（4）DTR1305L全套管全回转钻机技术参数

1）工作装置主要技术参数（表7-32）

工作装置技术参数   表7-32

项目	单位	参数
钻孔直径	mm	600～1300
回转扭矩	kN·m	1770/1050/590
回转速度	rpm	1.5/2.6/4.5
套管下压力	kN	最大360＋自重190
套管起拔力	kN	2690
压拔行程	mm	500
重量	t	25

2）液压动力站主要技术参数（表7-33）

液压动力站技术参数   表7-33

项目	单位	参数
发动机型号		Y2-280M-4
电动机功率	kW/rpm	2×90/1480
重量	t	4
控制方式		有线遥控

（5）主要优点

1）无噪声、无振动、安全性高。

2）不使用泥浆，作业面干净，环保性好，并避免了泥浆进入混凝土中的可能性，成桩质量高有利于提高混凝土对钢筋的握裹力。

3）施工钻进时可以很直观地判别地层及岩石特性。

4）钻进速度快，对于一般土层可达 14m/h 左右。

5）钻进深度大，根据土层情况，最深可达 80m 左右。

6）成孔垂直度便于掌握，垂直度可以精确到 1/500。

7）不会产生塌孔现象，成孔质量高。

8）成孔直径标准，充盈系数小，与其他成孔方法相比，可解决大量的混凝土用量。

9）清孔彻底，速度快，孔底钻渣可清至 3.0cm 左右。

复习思考题

1. 什么叫基桩？

2. 桩是如何分类的？

3. 静压桩机由哪些主要部分和部件组成？

4. 静压桩机的起重机的安全防护装置。

5. 锤击桩机按照使用的桩锤可分为哪几种？

6. 锤击桩机的主要部件有哪些？

7. 桩架主要由哪些部分组成？

8. 柴油打桩锤的安全防护、注意事项。

9. GPS-15 型钻机的主要组成部分、工作原理。

10. 冲击反循环钻机的特点。

11. 振动沉管钻机的主要部件及技术要求。

12. 振动沉管钻机的安全保护。

13. 振动沉管桩机振动锤结构主要由哪些部分组成？

14. 旋挖桩机的主要部件有哪些？

15. 旋挖桩机的安全防护装置有哪些？

16. 长螺旋钻机结构主要由哪些部件组成？

17. 深层搅拌钻机的基本构造及工作原理？

18. 高压旋喷分几种？其各有什么区别？

19. 高压旋喷钻机的基本构造？

20. 高压旋喷钻机的安全防护装置？

21. 步履式三轴搅拌桩机的主要部件有哪些？

22. 什么是地下连续墙？

23. 地下连续墙施工中常用的挖槽机械分哪三类？

24. TRD 工法桩机主要由哪几部分组成？

25. BC36 型双轮铣设备主要由哪些部件组成？

26. 全回转全套管机械主要由哪些部件组成？

第八章 桩工机械安全操作技能

第一节 静压预制桩机械安全操作及施工

一、混凝土预制桩沉桩工艺流程（图 8-1）

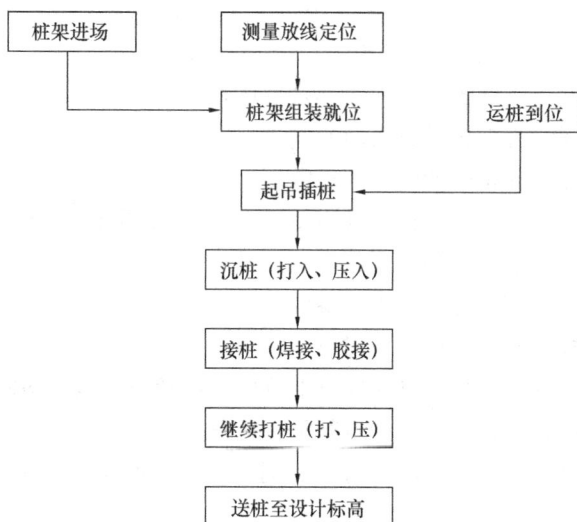

```
┌──────────┐         ┌──────────────┐
│ 桩架进场 │         │ 测量放线定位 │
└─────┬────┘         └───────┬──────┘
      │                      │
      │    ┌──────────────┐  │    ┌──────────┐
      └───►│ 桩架组装就位 │◄─┘    │ 运桩到位 │
           └───────┬──────┘       └─────┬────┘
                   │                    │
                ┌──▼──────────┐         │
                │  起吊插桩   │◄────────┘
                └──────┬──────┘
                       │
              ┌────────▼────────┐
              │ 沉桩（打入、压入）│
              └────────┬────────┘
                       │
              ┌────────▼────────┐
              │ 接桩（焊接、胶接）│
              └────────┬────────┘
                       │
              ┌────────▼────────┐
              │ 继续打桩（打、压）│
              └────────┬────────┘
                       │
              ┌────────▼────────┐
              │  送桩至设计标高  │
              └─────────────────┘
```

图 8-1 混凝土预制桩沉桩工艺流程

二、对施工场地的要求

1. 检查和确认施工场地满足桩机接地比压要求。

2. 施工场地表面不能有小面积的尖锐、尖硬的物体，不能有小面积妨碍桩机行走的凸起物体。

3. 施工场地的坡度不能大于 3°。施工场地有坡度时，桩机应顺着施工场地倾斜的方向或垂直方向施工。

4. 要了解、清理、保护好施工场地及周边的各类地下管线。

5. 桩机由松软场地向比较坚硬场地移动或爬坡时，应正向纵向行走，正向指驾驶室操作者面对操作面板的前方。不允许桩机由松软场地向比较坚硬场地行走时采用横向行走方式或横向行走爬坡。

6. 要了解场地内暗浜、暗塘的位置，并进行有效处理，要预防桩机移机时从未处理的暗浜、暗塘区通过。施工场地不能满足桩机施工要求时，应对施工场地处理达到要求后再进行施工。

7. 遇到旧城改造的工地，特别是砖块或石块（包括碎砖碎石块）埋藏较多的土层情况，应进行有效清理。

三、施工前及开机前准备

1. 检查机器的维护和保养是否达到要求。

2. 清除行走轮导轨表面的异物，涂上干净的黄油。

3. 检查油箱的油位是否正常。

4. 检查电压是否正常（不超过 400V，不低于 350V）。

5. 检查是否有漏电现象。

6. 检查液压管路是否有渗漏现象。

7. 检查并拧紧钳口与钳口座之间的连接螺栓。

8. 检查四个悬臂支腿铰座上拉杆的锁紧螺母是否均匀锁紧。

9. 检查油泵吸油口的球阀是否打开。

10. 桩机行走时，检查行走小车轨轮是否在轨道上滚动行驶。

11. 依次单独启动单台泵，检查每台泵工作时，电流、输出压力是否正常。

12. 起重机的钢丝绳与绳具是否牢固可靠。

13. 模拟压桩过程，检查液压系统及压力、液压缸以及主要运动机构，是否正常。

14. 检查无异常情况后，或异常情况正确处理完毕，消除故障和安全隐患后，方可进行施工。

四、混凝土预制桩的起吊、运输和堆放

1. 混凝土预制桩应达到设计强度的 70% 方可起吊，达到 100% 才能运输和打桩。如提前吊运，必须采取措施并经过验算合格方可进行。

2. 桩在起吊和搬运时应用吊索系于设计规定的吊点之处，必须做到平稳，保护桩身质量。在吊索与桩身接触处应加衬垫，以防损坏棱角。

3. 桩起吊时，所系钢丝绳与桩的纵轴线夹角宜大不宜小，一般为 $45°\sim60°$，所用索具参照表 8-1 选用。

桩起吊索具选用表　　表 8-1

桩长度 (m)	断面 (mm²)	计算重量 (t)		脱模钢丝绳规格 (mm)	吊桩钢丝绳规格 (mm)
		脱模力	起吊力		
8	300mm×300mm	2.80	2.34	14	20
	350mm×350mm	3.74	3.20	17	21.5
12	350mm×350mm	5.62	4.80	20	28
	400mm×400mm	7.15	6.24	23	31.5
18	400mm×400mm	10.66	9.40	28	28
	450mm×450mm	13.39	12.00	31	31
22	400mm×400mm	13.65	11.44	31	31
	450mm×450mm	16.39	14.60	34	34

4. 桩起模时的吊点宜成偶数，在系好钢丝绳后，同时系好溜绳，然后开动吊车，使车速均匀，钢丝绳受力一致，事前用钢楔敲松桩体与模板的粘贴以减少起吊时的吸附力。

5. 桩的脱模就位，以履带吊为宜，亦可适当地利用桩架或扒杆运输至桩架前，当桩长小于 15m 时可用 10t 吊车，桩长小于 22m 时可用 15t 吊车，桩长大于 22m 时可用双机抬吊。

6. 桩在运输前应作外形检查，并做检验记录，同时应将附着在桩身上的垃圾杂物清除干净。

7. 汽车或大平板运桩时，主要根据车身有效长度是否能满足桩的搁置要求而定，桩的搁置点宜两点，并应在车身上搭设葫芦架，延长车身长度满足桩的搁置要求。

8. 桩在运输和堆放时加垫木，其位置在吊点处。运输时的层数不宜超过 4 层，堆放时也不宜超过 4 层，而且上下各层垫木必须在同一垂直平面内，运输长桩时，垫木下尚应设活动支座，最下层的垫木应适当加宽。

9. 当用车辆装载时，应注意对称放置，不得偏心，且捆扎牢靠，行驶时速度应均衡，不宜过快或紧急制动。

五、静压桩机操作方法与步骤

1. 连续行走与回转动作的完成

（1）纵向行走

升降油缸回缩，短船落地，长船离地，纵移油缸同时伸缩，长船行走；升降油缸伸长，长船落地，短船离地，纵移油缸同时伸缩，机身、短船等纵向行走。

（2）横向行走

升降油缸伸长，长船落地，短船离地，横移油缸同时伸缩，短船横向行走；升降油缸回缩，短船落地，长船离地，横移油缸同时伸缩，机身、长船等横向行走。

（3）回转运动

升降油缸伸长，长船落地，短船离地，两个横移油缸反向伸缩，两个短船相对转动；升降油缸回缩，短船落地，长船离地，两个横移油缸反向伸缩，机身、长船等回转。达到所需要的回转角度后，升降油缸伸长，长船落地，短船离地，调整两个横移油缸的伸缩，弹簧复位机构推动回转平台及短船复位。

2. 液压系统液压泵的调整

参见图 8-2，按下列步骤调整主机液压泵的压力。

（1）将三组多路阀的手柄均

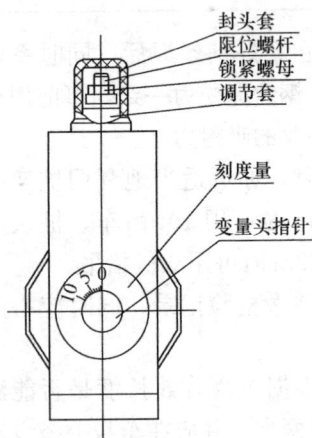

图 8-2　液压泵变量调整机构

封头套
限位螺杆
锁紧螺母
调节套
刻度量
变量头指针

194

置于中位，这时系统低压卸荷（扳动任一多路阀手柄都会进入加载工作状态）。

（2）将油泵变量头的封头帽旋下来，并把其中的限位螺杆、调整套及溢流阀（安装在油箱的后侧）的调整螺杆尽量旋松。

（3）启动油泵，这时泵端面变量头刻度盘的指针应指在满刻度10的位置，即泵全流量供油。并将溢流阀的调节螺栓拧紧。

（4）将多路阀手柄推向"提桩"位置。

（5）交替逐步旋紧泵的调节套与溢流阀（安装于回油滤清器的入口）的调节螺栓。同时观察压力表，可看到油压逐步上升。油压升到13～16MPa，泵变量头刻度盘指针才开始偏转，指在0～10之间为止。

（6）慢慢旋入泵上的限位螺杆，使63YCY泵变量头的指针指在表8-2所列的数据中。然后用锁紧螺母锁紧，旋上封头帽。

（7）再继续旋紧溢流阀的调整螺栓，直到油压上升到最大压桩力所要求的系统油压为止，详见表8-2。

ZYJ600B桩机压桩油压与压桩力对照表   表 8-2

油压（MPa）	压桩力（tf）		
	主缸单独压桩		主、副缸同时压桩
	正常压桩	快速压桩	
6.0	75.0	38	150
8.0		51	200
10.0	125.5	64	251
12.0	150.5	76	301
14.0	175.5	89	351
16.0	200.5	102	401
18.0	225.5		451
19.0	238.0		476
20.0	251.0		502
21.0	263.5		527
22.0	276.0		552
23.0	288.5		577
23.9	300.0		600
24.5	307.0		614

3. 系统油压、压桩油压及提桩（快压）油压调整

安装于回油滤清器的入口的溢流阀用于调定液压系统的额定压力，安装于面对多路阀的右下部的溢流阀用于设定系统压桩油压。此油压根据不同压桩力要求设定（压桩油压与压桩力对照表见表 8-2 所列）。

法进行：油泵启动运转正常后，将手柄 Y1 推向"常压"位置且手柄 Y2 推向"压桩"位置，待压桩油缸活塞杆伸长到位后，慢慢旋紧溢流阀（安装于面对多路阀的右下部）的调整螺母，观察操作面板上的系统油压表，油压表显示值达到压桩油压的要求后，压桩油压设定完成。

安装于面对多路阀的右上部的溢流阀用于设定系统提桩（快速压桩）油压。此溢流阀的油压设定按下述方法进行：油泵启动运转正常后，将手柄 Y2 推向"提桩"位置，待提桩到位后，慢慢旋紧溢流阀的调整螺母，观察操作面板上的系统油压表，油压表显示值达到 10MPa 后，提桩油压设定完成。该提桩油压也就是快速压桩的调定油压。

4. 夹桩、松桩油压调整

安装于面对多路阀的左侧的溢流阀用于设定系统夹桩油压。溢流阀的油压设定按下述方法进行：油泵启动运转正常后，将手柄 Y4 推向"夹桩"位置，慢慢旋紧溢流阀（安装于面对多路阀的左侧）的调整螺母，观察操作面板上的夹桩油压表，油压表显示值达到某个值后，压桩油压调定完成。压桩时所需夹桩油压的大小，与桩的材料、表面状态有关，应在实际施工中确定所需夹桩油压的大小。

在保证夹桩可靠的情况下，应使夹桩油压维持在一个较低的数值上。

当上述压力设定完成后，手柄 Y4 推向松桩位置，观察操作面板上的松桩油压表，油压表显示值达到 5～10MPa，松桩压力设定完成。在实际施工中，允许松桩压力设定高于 5～10MPa，但一般小于夹桩油压。

为了充分利用泵组的功率，提高压桩速度，可按表 8-3 根据实际需要的最大压桩力，调整系统油压，同时调整液压泵在转换压力以后的流量。

系统油压与泵的流量调整 表 8-3

最大压桩力 （tf）	主缸压桩力 （tf）	系统油压 （MPa）	高压下排量 （%）	最低压桩速度 （m/min）
376	188.0	15.0	100	1.00
439	219.5	17.5	100	1.00
502	251.0	20.0	90	0.90
564	282.0	22.5	80	0.80
600	300.0	23.9	75	0.75
615	307.5	24.5	70	0.70

5. 起重机液压泵的调整

按下列步骤调整起重机液压泵的转换压力和转换排量。特别在更换新泵时应对其进行调整。

（1）将多路阀的手柄均置于中位，这时系统低压卸荷（扳动任一多路阀手柄都会进入加载工作状态）。

（2）将油泵变量头的封头帽旋下来，并把其中的限位螺杆、调整套及溢流阀的调整螺杆尽量旋松。

（3）启动油泵，这时泵端面变量头刻度盘的指针应指在满刻度 10 的位置，即泵全流量供油。

（4）将多路阀落臂手柄推向"落臂"位置，直到油缸全部缩回到底。

（5）交替逐步旋紧泵的调节套与溢流阀的调节螺栓。同时观察压力表，可看到油压逐步上升。油压升到 15MPa，泵变量头刻度盘指针才开始偏转，指在 0～10 之间为止。

（6）慢慢旋入泵上的限位螺杆，使 80YCY 泵变量头的指针指在泵全排量的 80% 的位置。然后用锁紧螺母锁紧，旋上封头帽。

（7）再继续旋紧溢流阀的调整螺栓，直到油压上升到系统油压 18MPa 为止。

6. 钳口的更换

图 8-3、图 8-4 所示为钳口安装图，内层钳口用内六角螺钉拧在钳口座上（方圆桩夹桩箱为装在油缸上），需用到外层钳口时，将内层钳口的螺钉拆出，装上外层钳口，再选择合适长度的螺钉装入。

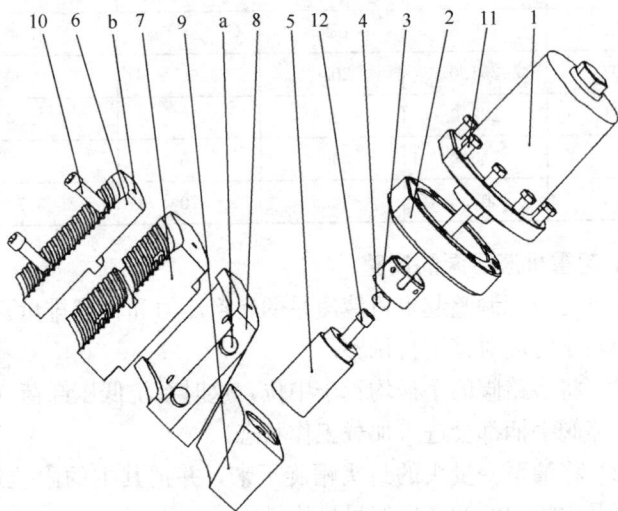

图 8-3　薄壁管桩夹桩箱钳口安装图

1—夹桩油缸；2—油缸法兰；3—连接螺母；4—拉杆；5—连接块；
6—外层钳口；7—内层钳口；8—钳口座；9—夹桩块；
10、11、12—内六角螺钉；a—复位弹簧安装孔；b—吊环螺钉孔

更换钳口时，应先拆上层钳口，再拆下层钳口。拆卸时，先将吊环拧入钳口上螺钉孔，用起重设备吊住，再拧开钳口与钳口座（或夹桩油缸）的连接螺栓，将钳口吊出。装配时，先将吊环安装到钳口上，用起重设备吊进夹桩箱的夹桩孔，将钳口用连接螺栓安装到钳口座（或夹桩油缸）上，连接螺栓拧紧。装配时应先装下层钳口，再装上层钳口。钳口更换时，严禁人员站在夹桩

198

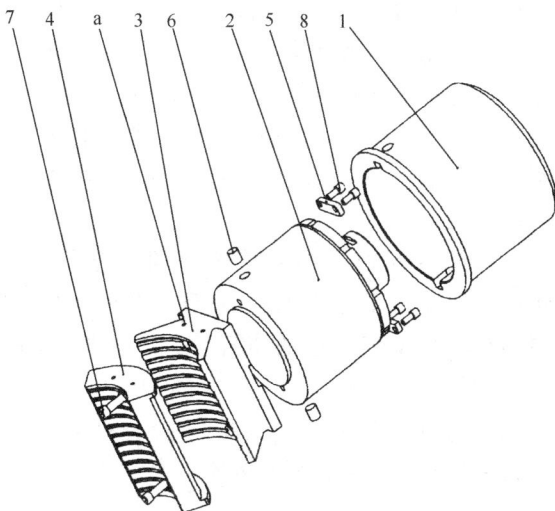

图 8-4 方圆桩夹桩箱钳口安装图

1—夹桩油缸座；2—夹桩油缸；3—内层钳口；4—外层钳口；

5—卡板；6—定位销；7、8—内六角螺钉；a—吊环螺钉孔

箱下面观察和指挥。钳口更换时，必须有可靠的起重设备。

7. 静压机压桩操作方法与步骤

（1）启动

参见图 8-5 所示操作台面板布置。操作者使用它即可进行压桩作业（为叙述方便，将手柄编上图示的符号 S1～S4，Y1～Y4，Z1～Z4）。

合上空气开关，打开电源开关。注意所有多路阀手柄必需处于中位卸荷位置。首先启动一台泵，该泵绿色指示灯亮。绿色指

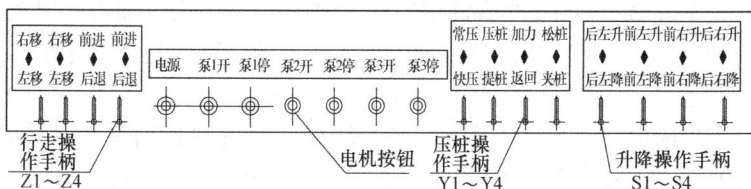

图 8-5 操作面板布置

示灯灭，红色指示灯亮后，方可启动另一台泵。从绿色指示灯灭，到红色指示灯亮，一般相隔 8s 左右。先后启动 3 台泵，空载运转 3 分钟，无异常现象再将 Y4 手柄扳到"松桩"位置，压力上升，观察面板上标有"压桩油压"和"夹桩油压"的压力表的压力是否符合要求。若压力正常再将 Y4 推向中位。

（2）定位

操作四个行走手柄 Z1～Z4 配合操作四个升降手柄 S1～S4 即可使桩机纵向、横向移动或回转，达到对准桩位的目的。其中 Z1、Z2 控制的是两个横移油缸的伸缩，Z3、Z4 控制的是相应位置两个纵移油缸的伸缩。S1～S4 控制的是相应位置四个升降油缸的伸缩。压桩前通过操纵四个升降手柄 S1～S4，四个升降油缸活塞杆伸长，让长船落地，短船离地。

（3）调平

为保证压入桩的垂直度，压桩前须将桩机桩身调平。通过操纵四个升降手柄 S1～S4，并配合观察装在操作台面板上的全方向水平仪是否对零，即可完成此项工作。

（4）压桩

操作者只要操纵 Y1～Y4 四个手柄即可完成压桩作业。其操作步骤和原理可参见有关压桩台的介绍。现作详细阐述：

Y4 用于夹桩和松桩，夹桩时，Y4 由中位推向夹桩位置，夹桩油压达到设定值后，Y4 推回中位，在压桩过程中或夹桩时间过长，夹桩油压下降，可将 Y4 多次推向夹桩位置加载。松桩时，Y4 由中位推向松桩位置，夹桩压力表指示压力为零后，再推向中位。

Y1、Y2 和 Y3 联合使用实现"快压""压桩""加力"以及"提桩"。"快压""压桩""加力"为压桩的三种挡位，其输出的压桩速度、压桩压力是不一样的。

"快压"指两个主压桩缸参与压桩，通过独特的液压系统，以高于油泵排量所决定的压桩速度快速压桩。快速压桩时，Y2 推向压桩位置且 Y1 推向快压位置。

"压桩"指两个主压桩缸参与压桩，以油泵排量所决定的压桩速度压桩。压桩时，Y2 推向压桩位置且 Y1 推向常压位置。

"加力"指两个主压桩缸与两个副压桩缸同时参与压桩。Y3 推向加力位置，两个副压桩缸活塞杆伸出，推向返回位置，副压桩缸活塞杆缩回。Y3 推向加力位置，副压桩缸活塞杆伸出参与压桩时，Y1 必须在常压位置且 Y2 在压桩位置，绝对不允许 Y1、Y2 在其他位置时，副压桩缸活塞杆伸出对夹桩箱加载。一次压桩行程完成后，Y3 推向返回位置，副压桩缸活塞杆缩回，再"提桩"。

"提桩"表示提升夹桩箱，Y2 推向提升位置前，必须 Y1 处于中位，Y3 处于中位且副压桩缸活塞杆处于缩回极限状态，Y4 由松桩位置回到中位且夹桩压力表指示压力为零。

在将一套桩压入地下土层时，随着压入深度的增大和地质情况的变化，需要的压桩力越来越大，为提高压桩效率，降低能耗，保证压桩质量，保护压桩机，一套桩的压入一般采用以下步骤：

在一套桩开始压入地基的 1～2 个行程内，为了保证压入桩的垂直度，判断和查明地质情况，采用"压桩"。经过 1～2 个行程的"压桩"，若压桩油压小于 5MPa，则以后的压桩采用"快压"，压桩油压达到 10MPa 后，再采用"压桩"。由"压桩"到"快压"，压桩油压表显示值会上升，由"快压"到"压桩"，压桩油压表显示值会下降。

经过 2 个行程的"压桩"，若压桩油压大于 5MPa，则不能采用"快压"。

若"压桩"时，压桩油压达到 23.9MPa，则采用"加力"。

若"加力"时，压桩油压达到 23.9MPa，此时压桩力已达到压桩机的额定压桩力 600tf，应结束压桩，一套桩的压入施工完毕。

（5）操作注意事项

1）3 台油泵电机必须单独启动，且必须在绿色指示灯灭，红色指示灯亮后，再启动另一台泵。

2）停机超过 4h，必须空载运行 3min，无异常现象方可进行工作。

3）压桩过程中随时检查桩的垂直度与机身的水平情况。

4）操纵手柄、按钮的动作一定要平缓，切勿用力过猛。不需要扳动手柄进行某项操作或某项操作完成时，必须随时将手柄回到中位"卸载"位置，以达到保护桩机、安全操作，并节省能耗、减少油液发热的效果。

5）作业中随时检查油压，油温是否正常（压桩油压最大 23.9MPa，油温 35～85℃之间），发现异常情况应立即停机处理。

6）一根桩的施工必须连续施工完毕，严禁在一个桩位施工未完成时，中途停机休息。若一个桩位的施工中途间隔过长，有可能造成已压入地基部分的桩与地基土产生固化反应，再施工时，引起压桩压力突然骤升。

7）桩机行走、回转或大幅度升降时，地面一定要有人观察、配合、指挥操作者完成桩机的运动。操作者应密切注视桩机的运行情况，并随时注意与观察者联系。如有异常，立即将操作手柄推向中位。

8）桩机行走、回转或升降时，若发现系统油压增大，表明控制相关动作的油缸已伸缩到位，立即将操作手柄推向中位。

9）桩机行走或回转时，注意电缆不要被长、短船压伤，注意不要被障碍阻挠，以致不能随桩机一起行走和回转。电缆不能被汽车等碾压或物体覆盖。

10）桩机运行时，注意长、短船的软管油管不能被其他部件绊住或阻碍，防止油管碰伤或拉断。桩机运行时，若出现了陷机，应立即将长、短船着地，将配重从桩机上卸下，再对陷机情况进行处理。卸配重时，应先卸已倾斜侧配重。陷机是指桩机移动或压桩时，施工场地极为松软，桩机陷入地基土之中，依靠其自身能力，已不能行走。

8. 起重机操作

（1）启动油泵电机。

（2）操纵回转手柄使起重机吊臂处于吊桩位置；根据起重量的大小，操纵变幅手柄，使吊臂处于适当高度位置；操纵卷扬手柄，放下吊钩准备吊桩或其他重物。

（3）操纵起重机回转、变幅、卷扬、伸缩手柄时，要配合液压泵脚踏变量机构的动作，使上述动作的起步、停止做到平缓无冲击。脚踏阀的作用相当于汽车的油门，因此，在吊车开始变幅动作前，先操纵相应的变幅手柄到相应的位置，然后缓慢操作脚踏阀，使该变幅动作与工况相适应。

（4）当卷扬起钩达到上限位置时，操作卷扬上升会失效，此时应立即停止卷扬上升，并操纵多路阀卷扬手柄落钩，直到吊钩脱离上限控制重锤。

六、静压机安全规程

1. 桩机的操作人员应经操作技能及安全法规的培训，考试合格后方可上岗。且应遵守有关桩基础施工的相关法规。

2. 每日班前应对桩机的性能进行日常检查，如发现工作不正常，应立即查找原因，排除故障。严禁带故障开机。

3. 施工场地应满足桩机施工的要求，保证行走的短船与长船落在较平整的地面上，中间不允许有小面积的尖硬凸起物体。

4. 桩机移动或回转时，人不得滞留在桩机移动或回转范围内以及配重的下方。

5. 短船回转或横向行走时，不得与长船边缘接触和相撞。

6. 机身纵向行走时必须同时、同方向操纵手柄，绝对不能单独或者反方向操纵手柄，两个纵移油缸中一个伸缩到位，另一个须马上停止伸缩。

7. 机身升降过程中应保持水平，以水平面为基准，四个升降缸的相对高度差不得超过 100mm。否则将造成桩机损伤和安全事故。

8. 夹桩箱上下运动时，夹桩箱下严禁站人（图 8-6）。

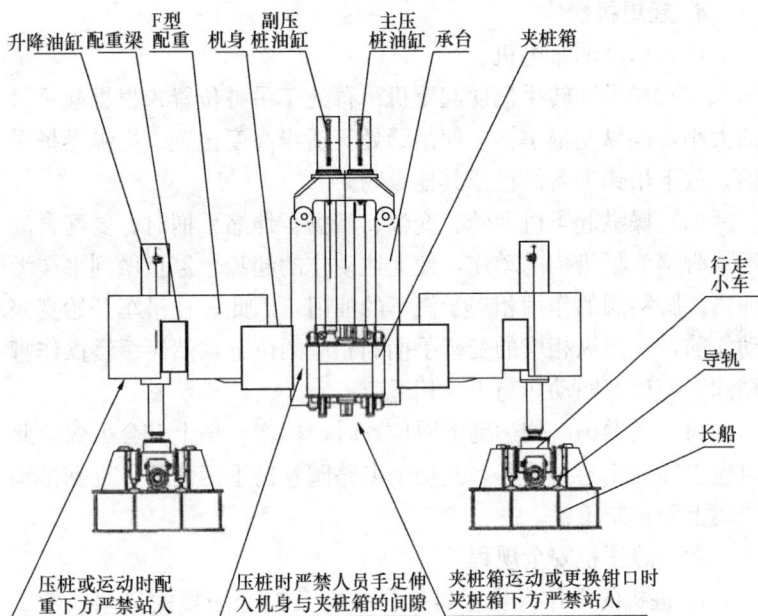

升降油缸　配重梁　F型配重　机身　副压桩油缸　主压桩油缸　承台　夹桩箱

行走小车

导轨

长船

压桩或运动时配重下方严禁站人　　压桩时严禁人员手足伸入机身与夹桩箱的间隙　　夹桩箱运动或更换钳口时夹桩箱下方严禁站人

图 8-6　夹桩箱下安全示意图

9. 压桩前桩机上必须有足够的配重；工作时压桩力不得超过相应的额定压桩力。否则会造成压桩时，桩机浮机。

10. 主机操作者和起重机操作者工作中要注意互相观察和沟通，桩机行走或回转时，严禁操作起重机或起重机上吊有物体；起重机运行或吊有重物时，严禁桩机行走或回转。

11. 起重机吊桩时确保捆绑牢靠。

12. 起重机卷扬钢丝绳在卷筒上的缠绕圈数至少为 4 圈。

13. 吊桩时起重机周围及起重臂回转范围内严禁站人。

14. 随时检查卷扬钢丝绳和吊桩钢丝绳，若发现有断丝现象，应立即更换。

15. 起重机回转支承处上下两排连接螺栓每两个月检查、拧紧一次，拧紧力矩为 550~600N·m，如有异常，则需更换，且必须使用规定的螺栓。

16. 一定要在规定的吊臂举升角内起吊额定的重量，以免吊臂超负荷。

17. 压桩前必须确认起重机的吊钩已脱离吊桩工具，否则会产生损坏压桩机和起重机的重大事故。如工况特殊须采用起重机卷扬送桩，则必须确认和保证起重机卷扬送桩速度大于压桩机的压桩速度。

18. 在卷扬起钩过程中，注意吊钩的上限位置。

19. 压桩时人员的手足不能伸入压桩台与机身的间隙之中。

20. 压桩时，人员不得在 F 型配重的下方停留。

21. 接桩时绝对不能随便扳动操作手柄，以免桩落下伤人。

22. 停止作业时应保证短船与地面接触充分，机身的重量大部分落到短船上。长船稍微落地。将夹桩箱放到最下位置，落到支承横梁上。并切断电源，锁好机门。

23. 应严格按规定进行每日和定期的检查、维护和保养以及维修。每个安装升降油缸悬臂的大铰座上有加固螺杆，每次转换工地时要确保尽量旋紧配在一起的大螺母。

24. 操作人员、维修及保养人员应按照规定的操作规程、安全规程、注意事项、维护保养及检修等内容以及桩机的适应范围进行工作和操作。

七、浮机等安全事故预防与处理

1. 浮机

浮机指压桩时因配重不够或超过压桩机的额定压桩力，造成长船以及整个桩机离开地面。

压桩前桩机上应加足够的配重；压桩力不得超过压桩机的额定压桩力 600t。否则压桩时会造成桩机浮机。

一旦发生了浮机，马上将 Y1、Y2、Y3 推向中位，除驾驶室操作人员以外，其他人员离开桩机及其下方，并与桩机保持 2～3m 的距离，待压桩压力缓慢释放降低为零，长船落地后，再将 Y4 推向松桩位置。浮机时，绝对不允许先将 Y4 推向松桩位置，若在等待压桩压力缓慢释放降低为零的过程中，发现夹桩力下降，应将 Y4 推向夹桩位置加载。浮机时，严禁操作起重机，此时若起重机已起吊物体，则需将起吊物体卸下。浮机事故处理完毕后，暂停压桩，查明原因，在采取了消除浮机的相应措施后，方可继续施工。

2. 拔桩引起的事故

拔桩指将已压入地基的桩拔出来。容易引起机械、配重侧翻。

一般情况下，不允许用桩机拔桩。若有特殊情况，必须用桩机拔桩，需先分析确认拔桩力小于 147t，系统油压设定小于 23.9MPa，桩机加上配重的总重量小于 453t，否则需将一部分配重从桩机上卸下。拔桩时长、短船落地，夹桩箱下严禁站人。拔桩完成后，检查主压桩缸与夹桩箱联接处铰座等有无异常。拔桩时若出现桩机倾斜等异常情况，<u>应立即停止拔桩</u>。

3. 压桩压力超过 10MPa 后大的冲击现象

当压桩压力超过 10MPa 后，在操纵手柄 Y4 推向松桩位置前必须先将压桩手柄 Y2（在 4 缸同时工作时，同时将 Y3）推向中位"释压"，待压桩压力缓慢释放降低后再将 Y4 推向松桩位置。否则会产生大的冲击现象。

4. 地下障碍物引起断桩

遇到旧城改造的工地，砖块或石块（包括碎砖、碎石块）埋藏较多，特别是一些大的地下障碍物，应先采取钢桩引孔等应对措施后再压桩，以避免可能发生的断桩现象。

第二节　锤击预制桩机械安全操作及施工

一、操作方法与步骤

锤击预制桩施工的工艺流程、场地要求等与静压桩类似，本节重点介绍有关操作方面的内容。

1. 桩架安装

（1）桩架安装应严格按照厂家使用说明书进行。

（2）操作人员必须经过专门培训，了解桩架的构造、工作原理及操作方法，方可单独操作。

（3）桩架装完后，应向各机构加注足够的润滑油脂。

（4）发现起吊用的钢丝绳磨损严重或断股现象时，应及时予以更换。

2. 竖架

（1）竖架时应严格按照厂家操作说明书进行。

（2）一切工作准备好后，指挥与操作人员各就各位，要绝对统一指挥。

（3）竖架时主柱要缓缓升起，并注意机架的平稳状态，斜撑上导轨与抬梁导轮之间的运动情况。

（4）当立柱与水平成 70°左右时，工作人员需拉紧飞线；当立柱升至水平 80°时，需停车刹住卷扬机（一定要刹死），固定飞线，然后把斜撑的螺杆球头放入蜗轮箱的球头座内，装好球头盖，这时可松开飞线，启动蜗轮箱，使立柱与地面垂直，解去飞线和竖架钢丝绳的锁头，把钢丝绳收回卷筒上。

（5）开动卷扬机，吊装桩锤。

3. 桩机移位

（1）桩机组装完毕，可先试打桩。在桩架上设置标尺或在桩的侧面画上标尺，以便能观测桩身入土深度。

（2）桩机移位时，应使底盘水平、立住垂直，以免发生倒架事故。

（3）桩机移位时，应加强观察。架空高压线距桩架不能小于 10m。

4. 吊桩定位

（1）打桩前，按设计图纸要求进行桩定位放线，确定下桩位，每根桩中心钉一小桩，并设置明显标志。

（2）利用桩架附设的起重钩借桩机上卷扬机吊桩就位，或配一台履带式起重机送桩就位，并用桩架上夹具或落下桩锤借桩帽固定位置。

5. 打桩

（1）锤击打桩时，应用导板夹具或桩箍将桩嵌固在桩架两导柱中，桩位置及垂直经校正后，可将锤连同桩帽压在桩顶，开始沉桩。

（2）桩锤、桩帽与桩身中心线要一致，桩顶不平，应用厚纸垫平或用环氧树脂砂浆抹平整。

（3）开始打桩应起锤轻压并轻击数锤，观察桩身、桩架、桩锤等垂直一致，然后可转入正常。桩插入时垂直度偏差不能超过 0.5%。

（4）打桩应用适合桩头尺寸的桩帽和弹性垫层，以缓和打桩时的冲击。

（5）当桩顶标高较低，须送桩入土时，应用钢制送桩器放于桩头上，锤击送桩送入土中。

6. 接桩

混凝土预制长桩，受运输条件和打桩架高度限制，一般分成数节制作，分节打入，现场接桩，常用接头方式有焊接、法兰连接及硫磺胶泥锚接等几种。前两种可用于各类土层，硫磺胶泥锚接适用于软土层。

二、锤击常用方法施工作业要点

1. 落锤打桩

用 0.5～1.5t 铸铁锤，借卷扬机提升。利用脱钩装置或松开卷扬机刹车而放落，使桩锤自由落到桩头上，把桩逐渐打入土中。一般采用重锤低击，落距控制在 1.0m 以内，每分钟打 6～20 次，使桩垂直平稳下沉，不被压坏。

2. 柴油锤打桩

（1）启动前将燃油箱阀门打开，用起落架将上活塞提起并高于上汽缸 1cm 左右，用专用工具将贮油塞打开，按规定加满润滑油，自动润滑的柴油锤，除了在油箱内加满润滑油外，还应向润滑油路加润滑油，同时排除管路中的空气。

（2）桩架必须安放平稳坚实。桩锤启动时，应注意桩锤、桩帽在同一直线上，防止偏心打桩。

（3）初打时，应关闭供油泵的油门，使锤冷打，当桩的贯入度小于 10cm/击时，才能逐渐开启油门。

（4）在打桩过程中，应有专人负责拉好曲臂上的控制绳，如遇意外情况时可紧急停锤。

（5）打桩过程中，应注意观察上活塞的润滑油是否从油孔中泄出，下活塞的润滑油应每隔 15min 注入一次。如一根桩打进时间超过 15min，则必须将桩打完后立即加注润滑油。

（6）上活塞起跳高度不得超过 2.5m。

（7）打桩过程中，应经常用线锤及水平尺检查打桩架。如垂直度偏差超过 1%，必须及时纠正，以免把桩打斜。

（8）打桩工程中，严禁任何人进入以桩轴线为中心的 4m 半径范围内。

（9）施工完毕后，应清洁机体，加油润滑。

（10）短期内不用时，须将燃料阀关闭。长期不用时，应将冷却水、燃油及润滑油放尽，并做一次解体保养，涂上防锈油，装好上活塞运动螺栓和下活塞保险块，然后将桩锤从桩架上放下，盖上保护套，入库保存。

第三节　灌注桩机械安全操作及施工

灌注桩又叫现浇桩，直接在设计桩位的地基上成孔，在孔内放置钢筋笼或不放钢筋，后在孔内灌注混凝土而成桩，与预制桩相比，可节省钢材，在持力层起伏不平时，桩长可根据实际情况设计。根据成孔工艺不同，分为干作业成孔的灌注桩、泥浆护壁成孔的灌注桩、套管成孔的灌注桩等。

一、灌注桩的特点、施工工艺流程、分类

灌注桩能适应各种地层的变化，无须接桩，施工时无振动、无挤土、噪声小，宜在建筑物密集地区使用，但其操作要求严格，施工后需较长的养护期方可承受荷载，成孔时有大量土渣或泥浆排出。钻孔灌注桩施工工艺流程如图 8-7 所示。

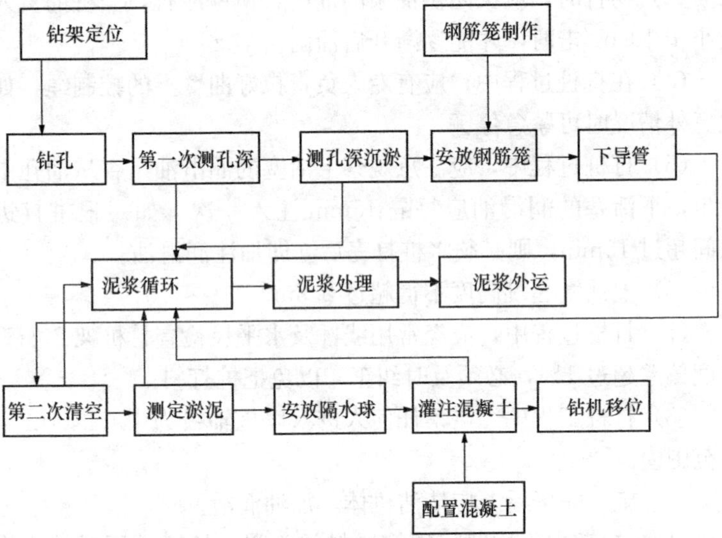

图 8-7　钻孔灌注桩施工工艺流程图

工程施工钻的钻进（成孔）方法多种多样，按成孔（槽）机具及成孔（槽）方式分类可分如下几种：

1. 回转成孔。即利用牙轮或刮刀钻头回转切削岩土、正反循环排渣出孔。

2. 冲击成孔。即利用冲击钻头冲碎岩石，捞渣桶捞渣出孔。

3. 冲击回转成孔。即利用牙轮或刮刀钻头冲击加回转切削岩土，正、反循环排渣出孔。

4. 冲抓成孔。即采用冲抓（锥）切入土中，将土抓出孔外。

5. 旋挖成孔。即利用长短螺旋钻头将土排出孔外。

6. 抓斗成槽。即利用冲抓（抓斗）切入土中，将土抓出槽外。

7. 轮铣成槽。即利用双轮铣切下土壤，反循环将渣吸出。

8. 非开挖成孔。即利用气动矛、夯管等方法挤出成孔。

9. 振动成孔。即采用振动锤或振动器贯入钢管成孔。

按循环方式分为：正循环成孔、反循环成孔、无循环成孔。

按循环介质分为：泥浆循环钻进、压塑空气循环钻进。

二、正、反循环回转钻进

1. 正、反循环回转钻进原理及适用范围

在大口径的桩孔施工中，采用正、反循环回转钻进（成孔）的方法极为普遍。回转钻成孔灌注桩是通过钻机带动钻杆钻头回转切削岩土，并通过护壁泥浆将切削下的土渣排出孔外而成孔的。按排渣方式不同分为正循环回转钻成孔和反循环回转钻成孔两种。

正循环回转钻成孔由钻机回转装置带动钻杆和钻头回转切削破碎岩土，由泥浆泵往钻杆输进泥浆，泥浆沿孔壁上升，从孔口溢浆孔溢出流入泥浆池，经沉淀处理返回循环池（图 8-8）。

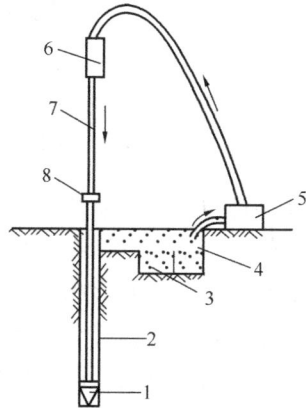

图 8-8　正循环钻进示意图

1—钻头；2—泥浆循环方向；
3—沉淀池；4—泥浆池；
5—泥浆泵；6—水龙头；
7—钻杆；8—回转装置

正循环回转钻进主要适用于钻孔深度小于等于 100m 的第四纪黏土层、砂土层、砾径较小的砂砾石层及基岩层桩孔施工。

反循环回转钻成孔由钻机回转装置带动钻杆和钻头回转切削破碎岩土，利用抽吸原理循环护壁泥浆，并挟带钻渣从钻杆内腔抽吸出孔外的成孔方法（图 8-9）。

反循环有泵吸法、喷射法和气举法三种：

泵吸反循环是直接利用砂石泵的抽吸作用使钻杆的水流上升而形成反循环。喷射反循环是利用射流泵射出的高速水流产生负

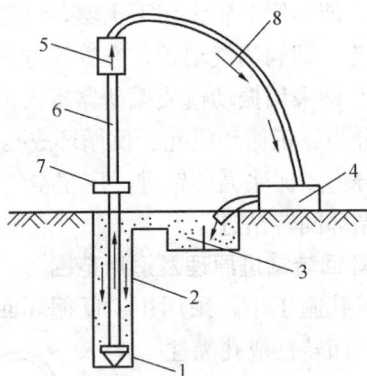

图 8-9　反循环钻进示意图

1—钻头；2—新泥浆流向；3—沉淀池；4—砂石泵；

5—水龙头；6—钻杆；7—回转装置；8—混合液流向

压使钻杆内的水流上升而形成反循环。气举反循环是将压缩空气通过管路（单独风管或双壁钻杆）送至气水混合室，使其与钻杆内的水掺混，从而形成密度小于 1 的掺气水流，在钻杆侧液柱压力作用下，钻杆内掺气水流携带岩屑不断上升，将岩屑排出孔外，钻杆内水流上升速度与钻杆内外液柱重度差有关，随孔深增大效率增加。

当孔深小于 50m 时，宜选用泵吸或喷射反循环；当孔深大于 50m 时，宜采用气举反循环。

在桩基工程施工中，使用气举反循环和泵吸反循环较多。其优点为：

（1）循环液上升速度快，钻进时排出钻屑的能力强，可以减小重复破碎，孔底干净，钻进速度快。

（2）钻进时孔内保持较高的水位，可以稳定孔壁，除用较短的孔口管外，一般可以用泥浆裸孔钻进成孔。

（3）成孔质量好，效率高，成本相对较低。

反循环钻进特别适合于第四纪松散地层钻进大口径钻孔，在各种粉土、黏质粉土、淤泥质土、砂卵砾石层、风化岩石层也适用，地层漏失严重时可用泥浆护壁堵漏。

2. 正、反循环回转钻进的成孔机具

（1）钻机及辅助设备

在基桩孔正、反循环钻进施工中，成孔设备常用 GPS-15、GPS-20、SPJ-300 型转盘式工程钻机等，为了保证孔底清洁，辅助设备通常备配两台 3PN 泥浆泵轮换使用，为了提高排渣能力，还应配备砂泵组。

反循环钻进的主要设备包括转盘式钻机、空压机（气举反循环时）、砂石泵（泵吸反循环时）、射流泵（射流反循环时）、管汇等。

（2）钻头

大口径正、反循环回转钻进主要使用硬质合金全面钻进钻头、硬质合金取心钻头、牙轮钻头和钢粒全面钻进钻头等。

双腰带翼状钻头（图 8-10）：此种结构是一种刮刀式硬质合

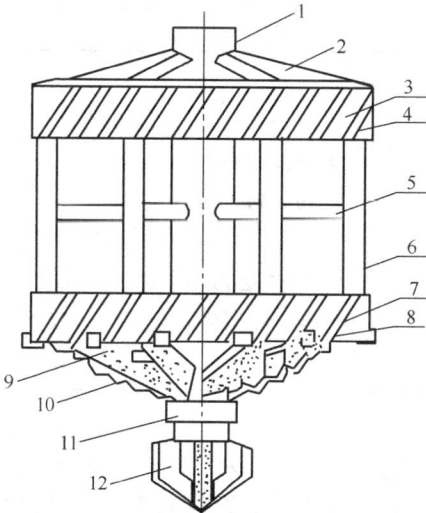

图 8-10 双腰带翼状钻头结构示意图

1—钻头中心管；2—斜杆撑；3—扶正器；4—合金块；5—横撑杆；

6—竖撑杆；7—导正杆；8—肋骨块；9—翼板；10—切削具；

11—接头；12—导向钻头

金全面钻进钻头。双腰带状钻头适用于第四纪黏土层、砂土层、砂砾石砂层、小砾径卵石层及风化基岩等。

钢粒全面钻进钻头：主要用于中硬以上岩层的全面钻进，也可以用于漂石、大砾石层的全面钻进。

筒状肋骨取心钻头：主要用于砂、卵石层和一般岩层的取心钻进。

（3）钻杆

分主动钻杆和孔内钻杆，主动钻杆截面形状为四边形或六方形，长5～6cm，不宜过长；孔内钻杆一般为圆截面，外径为ϕ89、ϕ114、ϕ127等，为防止孔斜，应采用钻铤加压并带扶正器。

3. 正、反循环回转钻进常见事故及处理方法

（1）正循环钻进常见事故及处理方法（表8-4）

正循环钻进常见事故及处理方法　　　　表8-4

序号	事故现象	事故原因	处理方法
1	在黏土层中钻进、进尺很慢憋泵	1. 泥浆黏度过大； 2. 给压过大、孔底钻渣未能及时排出； 3. 糊钻或钻头包泥	1. 调整泥浆性能和钻进参数； 2. 专门清洗孔底和钻头
2	在砂砾层中钻进、进尺缓慢钻头磨损大	冲洗液上返流速小，钻渣不能排除，钻头重复破碎严重	1. 加大泵量增大上返流速； 2. 每钻进4～6m，专门清渣一次
3	钻具跳动大，回转阻力大，切削具崩落	孔内多有大小不等的砾石、卵石或杂填的砖块等	1. 可用冲击钻头破碎或挤压石块通过这类地层； 2. 用抽砂筒等捞除大的石块

（2）反循环钻进常见事故及处理方法（表8-5）

序号	故障现象	故障原因	处理方法
1	真空泵启动时，系统真空度达不到要求	1. 启动时间不够； 2. 气水分离器中未加足清水； 3. 管路系统漏气，密封不好； 4. 真空泵机械故障； 5. 操作方法不当	1. 适当延长，但不宜超过 10min； 2. 加足清水； 3. 检修尤其是泵塞线和水龙头处； 4. 检修或更换； 5. 按正确操作方法操作
2	真空泵启动时，真空度达到要求，但不吸水，或吸水而启动砂石泵时不上水	1. 真空泵管路或循环管路被堵； 2. 钻头水被堵住； 3. 吸程过大	1. 检修管路，注意是否开阀； 2. 将钻头提离孔底，并冲堵； 3. 降低吸程，吸程不宜超过 6.5m
3	灌注启动时，管道阻力大，孔口不返水	1. 管路系统被堵死； 2. 钻头水口被埋住	1. 清理堵塞物； 2. 把钻具提离孔底，正循环冲堵
4	砂石泵启动正常循环后，循环突然或逐渐中断	1. 管路系统漏气； 2. 管路突然被堵； 3. 钻头水口被堵； 4. 吸水胶管内层脱胶	1. 检修，紧固泵塞线或水龙头压盖； 2. 冲堵管路； 3. 清除钻头水口堵塞物； 4. 更换吸水胶管
5	在黏土层中钻进时，进尺缓慢，甚至不进尺	1. 钻头有缺陷； 2. 钻头被包或糊钻； 3. 钻进参数不合理	1. 检修钻头，必要时重新设计钻头； 2. 清除泥包，调节冲洗液适当增大泵量或向孔内投入适量砂石； 3. 调整参数
6	在基岩中钻进时，进尺很慢，甚至不进尺	1. 岩石较硬，钻压不够； 2. 钻头有毛病	1. 加大钻压，调整钻进参数； 2. 修复钻头或更换钻头

序号	故障现象	故障原因	处理方法
7	在砂层、砂砾层或卵石层中钻进时，有时循环突然中断或排量突然减少，钻头跳动厉害	1. 进尺过快，管路被堵； 2. 冲洗液比重过大； 3. 管路被石头堵死； 4. 冲洗液中钻渣含量过大； 5. 孔底有较大的活动卵砾石	1. 控制钻进速度； 2. 立即稍提升钻具，调整冲洗液比重； 3. 启闭砂石泵出水阀，以造成管路内较大的瞬时压力被动或用正循环冲堵，如无效，则起钻予以排除； 4. 降低钻速，加大排量，及时清渣； 5. 提钻用专门工具，清除大块卵砾石
8	塌孔	1. 地层松散，水头压力不够； 2. 孔内漏失，水位下降； 3. 操作不当产生压力激动； 4. 松散地层泵量过大，造成抽吸垮孔	1. 向孔内及时补充足够冲洗液，必要时使用泥浆钻进，或加大泥浆比重或抬高水头高度或下长护筒； 2. 向漏水层投入泥球等； 3. 注意操作，升降钻具应平缓； 4. 调整泵量减少抽吸

三、钻孔冲洗与泥浆

在工程地质、轻型浅孔以及工程施工钻孔中，由于钻头不断破碎孔底岩石（土），孔内必然产生大量岩粉、钻头发生高热，孔壁也会受岩层压力作用和地下水影响逐渐出现失稳，甚至发生掉块、坍塌现象。为了达到工程设计目的，确保施工顺利安全，提高钻进效率，因此钻探施工必须切合实际开展钻孔冲洗与护壁工作。

钻孔冲洗的作用与分类

1. 钻孔冲洗及循环方式

为排除孔底钻渣、降低或消除钻头热量、平衡岩层压力而对钻孔进行冲洗的工作称为钻孔冲洗。

钻孔冲洗按冲洗介质的循环范围和循环路线不同，可分为孔底局部正循环、全孔正循环、孔底局部反循环和全孔反循环等方式。

2. 钻孔冲洗介质的功用

注意归纳为如下几个方面：冲洗孔底，悬浮、携带、排除钻渣。冷却、润滑、钻头钻具平衡地层压力，保护井壁；作为液、气动工具（如冲击器、潜孔锤等）的动力源。

3. 钻孔冲洗介质种类

钻孔冲洗类型很多。按冲洗介质不同，一般可划分为如下种类：

（1）清水：钻进稳定岩层时采用，钻进效率高，冷却效果好，成本低。

（2）泥浆：以黏土为分散相，水或油为分散介质的一种固液（相）分散体系，称为泥浆。泥浆在不稳定地层钻进得到广泛采用，对防止孔壁坍塌、超径、缩径、漏失、井喷等复杂情况具有良好的效果，是工程地质、轻型浅钻、工程施工钻攻克复杂地层钻进的一项重要措施。

（3）乳化液：由两种互不相溶的液体（如水和油）加入乳化剂后经强力搅拌而制成的一种胶体溶液称为乳化液。乳化液具有良好的润滑性能，广泛应用于金刚石钻进。

（4）空气：常以压缩空气吹洗钻孔，有利于提高机械转速；特别是沙漠、干旱缺水、严重漏失、永冻层和危岩滑坡、地质灾害治理钻孔以及潜孔锤钻进钻孔，更为适合。

（5）其他冲洗液：如钻进盐层、冰冻层所采用的饱和盐水冲洗液、钻进漏失层和砂卵石层采用的低密度泡沫冲洗液。

4. 泥浆材料

泥浆材料主要有黏土、水、化学处理剂和惰性物质等。其中水和黏土是配制泥浆的基本原料。

（1）黏土：以黏土矿物为主要成分的物质（土）称为黏土。

最常见的黏土矿物主要有高岭石、蒙脱石、伊利石、海泡石。它们是由钾长石（母岩）风化所得的产物。把含蒙脱石黏土矿物为主要成分的物质（土）称为膨润土，它是目前用于配制泥浆的最好黏土。

（2）水：配置泥浆一般采用淡水，盐水、海水配浆应用较少。

（3）化学处理剂：化学处理剂可分为无机处理剂和有机处理剂两大类。

常用无机处理剂材料：

碳酸钠，又名纯碱，加入泥浆能增加黏土的水化和分散性。常用于改性和硬水软化。配制泥浆时，其加量按土质量的百分比计算。

氢氧化钠，又名烧碱、火碱，易溶于水，常用于调节泥浆pH值和调整控制有机处理剂的特性。

氢氧化钙，又名熟石灰、消石灰，能与水配制成石灰乳，常用于配制钙处理泥浆，可防止泥岩分散和微漏失。

磷酸钠，主要用作泥浆稀释分散剂，也可将其用于除钙或增黏。

常用有机处理剂材料：

钠羧甲基纤维素（Na-CMC），是一种抗盐、抗钙能力强的降失水剂。加入泥浆具有降失水、增黏等主要作用。

聚丙烯酰胺（PAM），是一种高分子聚合物絮凝剂。产品有全絮凝剂（PAM）和部分选择性絮凝剂（HPAM 或 PHP）之分。通过加碱处理方法可以使 PAM 转化为 PHP，加入泥浆对黏土、岩粉等颗粒可分别起到保护和选择性絮凝作用；是配制低固相不分散泥浆和无固相冲洗液的主要原料。

丹宁酸钠（NaT），是一种稀释（降黏剂）。由丹宁粉和氢氧化钠按一定比例加水配制而成。加入泥浆主要起稀释（降低黏度、切力）作用，增加泥浆的流动性；同时有一定的降失水作用。

（4）惰性物质及其他材料

泥浆加重剂，如重晶石粉（又称硫酸钡），其是目前最好的泥浆加重材料，主要用来提高泥浆的密度。

泥浆堵漏材料，分别有纤维状、片状、颗粒状材料。如棉纤维、碎云母片、棉子壳及各种果壳等。加入泥浆循环，可达到堵塞钻孔漏失通道等。

无机惰性增黏剂，如膨润土粉、钙镁石棉（蛇纹石棉）纤维等，可作为增黏剂用于提高淡水或盐水泥浆的黏度，增加携带、悬浮岩粉能力。

无极润滑材料，加入泥浆可降低泥皮摩擦系数，如二硫化钼（MoS_2）、石墨粉等。

5. 泥浆性能

泥浆性能包括以下九项指标：

（1）泥浆相对密度（γ）。单位体积泥浆的质量称为泥浆密度。计算式为：$\gamma =$ 泥浆质量/泥浆体积。泥浆密度 γ 的大小，主要取决于泥浆中固相（黏土、岩粉、加重剂）的含量。工程钻探用泥浆密度一般控制在 $1.03 \sim 1.20 g/cm^3$ 范围内。泥浆密度指标，常用 1002 型泥浆密度秤测定。

（2）泥浆固相含量。泥浆中所含有黏土、岩粉、沉砂，固相（体）颗粒占泥浆总量的百分率（多用体积比，少用质量比），称为泥浆固相含量。泥浆固相含量越低越好，低固相泥浆要求固相含量小于 4%。此项指标通常采用 ZNG 型泥浆固相含量测定仪测定。

（3）泥浆黏度。泥浆黏度是指泥浆流动时，其内部的液体分子间，固相颗粒间和液固相间所具有的内摩擦力表现。它是泥浆流动难易程度的一种表现指标。黏度的大小对钻进、排粉、保持孔底清洁和安全施工影响很大。工程钻探用泥浆黏度一般用漏斗黏度表示，控制在 $18 \sim 30 s$ 范围内。钻探施工现场通常用 1006 型漏斗黏度测定（所测出之值为相对黏度，它反映泥浆的表观黏度）；有条件的施工机台，可采用 ZNN-D2 型或 ZNN-D6 型旋转黏度仪测定泥浆的绝对黏度和视黏度。

(4) 泥浆的触变性与静切力。泥浆搅拌时其内部结构受到破坏，但在静止时，受外力影响而开始流动所需要最小的剪切力，称为静切力。一般采用 1007 型泥浆静切力计或 ZNN-D2 型、ZNN-D6 型旋转黏度仪测定。

(5) 泥浆含砂量。泥浆中不能通过 200 目筛孔（即直径大于 0.074mm）砂粒占泥浆体积的百分数，称为泥浆含砂量。计算式为：泥浆含砂量＝砂粒体积（mL）/取浆体积（mL）× 100%。泥浆含砂量要求一般不能大于 4%。对于金刚石钻进，易控制在小于 1%。现场多用于 1004 型或 ZHN 型含砂量测定仪测定。

(6) 泥浆失水量与造壁性。当泥浆承受压差作用后，一部分自由水渗入孔壁岩层的数量，称为泥浆失水量，一般用 B 表示。泥浆在失去自由水的同时，浆液中的黏土等固相颗粒在孔壁上形成泥皮的能力称为造壁性，泥皮厚度用 mm 表示。泥浆失水量要求：一般控制在 $B<15mL/30min$（在 0.7MPa 压力下）。泥皮厚度要求：小于 2mm。现场多用 1009 型和 ZHS 型泥浆失水仪测定。

(7) 泥浆 pH 值。反映泥浆酸碱性强弱的指标，称为泥浆的 pH 值。pH 值为 7 时，泥浆为中性；pH 值<7 时，泥浆呈酸性；pH 值>7 时，泥浆呈碱性。泥浆 pH 值一般控制在 8～10 之间，呈微碱性。现场多用比色法（即广泛 pH 值试纸）进行测定。

(8) 泥浆的胶体与稳定性。表示泥浆中黏土颗粒分散和水化程度的指标，称为泥浆的稳定性。一般要求：泥浆胶体率应大于 95%；浆液下部分与上部分的相对密度差值小于 0.02。

(9) 泥浆的润滑性与泥皮的黏滞性。此项指标对钻进工艺关系很大，特别是金刚石钻进，可用其改善泥浆润滑性，降磨减阻，提高机械钻速。由于钻探机台测试条件不具备，因此现场不测此项指标。

四、转盘式钻机的操作

本节重点介绍江苏省常用的 GPS-15 型钻机的操作,通过学习,应能做到举一反三。

1. 钻机试验前的准备与检查工作

(1) 进入施工场地应正确佩戴安全帽,系好帽带,登高超过 2m 应系好安全带,禁止低挂高用。

(2) 检查工具是否齐全,包括专用工具大叉、小叉、千斤顶,一般工具扳手、榔头、螺丝刀等一套。

(3) 搅拌泥浆,连接各泥浆管线。

(4) 检查钻机各部件安装是否稳定、可靠,制动装置是否安全,各操纵手把是否灵活,并作必要的紧固和调整。

(5) 检查油路系统是否有渗油、碰坏,各油管接头是否松动及油箱中的油是否适当。

(6) 润滑钻机零件,向变速箱、转盘、减速器、主卷扬机、蜗轮箱内注油。

(7) 盘动三角皮带轮和进给手把,观察变速箱、主副卷扬机、万向轴、减速器、转盘是否有卡死。

2. 各操纵手把的功用

(1) 操纵手把作用 (图 8-11)

一般拨动手把之前,须先检查泥浆泵离合器及变速箱离合器是否处于离开状态。

手把 (9) 为变速箱离合器手把,是整个主机的总开关。此手把向右推时,动力传递到变速箱;手把向左推,变速箱失去动力。当变速箱各手把 (5、6、7) 换挡时,均需将变速箱离合器手把向左推,防止齿轮打坏。

手把 (6) 为变速手把,它使变速箱能有三种输出速度,当它挂空挡时,变速箱不能输出动力。

手把 (5) 主管两个卷扬机工作,当手把向右推时,两个卷扬机就获得动力,当手把向左推时,两个卷扬机失去动力。

手把 (7) 主管转盘工作,当它向左和向右推时,转盘相应

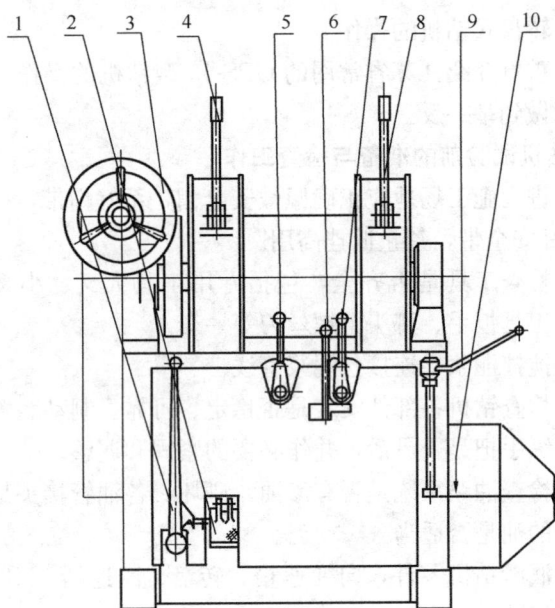

图 8-11 操纵手把图

1—副卷扬离合手把；2—副卷扬刹带脚踏板；3—给进手把；
4—主卷扬离合手把；5—主副卷扬离合手把；6—变速手把；
7—转盘正反转手把；8—主副卷扬制动手把；9—变速箱离合器
手把；10—皮带旋转方向

获得正、反转，当手把停在中间位置时，转盘不转。

　　手把（4）（8）分别为提升手把及制动手把，控制主卷扬机工作。当动力输入主卷扬机，则扳紧离合手把（4），放松制动手把（8），卷筒能缠绕钢绳进行提升，相反，放松离合手把（4），扳紧制动手把（8），能使卷筒制动。两个手把皆放松，卷筒借其钢绳悬挂着重物而退绳，钻具下放。

　　手把（3）为人力控制主卷筒用。应用时，卷扬机须切断机械动力，并将离合手把（5）向右推并扳紧制动手把（4），放松制动手把（8），逆时针盘动手轮会使卷筒提升钻具，并有辅助挂挡的作用（变速箱挂不上挡时可以盘动它）。

　　离合手把（1）和脚踏板（2）控制副卷扬机工作。当动力已传到副卷扬机，则放松脚踏板（2），扳紧离合手把（1），可使副卷筒缠绳提升，相反则使副卷筒制动。当离合手把（1）和脚踏板（2）皆放松，则副卷筒在钻具重量下反转，离合手把（1）上的挂钩可长期制动锁紧脚踏板。

（2）液压操纵箱（图8-12）。

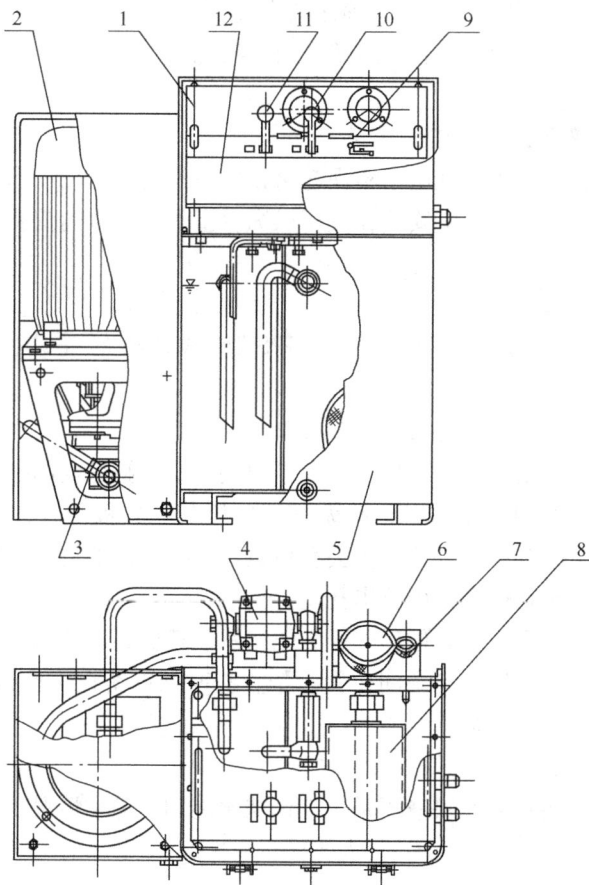

图8-12　液压操纵箱

1—操纵台；2—电动机；3—齿轮泵；4—回游管路滤油器；5—油箱；
6—滤网、7—游标尺；8—吸油滤网；9—定位手把；10—起落塔操纵
手把；11—滑台移位操纵手把；12—溢流阀操纵手把

1）溢流阀操纵手把（12）用于调节溢流阀压力。

2）滑台移位操纵手把（11）用于控制滑台移位让出孔口和孔口板开合。

3）起落塔操纵手把（10）用于控制钻塔的起落。

4）定位手把（9）的作用是在起塔后，使起落塔操纵手把（10）定位，避免误操作。确保钻塔安全。

电动机、油泵、回游管路滤油器、油箱等均装于液压操纵箱内。

3. 液压系统操作

本钻机液压系统用于实现起落钻塔，滑台让出孔口和孔口板开合等辅助作业。由安装在液压操纵台上的两个万向控制阀分别控制。

（1）起塔

见本书第三章第三节中 GPS-15 型钻机的安装、检查、调试。

（2）滑台让出孔口和孔口板开合

滑台让出孔口和孔口板开合是由同一个油缸完成的。先用销轴将孔口板和底座固定，操纵滑台移位和孔口板开合控制阀手把，完成滑台移位。然后拨去孔口板与底座固定的销轴，再操纵控制阀手把，使孔口板让出孔口。

（3）操纵对象到位后（或高压指示表读数为 9.5MPa 时）应使操纵阀尽快恢复到中间位置，禁止长时间停留在工作位置上，以免引起严重发热。

（4）高压指示表

高压指示表反映液压系统工作状况之用。通常情况下，应符合下表规定读数（MPa）（表 8-6）。

高压指示表　　　　　　　　　　　　　　　　　表 8-6

目标	停止	起塔	放塔	整机后退	整机复位	孔口板开	孔口板合	操纵到位后
读数（MPa）	0	<8.0	<1.5	<3.0	<3.0	<1.5	<1.5	<9.5

若发现数值大于表 8-6 数值很多，应停机进行检查（包括液压系统和机械部分的滑道）。

4. 钢丝绳安装

（1）钢丝绳安装要求。

1）卷扬机钢丝绳的缠绕

钢丝绳在卷筒上应整齐排列，端部应与卷筒压紧装置连接牢固。当吊物处于最低位置时，卷筒上的钢丝绳不应少于 3 圈。

2）更换卷扬机钢丝绳

在更换一根新钢丝绳时，应核实滑轮和卷扬机的绳槽未被旧钢丝绳磨损或致其变形。如果绳槽磨损或变形，那么这些绳槽则必须经过研磨并恢复到其初始状态。如果钢丝绳缠绕在卷扬机的四周并且钢丝绳必须非常紧密地排列缠绕在一起，在缠绕作业中保持钢丝绳处于最低张紧状态以避免重叠和机器出现异常的清空。

（2）钢丝绳绳卡应符合以下要求。

1）绳卡数目一般不少于 3～5 个，绳卡的间距应为钢丝绳径的 6～7 倍，卡子的数量根据钢丝绳直径而定，不大于 19mm 最少设 3 个，19～32mm 最少设 4 个，38～38mm 最少设 5 个，38～44mm 最少设 6 个，44～60mm 最少设 7 个。

2）绳卡的大小要适合钢丝绳的粗细，U 形环的内侧净距，要比钢丝绳直径大 1～3mm，净距太大不易卡紧绳子，容易发生事故。

3）上绳卡时一定要将螺栓拧紧，直到绳被压扁 1/3～1/4 直径时为止，并在绳受力后，再将绳卡螺栓拧紧一次，以保证接头牢固可靠。

4）绳卡要一顺排列，U 形部分与绳头接触，不能与主绳接触，如图 8-13（a）所示。如果 U 形部分与主绳接触，则主绳被压扁后，受力时容易断丝。

5）为了便于检查接头是否可靠和发现钢丝绳是否滑动，可在最后一个绳卡后面大约 500mm 处再安一个绳卡，并将绳头放出一个"安全弯"，如图 8-13（b）所示。这样，当接头的钢丝绳发生滑动时，"安全弯"首先被拉直，这时就应该立即采取措施处理。

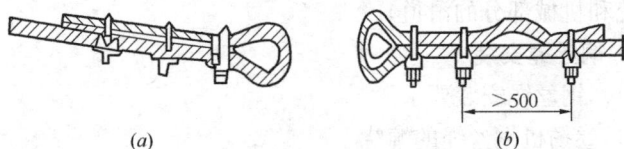

图 8-13　钢丝绳绳卡安装图（1）

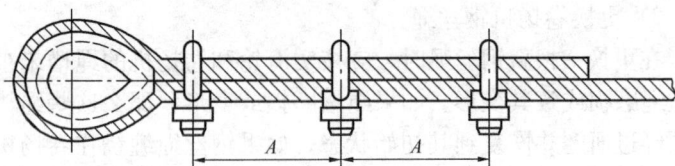

绳卡的间距 A 应为钢丝绳径的 $6\sim7$ 倍

图 8-14　钢丝绳绳卡安装图（2）

5. 钻机的试车运转

待起塔工作完成后，进行试车运转。

主机各手把挂空挡。主、副卷扬机处于控制状态。启动电机运转正常后，结合变速箱离合器，然后再使转盘，卷扬机以不同转速空运转。

6. 钻机的钻进和起下钻具操作

在正常钻井时钻具放入孔内后可开动泥浆泵，待孔内泥浆返上，再使主、副卷扬机得到动力，但卷筒处于制动，给转盘以合适的速度，由转盘大小方补心，带动主动钻杆钻进，并适当地提动钻具。一般情况下，覆盖层中应用减压钻进，即用主卷扬机吊住钻具，缓缓下放，不宜将钻具重量全部压在孔底，以便既进尺又不蹩钻。

实现减压钻进一般有两种方法：

（1）利用主卷扬机两手把，使主卷扬机卷筒先处于制动状态，然后随进尺情况，缓缓放松制动手把（8），达到钻具有控制地下放，但此办法不易微调。

（2）利用给进手把（3），使手把处于工作状态，然后顺时针方向转动，使钻具有控制地下放，达到微调控制给进。

升降钻具：使转盘停转，操纵提升和制动手把（4、8），利用游动滑车、水龙头和提引器，即可升降钻具。如要控制升降速度，只需两手把适当配合。但两手把不能同时扳紧。

7. 钻进操作

（1）开孔

启动油缸，将滑台和孔口板让出孔口。操纵主卷扬机，用提引器将钻头放入孔内。把孔口板移到孔口中心，用垫叉将钻头法兰搁在孔口板上。使滑台复位，转盘对准孔口。去掉大小补心。用提引器将钻头法兰提离转台平面，放入大补心，换垫叉，钻头法兰垫叉搁在大补心上。上二层台，将游动滑车与水龙头连接。开动卷扬机，将主钻杆法兰对准钻头法兰，用 M22×6 螺栓将主动钻杆与钻头连接。拿去垫叉，将小补心放入转台内。启动转盘，开始钻进。

（2）加导正器

主动钻杆钻完，转盘停止。用主卷扬机把主动钻杆提起。拿去小补心后，将主动钻杆提离转台平面。用垫叉将钻头搁于大补心上。卸去 M22×6 螺栓。将主动钻杆提起并后退挂于钻塔上。上二层台，脱开游动滑车与水龙头连接的销轴。在游动滑车的 U 形钩中挂上提引器，拿去大补心。用提引器将钻头提起，换垫叉，将钻头搁于孔口板上。使滑台后移让出孔口。用提引器将导正器提起并对准钻头法兰。与钻头连接后使孔口板平移让出孔口，下导正器入孔。将孔口板复位。用垫叉将导正器搁在孔口板上。转盘复位对准孔口。再用提引器将导正器法兰提离转台平面。放入大补心，换垫叉，把导正器上法兰搁在大补心上。连接导正器和主动钻杆，摘去提引器。上二层台将主动钻杆和游动滑车挂钩，并提引至井口，去垫叉，下主动钻杆。把小补心放到转盘中。

（3）加钻杆

停住转盘。将主动钻杆提出，用垫叉将孔内钻具搁在大补心上。卸去法兰连接螺栓，提起主动钻杆，挂于钻塔上。上二层台，脱开游动滑车与水龙头联接销轴。用提引器加圆钻杆后，再接上主动钻杆（其过程与前法雷同）即可钻井。

8. 回转钻机安全操作规程

（1）安装钻孔机前，应掌握勘探资料，并确认地质条件符合该钻机的要求，地下无埋设物，作业范围内无障碍物，施工现场与架空输电线路的安全距离符合规定。

（2）安装钻孔机时，钻机钻架基础应夯实、整平。轮胎式钻机的钻架下应铺设枕木，垫起轮胎，钻机垫起后应保持整机处于水平位置。

（3）钻机的安装和钻头的组装应按照说明书规定进行，树立或放到钻架时，应有熟练的专业人员进行。

（4）钻架的吊重中心、钻机的卡孔和护进管中心应在同一垂直线上，钻杆中心允许偏差为 20mm。

（5）使用钻机前应先熟悉钻机构造及操作要求。随时检查钻机和钻塔支承情况，防止因地沉引起的机器和钻塔的倾斜。随时检查钻机各部件固定情况，特别是主、副卷扬机死绳端固定情况，发现异常，应立即采取措施。钻进中，应随时观察钻机的运转情况，当发生异响、吊索具破损、漏气、漏渣，以及其他不正常情况时，应立即停机检查，排除故障后，方可继续开钻。各手把、螺钉、螺母等禁止用锤击，垫叉、提引器、大小补心，使用时要轻放，以免损坏。

（6）钻头和钻杆各法兰连接必须牢固，密封必须可靠。滑扣时不得使用。钻头焊接应牢固，不得有裂纹。钻杆连接处应加便于拆卸的厚垫圈。

（7）作业前重点检查项目应符合下列要求：

1）转动部位和传动带有防护罩，各防护罩都应固定在正确位置，并时常检查牢固程度。钢丝绳完好，离合器、制动带功能良好。

2）润滑油符合规定，各管路接头密封良好，无漏油、漏气、漏水现象。

3）电气设备齐全、电路配置完好。

4）钻机作业范围内无障碍物。

（8）作业前，应将各部操纵手柄先置于空挡位置，用人力盘动无卡阻，再启动电动机空载运转，确认一切正常后，方可作业。

（9）开机时，应先送浆后开钻；停机时，应先停钻后停浆。泥浆泵应有专人看管，对泥浆质量和浆面高度应随时测量和调整，保证浓度合适。停钻时，出现漏浆应及时补充。并应随时清除沉淀池中杂物，保持泥浆纯净和循环不中断，防止塌孔和埋钻。

（10）开钻时，钻压应轻，转速应慢。在钻进过程中，应根据地质情况和钻进深度，选择合适的钻压和钻速，均匀给进。

（11）操作手把时，经常检查各手把定位和换挡位置是否正确，不得违反以下原则操纵手把（图 8-11）：

1）主、副卷扬机不同时工作、手把（1）（4）不同时扳紧。

2）主卷扬机卷筒和转盘不同时工作、手把（4）（7）不同时扳紧。

3）严禁手把（4）（8）同时扳紧。

4）严禁手把（1）脚踏板（2）同时扳死。

换挡时必须先脱开离合器，使齿轮降速至将停时进行换挡。如换挡困难，可以盘动手把（3）让离合器稍结合，严禁高速运转时挂挡或强力换挡。

（12）变速箱换挡时，应先脱开离合器，挂上挡后再合上离合器。

（13）钻进时如遇蹩钻情况，可停止给进或以逆时针方向盘动手把，情况严重时，须停钻提升钻具。

（14）加接钻杆时，应使用特制的连接螺栓均匀紧固，保证连接处的密封性，并做好连接处的清洁工作。

（15）提钻、下钻时，应轻提轻放。钻机下和井孔周围 2m 以内及高压胶管下，不得站人。严禁钻杆在旋转时提升。

（16）发生提钻受阻时，应先设法使钻具活动后再慢慢提升，不得强行提升。如钻进受阻时，应采用缓冲击法解除，并查明原因，采取措施后，方可钻进。

（17）钻架、钻台平车、封口平车等的承载部位不得超载。钻塔不允许作超负荷工作，如遇孔内事故等需要作超负荷提升，必须另行采取措施。

（18）游动滑车的 U 形环上挡板轴挡销，拉出时必须旋转 90°，使销子对准销槽，插入后旋转 90°，使定位可靠，防止脱落。

（19）使用空气反循环时，应根据钻杆长度换算孔底标高，确认无误后，再把钻头略为提起，降低转速，空转 5～20min 后再停钻。停钻时，应先停钻后停风。

（20）钻机的移位和拆卸，应按照说明书规定进行，在转移和拆运过程中，应防止碰撞机架。作业后，应对钻机进行清洗和润滑，并应将主要部位遮挡妥当。

（21）遇有雷雨、大雾和六级及以上大风等恶劣气候时，应停止一切作业。冬季停工时，应将砂石泵、3PN 泥浆泵、离心水泵、泥浆管线中的存水放掉，以免冻裂机件。

9. 孔内事故预防与处理

（1）孔内事故概念

在工程钻进施工中，在孔内由于各种原因造成钻进不能正常进行或中断的故障，称为孔内事故。如钻杆折断、钻具卡钻、钻头脱落以及钻孔涌砂、掉块、坍塌等。

（2）孔内事故分类

孔内事故按其性质与特点分类见表8-7所列。

（3）孔内事故的危害

处理事故耗用人力、财力、物力大，钻探成本升高。降低纯钻时间和台月效率，影响施工进度。影响钻孔质量。损耗设备，并易引发人身伤害事故。

（4）孔内事故发生的原因

在工程钻进施工过程中，可能发生的孔内事故尽管是多种多样，但都可归纳为两大类：一类是人为事故；另一类是客观条件造成的自然事故。导致孔内事故发生的原因，主要包括以下两个方面：

主观方面原因：由于操作人员责任心不强，技术不熟练，违章作业，预防事故的技术措施与实际情况不相适等。如复杂地层钻进未采用优质泥浆或与之相适应的冲洗液，加剧了孔壁坍塌或掉块；钻孔换径时未使用导正钻具，造成孔斜，岩芯堵塞，不及时提钻，造成岩芯采取率偏低、甚至烧钻等。

客观原因：由于客观地质条件比较复杂，机械设备、工具和管材质量不好，而施工中无法掌握或预想不到所造成的事故。如客观地质条件的多变，新期初始施工地质情况不了解，钻孔严重涌水、漏水、涌砂、缩径、坍塌掉块；机械设备、工具、管材因其内部存在质量缺陷而又无法检验，钻进中突然发生故障造成孔内事故。

孔内事故的分类表　　　　表 8-7

孔内事故	钻具故障	钻具断脱	
		卡钻（夹钻）	
		埋钻	
		糊钻（或烧钻）	
		钻头非正常损耗	
	孔壁故障	岩体压力不平衡	孔壁坍塌
			孔壁崩落
		液柱压力不平衡	冲洗液漏失
			涌水或井喷
		孔径异常	钻孔超径
			钻孔缩径
	质量事故	孔斜	
	其他故障	套管故障	
		工具物件落入孔内等	

（5）孔内事故的预防

预防孔内事故的主要措施，大致可归纳为以下几个方面：

1）加强思想教育，增强各级人员的责任心，精心操作，精心管理。

2）加强技术学习和技术培训，提高操作技能。

3）认真做好施工前的准备工作（包括思想、技术、设备物质准备）。

4）根据地质条件，合理选择钻进、护壁堵漏方法，制定相应的技术防范措施。

5）严格执行钻探操作规程，按施工设计组织施工。

6）建立健全岗位经济责任制。

（6）处理孔内事故的原则和方法。

1）了解、弄清事故经过、事故部位及全孔情况。

2）分析、明确事故性质（判定事故的可能性、复杂性）。

3）制定正确的对策、方案及措施。

4）及时、稳妥、快速处理。

（7）处理孔内事故的常用方法。孔内事故的处理方法很多，主要根据事故的性质、类型和状况来确定，常见孔内事故的处理方法有提、扫、捞、冲、打、反、扩、剥、磨等。

（8）处理孔内事故的常用工具。主要有丝锥、板牙、油压千斤顶、冲击把手、吊锤、套管割刀、铣刀、S型打捞钩、磁钢打捞器等。

五、成孔钻进参数的选择

1. 正循环钻进参数选择应遵守下列规定：

（1）冲洗液量（泵量）

$$Q = 4.71 \times 10^4 (D^2 - d^2)\sigma$$

式中　D——钻孔直径（m）；

d——粗径钻具外径（m）；

σ——冲洗液上返流速（m/s），其最低值为 0.25~0.3m/s。

（2）转速

一般均质地层，转速范围 40～80r/min，钻孔直径小、黏性土层取高值，钻孔直径大、砂层时取低值；较硬或非均质地层钻头转速可相应减少到 20～40r/min。

（3）钻压

在土层中钻进时，钻进压力应保证冲洗液畅通、钻渣清除及时为前提，灵活加以掌握。在基岩中钻进可通过配置重块提高钻压。

2. 泵吸反循环钻进推荐参数：

钻进参数应根据不同的地层情况及桩孔直径，并获得砂石泵的合理排量和经济钻速来加以选择和调整；钻进参数和钻速的选择见表8-8所列。

在砂砾、砂卵、卵砾石地层中钻进时，为防止钻渣过多，卵砾石堵塞管路，可采用间断给进，间断回转的方法来控制钻速。

六、冲击类钻机安全操作

1. 施工准备

（1）陆地上钻孔，要把场地平整好，以便钻机安装和移位。水上钻孔，要搭设工作平台。场地布置应根据施工组织设计，合理安排泥浆池、沉淀池的位置，沉淀池的容积应满足 2 个孔以上排渣量的需要。

（2）根据地质情况准备一定数量的造浆黏土。

（3）桩位测量放线。准确测量桩位并做好标记。测好的桩位必须复测，误差控制在 5mm 以内。

泵吸反循环钻进推荐参数和钻速　　　　　表 8-8

钻进参数和钻速 地层	钻压 （kPa）	转速 （r/min）	砂石泵排量 （m³/h）	钻速 （m/h）
黏土层、硬土层	10～25	30～50	180	4～6
砂土层	5～15	20～40	160～180	6～10
砂层、砂砾层 砂卵石层	3～10	20～40	160～180	8～12

233

钻进参数和钻速 地层	钻压 (kPa)	转速 (r/min)	砂石泵排量 (m³/h)	钻速 (m/h)
中硬以下基岩 风化基岩	20～40	10～30	140～160	0.5～1

注：本表钻进参数以 GPS-15 型钻机为例。

（4）埋设护筒。护筒的作用主要是保持孔口稳定和定位，如在陆地上钻孔，护筒周围一定要夯实，如在水上钻孔，护筒下沉应有导向装置，严防护筒倾斜、漏水、变形。施工中一般采用挖坑法埋设。开挖前用十字交叉法将桩中心引至开挖区外，作 4 个标记点，保持到成孔后，埋设护筒时再将中心引回，使护筒中心与桩中心重合。

护筒周围土回填的好坏，对冲击钻孔非常重要，对于土质较差的孔口，可以在护筒下部灌注 30cm 的 C20 混凝土，上部用红黏土夯填密实，以防冲击成孔时护筒底部塌孔。钻机安装处事先整平夯实，以免在钻孔过程中钻机发生倾斜和下陷而影响成孔的质量。钻机必须固定牢固，严禁在钻孔过程中钻机移位。

2. 钻机安装

（1）安装钻机的场地应平整、坚实。若在松软地层处安装钻机，应对地基进行处理，然后铺设垫木，保证钻机在工作时的稳固性，以免在钻进工作中发生局部下沉，影响钻孔精度。

（2）钻机安装时，必须保持机架水平。

（3）钻机就位确认安置正确后，在桅杆顶上先系上四根缆风绳，然后将桅杆竖起。

（4）卸掉桅杆上下节连接螺栓，开动主桅杆专用卷筒，将桅杆缓缓竖起，桅杆竖起后，将下节桅杆固定好，再将上节桅杆拉出，并将上下节桅杆固定，安装好拉杆后，再将缆风绳系好。可用法兰螺栓调整缆风绳拉力，使桅杆立正以免倾斜。

（5）桅杆竖立起后，将桅杆底部的千斤顶旋出，以便载荷通过千斤顶传递到支座上。

3. 开动前检查

（1）检查钻机所有机构的正确性，并向全部润滑点和油嘴加注润滑油。

（2）松开所有摩擦离合器，并清除钻机上的无关杂物。

（3）检查电动机旋向，从皮带轮方向观察电机时，电动机的旋向应按顺时针方向旋转。

（4）空运转 3～5min，待一切正常后方可开始钻进。

4. 钻机就位和试机

（1）延长桩位前后中心线，用 100kN 吊车将主机放在孔口边预定位置上，使钻机底盘前后中心线与桩位中心线重合，主机就位时，需在底盘下部垫 8～9 根枕木，并用水平仪将底盘调平。

（2）安装井口装置、桅杆和前支撑。

（3）用吊车将冲击钻头放在孔口附近。将同步卷筒上引出的 2 根钢丝绳，通过各导向滑轮与冲击钻头连接。

（4）检查主机上各传动齿轮副啮合间隙，调试主轴上冲击离合器和卷筒离合器间隙，使之能正常工作。

（5）用吊车将配电柜、电缆卷筒放在底盘一侧，操纵机构附近，接通配电柜电源，接通配电柜与主机、电缆卷筒、潜水砂石泵三者之间的联线。

（6）打开主机电源，操纵钻机卷筒离合器，提引冲击钻头放入孔内。调节前支撑长度，使钻头中心与护筒中心重合，误差控制在 2mm 以内，支撑角度符合支撑要求。之后，锁定支撑丝杆位置，用道钉固定在枕木上固定底盘，防止冲击钻进时，支撑丝杆松动，底盘移位。

（7）在泥浆池上架设泥浆泵。连接排渣系统，用副卷扬机将其提引至孔口，将排渣管下端放入冲击钻头中心管内，待钻至一定深度后，再在排渣管之间安装潜水砂石泵。

（8）开动钻机进行试冲击，检查各部位运转是否正常，电流是否正常，接通潜水砂石泵电源，检查其接线方式是否正确，发现问题及时处理。

5. 操作注意事项

（1）不要在不良好的机况下进行工作。

（2）不使用打滑的摩擦离合器，防止摩擦片的磨损。

（3）将卷筒刹住后再间断地松开，将钻头降落到井孔内，不要使其自由降落。

（4）在下降工作中，若钻具停住，不应悬在空中，而应将钻具提上以后，再重新下降。

（5）拧上钻具后，为检查接合处的螺纹连接情况，必须用凿子作检查标记线。

（6）在钻具下降到井底以前，应检查钻头安装正确，钻具上应无裂纹等。

（7）为了避免机器过早磨损与损坏，在工作时不要采用重量比说明书内规定的还要大的钻具。

（8）为避免钻具被夹住，不工作时，不得将其停留在井底。

（9）工作时要注意拉杆的拉力是否正常，不要在拉杆松弛时进行工作，以防桅杆损坏。

（10）在用钢丝绳滑轮中的两个滑轮进行工作时，为使桅杆负荷均匀，应使两边的滑轮受负荷，而中间的滑轮能自由活动。

6. 钻机操作时的安全技术

（1）钻孔工作地点应保持清洁。

（2）钻机的安装及拆卸时，要保证正确和完整无缺。

（3）钻机的桅杆升降时，操作人员应站在安全的位置上进行。

（4）启动电动机时，应打开钻机所有的摩擦离合器。

（5）当钻机工作时，严禁去掉防护罩。

（6）工作开始前，应该检查制动装置的可靠性，以及摩擦离合器和启动装置的工作性能。

（7）电动机未停止前，禁止检查钻机。

（8）钻机工作时，严禁紧固钻机任何零件。

（9）当钻机运转时，严禁加油。桅杆上部滑轮加油应在钻机停止时进行。

（10）电动机未停止前，不允许在桅杆上工作。

（11）无论什么情况下，当桅杆上段有人工作时，桅杆下不许停留其他人员。

（12）遇有恶劣气候时（暴雨、大雪、结冰或五级以上大风），不许在桅杆上工作。同时，也不允许利用人工照明在桅杆上工作。

（13）严禁使用裂股的钢丝绳。

（14）钻具升降时，严格禁止用手摸钢丝绳。

（15）除钻机升降，下钻管等，井口严禁敞开。

（16）为了防止钻具或抽筒从井内取出井外时的甩动，必须使用由直径 15～20mm 钢棒制成的钩子钩住。

（17）在清洗抽筒时，应利用坚固可靠的钢丝绳结成环，套在抽筒下端，将其倒翻。

（18）用滑车提升或下降套管时，以及机器在打捞工作时，所有工人应离开钻井。

（19）在用起重器拔出套管时，为避免套管脱落，必须彼此固定在一起。

（20）在照明停止的情况下（夜间时），钻孔工作应该停止。这时钻具仍在井内时，就应该小心地把钻具从井内取出来。

7. 开钻前应注意的事项

开钻前，在护筒内多加一些黏土。地表土层疏松时，还要混合加入一定数量的小片石，然后注入泥浆和清水，借助钻头的冲击把泥膏、石块挤向孔壁，以加固护筒角。为防止冲击振动使邻孔坍塌或影响邻孔已灌注混凝土的凝固，必须等邻孔混凝土灌注完毕并达到一定的强度后方可开始钻孔。

冲击钻孔时宜用小冲程，当孔底在护筒脚下 3～4m 后，可根据实际情况适当加大冲程。

在钻孔桩上部淤泥段，考虑采用冲抓钻，一方面可防止坍孔，另一方面可以适当加快施工进度。

钻孔时，随时察看钢丝绳的回弹情况，耳听钻锥的冲击声，以判别孔底情况，掌握勤松动，少量松绳的原则；孔内水泥浆水平面须高出护筒脚至少 0.5m 以上，以免泥浆面荡漾损坏护筒脚孔壁，但比护筒顶面低 0.3m，防止泥浆溢出；冲击过程中勤抽渣，勤检查钢丝绳和钻头的磨损情况，预防安全质量事故的发生。

8. 冲孔作业

（1）造浆、开孔

往护筒内填制浆黏土约 0.5m，分别往护筒和泥浆池内注足水。开动钻机，使冲击钻头上下运动，将护筒黏土冲成泥浆，启动泥浆泵，循环泥浆，直至护筒内与泥浆池内泥浆浓度一致。开始正循环钻进，钻进时勤观察孔内浮出的钻渣，在石质地层中，如果从孔口浮出的钻渣粒径在 5~8mm 之间，表明泥浆浓度合适，如果浮出的钻渣粒径小又少，表明泥浆浓度不够，需往孔内添加黏土。加黏土时要停开泥浆泵，形成泥浆后再开泥浆泵。正循环钻进至泵吸反循环系统可以正常工作的时候开始反循环钻进。

（2）冲击反循环钻进

用 3PN 泥浆泵往孔内注满泥浆后，若孔壁比较稳定，停止正循环钻进，泥浆循环约 2min 后停泵，解除排渣胶管与泥浆泵的连接，启动泵吸反循环系统，开动钻机，进行反循环钻进。钻进过程中，操作者要随着进尺快慢及时放主钢丝绳，放绳时应使钢丝绳在每次冲击过程中始终处于拉紧状态，既不能少放，也不能多放。放少了，钻头落不到孔底，打空锤，此时冲击梁上的缓冲弹簧在一次冲击中响两声，不仅不能获得进尺，反而会对钻机和钢丝绳造成极大的损害；放多了，钻头落到孔底后处于自由状态，可能向孔壁倾斜撞击孔壁，造成扩孔，再提升时，钻头突然受力，在这种突然的冲击作用下提升装置会降低其寿命甚至损坏。

当排渣弯头下降到离孔口 1m 时，需要接换排渣管。此时，钻机停止冲击，泥浆继续循环约 1～3min，待排渣管内钻渣排完后，停泵，拆除弯头与排渣管的连接螺栓，提升弯头至一定高度，将要接换的排渣管下端与原排渣管联接，上端与弯头联接。

反循环钻进时应及时补水，始终保持孔内水位高于地下水位或河水位 2m 左右。

冲击反循环钻进应针对不同的地层采用不同的泥浆比重，以保持孔壁的稳定。砂卵石地层泥浆比重为 1.2 左右，岩石层泥浆比重为 1.05～1.15。

（3）砂样的提取

提取砂样的目的是随时掌握地质的变化情况。一般每钻进 0.5m 提取砂样一次，从出渣口捞取砂样用清水冲洗干净，每次提取量为 100g，编号保存，以便成孔时交接。

（4）勤检查钻机、钻头是否偏移，防止出现斜孔。

9. 抽渣清孔时应注意的几个问题

桩深达到设计深度后，停止钻进，进行清孔，用较好的泥浆将孔内含有钻渣的泥浆置换出来，具体操作方法是：将钻头提离孔底 0.5m，开启砂石泵，反循环清孔，清孔时间视孔径、孔深和钻渣含量而定，一般 30m 深、直径 1.5m 含砂卵石较多的孔，约需 15min。孔内泥浆比重达到要求后，清孔结束。

抽渣时应注意的几个问题：

（1）及时向孔内补浆或补水，如向孔内投放黏土自行造浆，在抽渣后随着冲击投放黏土，不宜一次倒进很多，防止粘结。

（2）抽渣筒放到孔底后，要在孔底上、下提放几次，使其多进些钻渣，然后提出。

（3）钻头刃口在钻井中不断磨损，直径磨耗不得超过 1.5cm，每班开钻前检查钻头直径，及时补焊，不宜中途修补，以免卡钻。准备备用钻头，轮换使用和修补。

（4）清孔后准确测量孔深和孔底沉渣厚度，使之达到设计要求和规范规定标准。

（5）清孔之后的后续工序的施工程序及操作要点同一般钻孔桩施工方法，这里不赘述。在吊放钢筋笼、导管和灌注混凝土作业时可利用本机作为起吊设备。

对钻孔、清孔、灌注混凝土过程中排出的泥浆，根据现场情况引入到适当地点进行处理，以防止对河流及周围环境的污染。

10. 安全注意事项

（1）严格按操作规程施工，交接班必须有交接记录。定期检查各部件运转情况，定期向各润滑部位加注润滑油，检查主电机是否过热，冲击时最大电流不超过150A。

（2）因故停钻时，应将钻具提离孔底1～2m，以防埋钻，如长时间停钻，须将钻具提出孔外。突然停电时，可用人工操作提升卷筒，将钻头提离孔底。

（3）冲孔过程中，如发现离合器运转有间歇或过热现象，说明离合器打滑，应停机调整。

（4）经常检查钢丝绳磨损情况，如超过有关规定，及时更换。

（5）在软弱土层钻孔时，注意孔口状况，出现塌方时，将钻机及时撤出，以免坠入孔中。

（6）随时注意孔内有无异常情况，桅杆是否倾斜，各连接部位螺栓是否松动。

（7）吊放钢筋笼时，应防止碰撞孔壁。接长钢筋笼时，相接两节须保持顺直，搭接长度应符合设计要求。

（8）灌注水下混凝土时提升导管用力不能过猛，防止拉断导管或将导管提离混凝土面，造成断桩。

（9）灌注过程中应保持泥浆沟畅通，防止泥浆乱流。

七、振动沉管类钻机操作

1. 安装竖架

（1）工地要求

桩架未进打桩场地之前，应对施工场地进行处理，使场地基本上水平后方可进入桩机。

（2）桩架安装

1）铺枕木，建议间距为 1m，安置地轮。

2）安放前后底盘于地轮上，再固定地轮卡板，使前后底盘分别与前后地轮连为一体。

3）安置底盘左右纵梁于前后底盘上，使整个底盘安装完毕后，再安装主卷扬机、移位卷扬机、加压滑轮组、减速箱、配电箱等所有固定在底盘上的零部件。

4）连接立柱与顶部滑轮组。立柱与底盘及固定其上的部件均安装完毕后，通过立柱轴与底盘的支承连接，立柱须与水平成 2°左右倾角。

5）安装拔杆于立柱之上，然后安装抬梁于拔杆之下。

6）连接好斜撑后，通过撑杆铰链，使斜撑与立柱连接，再使抬梁导轨就位。

7）将动滑轮组固定在后导轨上，穿好其与顶部滑轮组、振动锤的定长钢丝绳。

8）竖架前要检查各组成部件是否绝对正确，桩架各连接固定处，特别是紧固件是否固紧。各滑轮、转动部件安装是否符合要求，其周围是否有砂石，泥土等阻碍物质，清除后加润滑油。接通电源进行空载试验。

9）穿好竖架、拔桩用的钢丝绳，拔杆与立柱连接的定长钢丝绳。

10）在底盘操作台上，加 6t 左右的配重，而后地轮与枕木接触并塞好木楔。

11）在立柱顶部固定一条安全保险用飞线，防止立柱后倾发生事故。

（3）竖架

1）一切工作准备好后，指挥与操作人员各就各位，工作人员要绝对听从指挥人员命令，立柱前不准站人，不准停放其他设备，非工作人员一律退出 30m 以外。

2）竖架前应先试两三次，即把立柱拉起，使立柱离开支承架半米左右，再放回原处，并检查主卷扬机各部正常与否，离合制动器灵活与否，重复两三次，确保可靠后，开始正式竖架。

3）竖架时立柱要徐徐升起，并注意机架的平稳状态，斜撑上导轨与抬梁导轮之间的运动情况。当立柱与水平成 70°左右时，工作人员需拉紧飞线，当立柱升至与水平成 80°时，需停车刹住卷扬机（一定要刹死），固定飞线，然后把斜撑的螺杆球头放入涡轮箱的球头座内，装好球头盖，这时可松开飞线，启动涡轮箱，使立柱与地面垂直，解去飞线和竖架钢丝绳的锁头，把钢丝绳收回卷筒上。

4）开动卷扬机，收拢拔桩钢丝绳，使锤徐徐升起，（要用绳把锤从水平方向拉住，防止锤离地后摆动，与桩架碰撞），升至立柱顶部后，再下到最低位置，观察运行情况，运行正常后，将沉桩管与锤头连接。

5）穿好加压钢丝绳。

2. 移位

对于滚管式打桩机而言：

（1）前后移架是利用主卷扬机的小卷筒及底盘在地轮上的滑轮组来完成作业的。

（2）左右移架是利用 15～20kN 卷扬机及底盘下方滑轮组来完成作业的。

3. 桩机就位

（1）采用活瓣桩尖时，应先将活瓣用绳或竹篾捆紧合拢，活瓣间隙应紧密。移动桩机至预先测放的桩位处，桩尖中心、桩管中心与桩位中心应重合，放松卷扬机，利用振动机及桩管自重压入土中。

（2）采用预制混凝土桩尖时，移位桩机至预埋的桩尖时，吊起沉管，对准桩尖，将沉管、桩尖、桩锤调整在同一垂线上，桩管下端与预制桩尖接触处，应垫置缓冲材料，以使桩尖与沉管密合，利用锤重及桩管自重将桩尖压入土中。

4. 沉管

（1）按启动按钮，振动锤开始起振，桩管即在强迫振动下迅速沉入土中。

（2）沉管至设计要求后，按停止按钮，振动锤振动便渐渐减弱，最后停止。

（3）沉管时，为了适应不同的土壤条件，常用加压方法来调整土的自振频率，桩尖压力改变可利用卷扬机把桩架的部分重量传到桩管上加压，并根据桩管沉入速度，随时调整离合器，防止桩架抬起发生事故。

（4）在沉管过程中，如发现桩管下沉异常（下降后突然增大或沉不下去），应及时分析原因，进行处理，若判明认为异常是因桩尖穿过硬土层进入软土层引起的，应继续作业；若异常是因为桩尖遇到孤石硬土层引起的，则应放慢沉管速度，待越过障碍后再正常沉管。如下沉异常仍未排除，应及时将桩管拔出，核对地质资料，会同有关部门研究处理，待处理后，方可继续施工。

（5）沉管过程中，应经常探测管内有无水或泥浆，如发现水或泥浆较多，应拔出桩管，用砂回填桩孔后重新沉管；如发现地下水或泥浆进入套管，一般沉入前先灌入 1m 高左右的混凝土或砂浆，封住活瓣桩尖缝隙，然后再继续沉入。

（6）使用预制的水泥桩尖，沉管中途停机时，不允许上提沉桩管，以防沉管与桩尖脱落，地下水或泥砂进入管内。

5. 下钢筋笼

利用桩架上配置的 10kN 电控单筒卷扬机，吊起钢筋笼，放入桩管内，并固定。

6. 上料

桩管沉到设计要求后，停止振动，用上料斗将混凝土灌入桩管内，混凝土一般应灌满桩管或略高于地面。视实际情况，进行空中加料。

7. 拔管

（1）开始拔管时，应先启动振动锤片刻，使混凝土振实，再开动卷扬机拔管。

（2）用活瓣桩尖宜慢，用预制桩尖可适当加快。在软弱土层中，宜控制在 $0.6\sim0.8m/min$。待混凝土从桩管中流出以后，方可继续抽拔桩管，边振边拔，桩管内的混凝土被振实而留在土中成桩。

（3）浇灌混凝土和拔管时应保证混凝土质量。每次拔管高度应以能容纳吊斗一次所灌注的混凝土量为限，并边拔边灌，在任何情况下，桩管内应保持不少于2m高度的混凝土，在拔管过程中，应专人用测锤或浮标检查桩管内的混凝土下降情况，一次不应拔得过高。

8. 其他

（1）振动沉管成桩方法可根据地基土具体情况、设计要求等，选用单打法、反插法或复打法进行。

（2）沉管桩应做好原始记录，如沉管时间和拔管时间、速度、混凝土充盈系数、贯入度、电流值、笼径、桩顶标高等。

八、旋挖钻机操作

1. 工艺流程

见旋挖钻机施工流程图（图8-15）。

2. 使用前的准备和检查

（1）根据土质和岩层，选择不同形式的钻具、钻头。

（2）检查液压系统液压油位，液压油有无泄漏。

（3）检查燃油油位。

（4）检查钢丝绳的磨损情况。

（5）检查钻具切削刃有无磨损或损坏。

（6）检查各处螺栓紧固情况。

（7）检查驾驶室内各操纵机构和仪表是否正常。

（8）参照《发动机操作说明》检查发动机冷却水等是否正常。

驾驶室内的操纵机构及其名称代号详见说明书。LCD显示屏工作状态几个开关或按钮的功能见使用说明书。

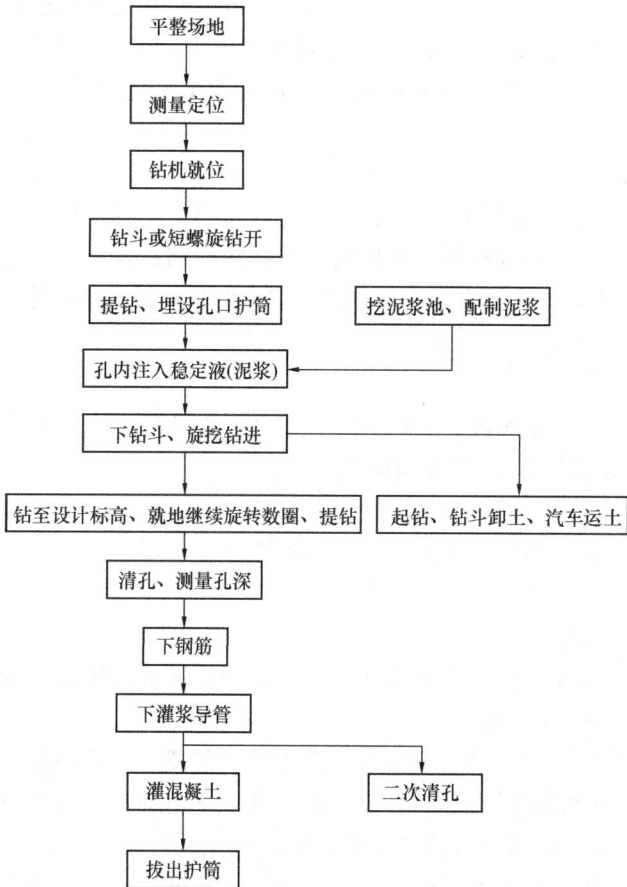

图 8-15　旋挖钻机施工流程图

3. 操作

（1）启动发动机

1）打开电源总开关 SA，启动发动机，发动机启动见《发动机使用说明书》。

2）发动机启动前，确保座椅左前端的先导手柄（液压使能开关）断开。

3）发动机启动后，先低速空转 5min 以使发动机预热。注意：发动机启动后，如果发动机机油油压图标变红，应停止发动机检查原因后再启动发动机。待确定各部件状态正常后方可作业。

（2）机器就位

打开电源总开关 SA，按上述程序再打下先导手柄（液压使能）。操纵两行驶踏板。若同时向前操纵，则机器前进，若同时向后操纵，则机器后退。仅向前操纵左踏板，则机器右转，仅向前操纵右踏板，机器左转。

机器行驶时应注意：

1）须将上车转台和底盘车架销住（销孔位于操纵室座椅后侧），待钻孔作业时再将销轴拔出。

2）须将立起的钻桅放倒。

3）须将履带伸缩油缸保护装置锁定。

（3）机器安装

1）钻桅自装、自卸。

① 若此时加压油缸已卸下，应将加压油缸安装好，并将油缸接头与系统连接。

② 把钻桅上端折叠部分用绳索等拉转成直线状态并用螺栓紧固。鹅头部分则用绳索连接加压油缸并利用加压油缸伸缩或其他起重设备吊起，直至安装好定位销轴。

③ 操纵右手柄向后，使动臂变幅油缸伸出，开起动臂，再操纵电手柄（加按手柄上按钮）向前，使钻桅变幅油缸伸出，两个手柄轮流操作，直至钻桅竖起。但要注意，在竖起过程中，不要使钻桅下端碰地；钻桅竖起，主钻桅和下端钻桅结合面刚一合拢即刻停止操纵电手柄（否则将损坏机件），将钻桅结合面上两侧的连接螺栓装好后即可取下钻桅下端与三脚架之间的拉杆。

④ 打开作业开关 SA9，向前操纵右手柄，使加压油缸伸出，至油缸与动力头能连接并固定好销轴。

⑤ 将动力头滑架下部挡块卸下，移至钻桅的底部位置，并

通过加压油缸将动力头下移，安装好主钻桅和下端钻桅结合面凹侧的连接螺栓，从而完成了钻桅的自装过程。钻桅自卸过程正好与上述过程相反。

2）特别提示：

① 在整个钻桅的自装、自卸过程中必须有工作人员在现场配合操作手观察指挥。

② 在整个钻桅的自装、自卸过程中要配合操纵主副卷扬控制钢丝绳的长度，使其处于比较合适的长度。在操作主副卷扬时须注意不要乱绳。

3）履带伸缩

注意：在作业前，为了增加机器的稳定性，必须将机器履带轨距伸至最大。

履带伸出的具体操作如下：首先选择一较平整、坚实的地面，操作左手柄向左（或右）将上车向左（或右）回转 90°，操作右手柄向前，变幅机构下降，直至钻桅底端接近地面，如果此时地面支撑力不够，应在钻桅正下方用垫木或钢板作为支撑，所用垫木或钢板的面积和厚度视地面坚实程度而定，但应保证在履带伸出的过程中，其下沉量应小于垫木或钢板的厚度。履带缩回正好与上述过程相反。

4）安装钻杆：首先将加压油缸完全伸出，使动力头处于低位。使钻桅适当前倾，然后操作先使左手柄向前，使主卷扬下放，主卷扬钢丝绳下落至能与钻杆连接为止。安装好连接销轴，操作先导左手柄向后，主卷扬提升，缓慢将钻杆提起；至钻桅顶端，操作钻桅至垂直状态，缓慢下放钻杆，将钻杆支架导向槽嵌入钻桅导轨，继续缓慢下放钻杆，使其放置动力头内，钻杆安装完毕。

5）操作并观察 LCD 屏中钻桅倾斜度。根据钻孔垂直度要求调整钻桅至工作状态。

6）安装好钻头，调整机器至工作位置，对准孔位，即可进行作业。

（4）开孔及护筒安放

孔位对好后，采用扩孔钻头开孔，开孔直径应与孔口护筒相适应。开孔到适当深度时，用副卷扬将护筒移至孔位，并校正，再用钻斗和辅助支腿同时将护筒压入地基中。压入时，应保持护筒垂直压入。并根据土质、地下水位情况确定护筒的长度及护筒的埋入深度，一般护筒直径要比桩径大 20cm 左右。

（5）钻进

旋挖钻机钻进施工作业，按钻具的不同主要有以下几种：

1）短螺旋钻进

按下作业开关 SA9，向左操作右手柄，使动力头正转，并操作主卷扬，将钻头下放至孔底。再按下主卷扬自由浮动开关 SA12 使主卷扬处于自由浮动位置，将向左倾斜的右手柄向左前方倾斜使加压油缸下压，从而使动力头和钻杆钻具实施旋挖钻进作业。当钻进深度与螺旋长度大致相同时，切下来的土充满螺旋叶片。

特别提示：在非钻进过程下放钻杆时，不允许采用浮动功能进行钻杆下放操作。

回次进尺（每次钻进深度）自动显示屏显示。一次钻孔取土到位后：

① 操作右手柄，使动力头反转，使钻杆之间和钻杆与动力头轴套管间的矩形牙脱离。

② 操纵左手柄，使主卷扬向上提升钻杆，同时操纵右手柄，使加压油缸上提，动力头上升。为了提高效率，可用快速提升。

③ 当短螺旋钻头提出孔后，操纵左手柄，使上车回转到履带一侧，操纵右手柄加按按钮 SB4，使动力头自动进行抛土。

④ 抛土结束后，转台反向回转到原孔位位置。操纵左手柄使主卷扬下放钻杆（注意不能采用"浮动"下放钻杆），直至孔底。

⑤ 重复以上操作，进行钻进取土、提钻、回转抛土、回位下放的操作。

⑥ 钻到设计深度后，空转清除孔内虚土，并保护好孔口。

钻进时，应注意以下几点：

开始钻孔时，应保持钻杆垂直，位置准确，防止因钻杆晃动而扩大孔径及增加孔底虚土。

开始以慢速钻进，待钻头进入土层后加快进尺。当穿过软硬土层交界处时，应放慢进尺。

应随时清理孔口积土或下孔口护筒，遇到地下水、塌孔、缩孔等异常情况，应会同有关部门研究处理。

空转清土时，不得加深钻进，提钻时，不得转动钻头。

2）回转斗钻进

① 安装孔口护筒。

② 一般要使用以膨润土为主要成分的稳定液来防止孔壁坍塌。

③ 钻斗操作同短螺旋钻进操作程序，只是在卸土时，提升钻杆，使回转斗开启机构撞击动力头下挡板，使开启机构动作，把回转斗底板打开卸土。

④ 卸土后，快速下放回转斗至地面并下压，使回转斗底板在外力作用下扣合。

⑤ 重复上述操作直至钻到设计深度，或需更换钻头为止。

注意：

在一般土层中钻进时，可以不用护筒而使用稳定液。

应事先准备一些桩孔用的稳定液。稳定液的配比应根据土质、N 值、桩径及地下水位等具体情况设计，并经试桩检验。

成孔后的泥渣与稳定液混合在一起，如留在孔底危害较大，须排除干净。

当用于无地下水的土层干钻而不使用泥浆时，对孔底的少量沉渣可用重锤夯实或加水泥浆搅拌的办法处理。

3）岩心钻钻进

① 钻进程序同短螺旋。

② 注意钻进速度和压力的控制，以钻杆不发生跳动为宜。

③ 刚入岩时，应为轻压慢钻，等钻进一定深度时，再加压加快。

④ 如遇倾斜岩面，应轻压慢转，以防钻头沿岩面下滑打歪孔，甚至折断钻杆。

（6）机器移位

一个工程孔钻完后，需进行钻机移位，到达下一个桩孔位。移位时，应检查行进路程中的地面状况，防止有松软、塌陷地面及横向倾角大于 5° 的地面。移位完成后，进行另一桩孔的钻进。即重复上述作业。

（7）停机

1）短时停机，可不放下钻桅，将动力头与钻具下放，让其尽量接近地面。长时停机，应将钻桅放平。

注意：司机短时离开驾驶室时，应先将液压先导手柄（液压使能）置于"断开"位置，以防误操作。

2）长时停机前发动机低速空转 5min，以使发动机冷却。

3）将发动机启动开关转到"断开"位置，取下发动机启动开关钥匙。并将电源总开关断开。

4）锁好驾驶室及机棚各门。

注意：机器要停放在平地上。

每天停机后，应清理机器上的污物，清洁了履带、支重轮和托链轮周围的泥土污物。

若在冬季，放掉所有可能冻结的液体，如冷却液。

九、钢筋笼吊装

1. 钢筋笼的安放应设 2～4 个位置恰当的起吊点。钢筋笼直径大于 $\phi1300$，长度大于 6m 时，可采取措施对起吊点予以加强，以保证钢筋笼起吊不致变形。

2. 安置钢筋笼入孔时应对准孔位轻放、慢放入孔。钢筋笼入孔后，应徐徐下放，不得左右旋转。若遇阻应停止下放，查明原因进行处理。严禁高起猛落、碰撞和强行下笼。

3. 钢筋笼分节安放时，分节长度应按孔深、起吊高度和孔口焊接时间合理选定。孔口焊接时，上下主筋位置应对正，保持笼上下轴线一致。

4. 钢筋笼全部入孔后，应按要求检查安放位置并作好记录。符合要求后，将主筋（当笼顶标高低于孔口，应设吊筋）固定于孔口，防止钢筋笼因自重下落或灌注混凝土时上窜造成错位。

5. 桩身混凝土灌注完毕，达到初凝后即可解除钢筋笼的固定措施，以使钢筋笼随同混凝土收缩，避免握裹力损失。

6. 采用正循环清孔，钢筋笼入孔宜在二次清孔之前进行。采用泵吸反循环，钢筋笼一般在清孔后吊装。若钢筋笼入孔后未能及时灌注混凝土，停隔时间较长，致使孔内沉渣超过规定要求，必须重新清孔。

7. 钢筋笼宜分节安放，孔口焊接应遵守如下规定：

（1）下节笼口端露出操作平台高度宜为 1m 左右；

（2）上、下笼主筋焊接部位表面污垢应清除；

（3）上、下主筋位置应对正，且上、下节笼保持垂直状态；

（4）补足焊接部位的螺旋筋。

十、水下混凝土灌注

1. 采用直升导管法灌注水下混凝土的主要机具

（1）导管：导管壁厚不宜小于 3mm，直径宜为 200～280mm，直径制作偏差不应超过 2mm，导管的分布长度视工艺要求确定，底管长度不宜小于 4m，接头用法兰或螺纹方扣快速接头，内壁应光滑平整，不漏水、不漏气，导管平直度应符合要求。

（2）漏斗和储料斗：壁厚 4～6mm，要求不漏浆，不挂浆，漏泄顺畅彻底，容量须能满足初灌量。

（3）隔水栓：应具有良好的隔水性能，保证顺利排出。

（4）如单桩体积超过 50m³ 时，还须机动吊车或灌注塔等设备。

2. 操作要求

（1）开始灌注混凝土时，为使隔水栓能顺利排出，导管底部至孔底的距离宜为 300～500mm，桩径小于 600m 时，应适当加大距离。

（2）混凝土坍落度符合要求，宜为 180～220mm，混凝土必须有良好的和易性，不使用离析、泌水的混凝土。首批混凝土必须按要求备足，保证导管埋深 800～1500mm。

（3）首批混凝土中应首先配制 0.1～0.2m³ 的水泥砂浆放入隔水栓上，以使混凝土在导管内下行顺畅，同时作为混凝土表面保护层。

（4）导管提升时不得挂住钢筋笼。拆卸导管时应检查孔内混凝土标高和导管埋入深度，计算拆管长度，确保埋管埋深 2m，宜为 2～6m，严禁导管拔出混凝土面，应有专人测量导管埋深及管内外混凝土面的高差，以控制拆卸导管，填写水下混凝土灌注记录。

常见水下灌注故障及处理措施　　　　表 8-9

常见故障	产生故障的原因	故障处理措施
导管内进水	1. 导管连接处密封不好，垫圈放置不平整，法兰盘螺栓松动； 2. 初灌量不足，未埋进导管	1. 提出导管，检查垫圈，密封好； 2. 提出导管，重新开盘并调整导管底口至孔底高度
混凝土堵管	1. 混凝土配合比不符合要求，水灰比过少，坍落度过低； 2. 混凝土搅拌质量不符合要求； 3. 混凝土泌水离析严重； 4. 导管内进水未及时发现，造成混凝土严重稀释，水泥浆与砂、石分离； 5. 灌注时间过长，表层混凝土已初凝	1. 将混凝土按照配比要求，重新拌合，并检查坍落度； 2. 检查水泥质量，按要求重新拌制； 3. 在不增大水灰比的原则下重新拌合； 4. 上下提动导管或振荡，使导管疏通；若无效，提出导管进行清理，然后重新插入混凝土内足够深度，将导管内杂物吸除干净，恢复灌注

常见故障	产生故障的原因	故障处理措施
断桩	1. 导管提升过高，导管底部脱离混凝土面； 2. 灌注作业因故中断	
夹层	1. 埋管深度不够，混入浮浆； 2. 孔壁垮落物夹入混凝土内； 3. 导管进水使混凝土部分稀释	1. 将混凝土按照配比要求，重新拌合，并检查坍落度； 2. 检查水泥质量，按要求重新拌制； 3. 在不增大水灰比的原则下重新拌合； 4. 上下提动导管或振荡，使导管疏通；若无效，提出导管进行清理，然后重新插入混凝土内足够深度，将导管内杂物吸除干净，恢复灌注
钢筋笼错位或回窜	1. 钢筋笼焊接质量不好； 2. 钢筋笼未固定死或未固定	吊起钢筋笼重新焊好下入孔内，检查钢筋笼固定情况

（5）水下混凝土必须连续施工，随时、随机检查混凝土坍落度，每根桩的浇筑时间应按初盘混凝土的初凝时间控制，对浇筑过程中的一切故障均应记录备案。常见灌注故障处理措施见表8-9所列。

（6）控制最后一次灌注量，桩顶不得偏低，应凿除的浮浆高度必须保证暴露的桩顶混凝土达到强度设计值。

（7）灌注结束要清洗导管、灌注机具等，并清理场地。及时真实地做好灌注原始记录。

（8）混凝土初凝后，将空桩部分填满，确保安全。

第四节　深层搅拌机械安全操作及施工

一、深层搅拌桩施工工艺流程

单根深层搅拌水泥土桩施工工艺流程如图8-16所示，深层搅拌桩工程施工的工艺流程如图 8-17 所示。

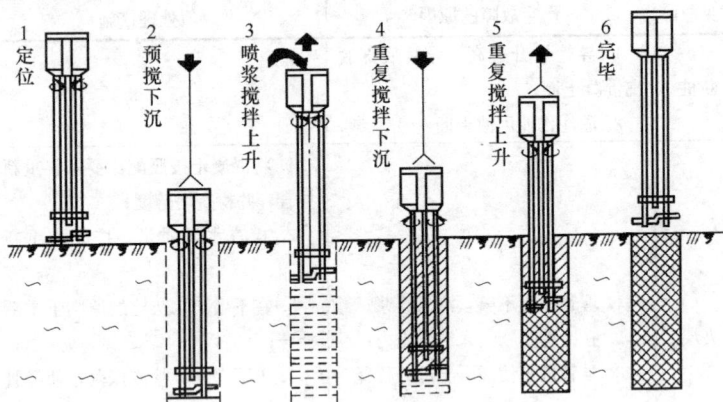

图 8-16　单根深层搅拌桩施工工艺流程图

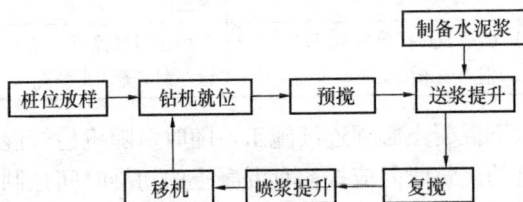

图 8-17　深层搅拌桩工程施工工艺流程图

二、操作前准备工作

1. 施工场地准备

（1）平整施工场地，保证符合"三通"要求。

（2）搭建临时设施，桩机就位找平，建好水泥仓及搅拌台。

（3）搞好场地规划，落实临时污水、污泥排放场地。

2. 技术准备

（1）熟悉图纸，了解设计要求，配备施工机具。

（2）进行浆液水灰比试验，确定搅拌时各类材料的添加量及控制标准。

（3）研究工程勘察报告，拟定特殊地层施工时的操作参数。

（4）建立施工场地测控网点，保证桩样、桩位、桩长等质量指标符合要求。

（5）根据场地具体情况确定施工顺序。

3. 设备准备

（1）根据设计要求确定拟投入设备的型号规格。

（2）组装设备，并进行初步调试，尤其要检查机械运转部件润滑油是否已添加、机械传动部位的防护罩是否齐全、机架机座等连接部位的螺母是否已拧紧、销轴是否已插好保险、起重部件的钢丝绳及卷扬机刹带是否灵敏可靠等。

（3）对电路系统进行检测，检查进线电缆的绝缘程度是否符合要求、是否按"三相五线"标准接线、是否"一机一闸一保护"、进入施工场地后电缆是否按规定架空、漏电保护器的动作电流设定是否符合规定要求、是否灵敏可靠等。

4. 人员准备

（1）应根据施工要求配备合格的施工人员。

（2）特殊工种人员应持有合格的上岗证。

（3）对全体施工人员进行了岗前培训和安全教育。

（4）对全体施工人员进行了技术交底和质量意识教育。

三、试车

一切工作准备就绪后必须将设备进行试运转，以排除潜在的事故隐患，检查选定的施工参数是否合理。

第一，开机空载运转 15min 左右，看电压表是否是 380V，电流表是否正常；如果是双轴搅拌，则两个电流表的读数是否相差不大；听动力头的运转声音是否平稳；看油泵是否工作正常，是否反转或不出油；检查各机械连接部位是否有松动。

第二，开始正常钻进，正常情况下电流在 50A 左右，满载时电流应不超过 75A，短时瞬间电流不能超过 120A。如超过此值说明地下有异物，应立即停止下放卷扬，待电流正常后再放。

第三，启动注浆泵，检查各部件零件是否松动，输浆管、吸浆管是否漏浆、各管路接头是否拧紧；泵是否有渗漏、盘根是否压紧、是否能达到规定的压力等。

第四，观察压力表，看压力表指针是否正常，如超过设定压力值安全阀是否起作用，如果安全阀不起作用应立即查明原因并予以解决。

第五，观察泵的输浆量与搅拌头的提升速度是否相匹配，是否要调整。

四、操作方法

1. 桩机定位：搅拌桩机安装完毕后，将挂钩勾牢走管的两端，开动绞车移动桩机至桩位处对中；如地面起伏不平时应加密枕木，垫于走管的下面，使桩机机座保持水平；对中误差不大于20mm，机架（导向架）和搅拌轴与地面的垂直度误差不应超过1%。

2. 第一次搅拌：启动电机，操纵升降手把使搅拌轴沿导向架回转搅拌切土钻进；如遇硬地层可适当加压或加水搅拌钻进；钻进到设计桩长或地层时原地搅拌1min左右。

3. 第二次搅拌、第一次喷浆：钻进到目的层后立即启动注浆泵送浆，估计浆液已送孔底后即可边搅拌边提升；这时要求搅拌轴转速不超过70rpm，提升速度不大于1m/min，喷浆压力1.5~2.5MPa，流量30~50L/min。提升时搅拌轴的转向与钻进时相反，停浆面的位置应高于设计位置0.5m。

4. 第三次搅拌：第二次搅拌已升到地表后再重新搅拌钻进，按前述第2项操作要求钻至目的层。

5. 第四次搅拌、第二次喷浆：按前述第3项的操作要求再次搅拌喷浆，直至将搅拌头提升到地面，并清理搅拌头。

6. 检查搅拌头的磨损情况，如已磨损过度须修理后才能再次使用。

7. 移机到下个桩位处按前述顺序施工下一根桩。

8. 由于搅拌桩施工时会产生涌土现象，应有专人负责清土，以免影响桩位放样。

五、安全操作规程

1. 施工现场已进行了平整压实，地耐力不小于 20kPa；如果是施工止水帷幕，则确认沿桩位线已开挖好沟槽；地表障碍物已清理。

2. 场地四周距施工范围 10m 内无架空电缆。

3. 配电系统符合要求，有良好的接地、接零保护；漏电保护装置完好，并经试跳检验反应灵敏；专职电工每天对电路进行一次检查。

4. 桩机就位后应用水平尺前后左右校正机座的水平度，以水平尺气泡居中为宜；用铅垂线校验钻具的垂直度。

5. 搅拌时搅拌头应对正桩位，偏差不大于 20mm，缓缓下放钻具，同时启动电机，边旋转边下放钻具。此时应严密观察电机电流表及机器运转的声响，发现异常要立即停机。

6. 在搅拌过程中发生卡钻、机架摇晃、移动或钻具有异常变形应立即切断电源，停止下钻，待查明原因后再确定下一步施工方案。

7. 遇强度较高的黏性土地层可采用注水搅拌钻进或加压钻进。如需加压钻进，可采用钢丝绳反压或在动力头上加压配重，但加压时必须保证钻具的垂直度不受影响。

8. 专人负责搅拌台与钻机之间的联系，重点控制好送浆与搅拌提升之间的时间配合。

9. 浆液搅拌人员必须穿戴好安全防护用品，尤其是防尘口罩及风帽，以防灰尘伤人，同时要将水泥包装袋整理码齐，保证施工现场的整洁。

10. 每班施工结束应用清水将注浆管路及注浆泵清洗干净，以防浆液固结堵塞管路，同时将各操作手柄置于空挡位置并切断电源。

六、常见深层搅拌桩施工事故的预防、处理（表8-10）

常见深层搅拌桩施工事故的预防、处理　　　　　表8-10

事故现象	发生原因	排除方法
喷浆提升未到设计顶面标高、集料桶中浆液已排空	1. 后台投料不准 2. 注浆泵磨损过大漏浆 3. 灰浆泵排量增大	1. 重新标定投料量 2. 检修注浆泵 3. 重新标定注浆泵的排量
喷浆提升到设计顶面标高、集料桶中剩浆过多	1. 后台搅浆加水过量 2. 输浆管路部分阻塞	1. 重新标定搅浆用水量 2. 清洗输浆管
输浆管堵塞、爆裂	1. 输浆管内有浆液硬结块 2. 喷浆口球阀间隙太小	拆洗输浆管，使喷浆口球阀间隙适当

第五节　高压旋喷桩机械安全操作及施工

一、工艺流程（图8-18）

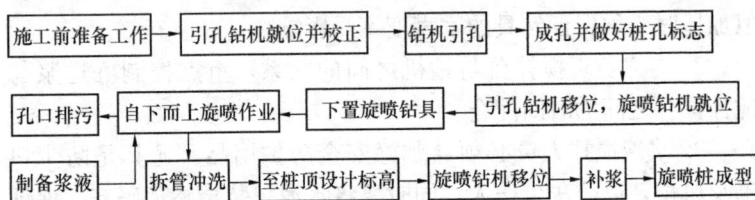

图 8-18　高压旋喷桩工艺流程图

二、操作前准备

1. 场地准备

（1）场地平整，符合"三通一平"的要求，无地下障碍物。

258

当场地低洼时应回填黏性土料，不得回填杂填土料；当地表过软时，应有采取防止机械失稳的措施；当在边坡附近施工时，应考虑施工对边坡的影响，并采取确保边坡稳定的措施；当在基坑边抢险施工时，应考虑操作作业面、设备的稳定性并采取安全防护措施。

（2）按场地布置要求开挖冒浆排放和集浆坑。

（3）基线、水准基点、桩位、桩轴线定位点等，应复核测量并妥善保管。

（4）规划建好现场施工用的临时设施，如供水、供电、道路、临时用房、工作台、材料等。

2. 技术准备

（1）熟悉图纸，了解设计要求，配备施工机具。

（2）进行浆液水灰比试验，确定搅拌时各类材料的添加量及控制标准。

（3）研究工程勘察报告，拟定特殊地层施工时的操作参数。

（4）建立施工场地测控网点，保证桩样、桩位、桩长等质量指标符合要求。

（5）根据场地具体情况确定施工顺序。

3. 设备准备

（1）根据设计要求确定拟投入设备的型号规格。

（2）组装设备，并进行初步调试检查。尤其要检查机械运转部件润滑油是否已添加、机械传动部位的防护罩是否齐全、机架机座等连接部位的螺母是否已拧紧、销轴是否已插好保险、起重部件的钢丝绳及卷扬机刹带是否灵敏可靠等。

（3）检查液压系统的油缸、油管、油箱是否有渗漏、液压油是否加满，油泵能否正常工作、运转方向是否正确，各类液压元件是否能正常动作、动作是否可靠等。

（4）检查空压机能否工作，出气压力是否符合要求，安全阀能否工作及排气管路各阀门的开关是否灵活，压缩机机油面是否在二根刻线之间，空气滤清是否清洁等。

（5）检查高压泵的进、排水阀座及球阀是否良好，密封圈是否损坏，泵体内是否按规定添加了润滑油脂，变速机构及离合器是否灵活可靠，排出管路及其他密封件的密封状况是否良好，安全阀能否工作等。

（6）检查喷头、钻具及导流器有无堵塞，丝扣接头是否完好，内部有无串通，喷嘴直径的选择是否适当等。

（7）对电路系统进行检测，检查进线电缆的绝缘程度是否符合要求、是否按"三相五线"标准接线、是否"一机一闸一保护"、进入施工场地后电缆是否按规定架空、漏电保护器的动作电流设定是否符合规定要求、是否灵敏可靠等。

4. 人员准备

（1）应根据施工要求配备合格的施工人员。

（2）特殊工种人员应持有合格的上岗证。

（3）对全体施工人员进行了岗前培训和安全教育。

（4）对全体施工人员进行了技术交底和质量意识教育。

三、试车

1. 钻机

第一，检查钻机的各操纵手把是否灵活，工作是否可靠；动力头上下是否灵活、能否按不同的要求旋转。

第二，将液压系统压力调到最大值，检查液压系统的渗漏情况，并操纵各液压调节阀，检查各元件动作是否正常，尤其是要检查液压卡盘能否正常卡紧、松开。

第三，孔口加接钻具时检查液压系统及机械操作系统是否相匹配。

第四，钻至预定深度时观察液压系统能否正常工作、机械系统运转是否正常，验证钻机的提升力、回转力能否满足施工要求。

2. 高压泵

第一，在空载状况下启动电机，抽吸清水，将泵及高压管路润湿清洗一遍，检查管路的密封情况和泵体内部的密封情况，同时检查曲轴箱是否运转正常。

第二，换吸水泥浆，逐渐调高电机的运转速度，观察泵压是否正常升高，阀芯、阀座有无磨损，压力表指针是否正常，安全阀的设定压力能否符合要求及在高压状况下泵体的密封情况等。

第三，观察泵的冷却泵是否正常工作，否则柱塞及密封圈的寿命将大为缩短。

3. 空压机

第一，将储气罐的放空阀打开，点动电动机的启动按钮，观察压缩机的运转方向是否正确，然后按启动按钮予以启动，10s内按换向按钮，待压缩机的油温高于 25℃逐渐关闭储气罐的放空阀。

第二，机器正常运转后要密切关注各仪表读数，当二级压力表的读数达到 0.63MPa 时即可打开储气罐的输气阀开始供气。

第三，检查各连接部位及管路是否有漏气、漏水、漏油现象。

第四，停机时要先打开放空阀，确认无负荷后方可停机。

4. 试旋喷

第一，在地面按规定配好所有旋喷钻具，高、低压管、水管、风管都要与导流器上相应的接头接好。

第二，使用钻机下置旋喷钻具，按照工艺的要求和地层的不同，动力头可选用快挡或慢挡，并结合变量泵调节回转的转速；同时根据地层情况选用加压给进或自动给进。

第三，旋喷注浆时将动力头变速挡置于低挡位，调节变量泵，使钻杆转速控制在 15～20rpm；再调节调速阀，使给进系统的提升速度稳定在 15～25cm/min，实现送浆旋喷提升。

第四，在旋喷施工时，应在确保浆液已到孔底的前提下才能开始提升钻具。

四、操作方法

1. 钻机就位要人工撬移或液压步履移动，转盘中心与孔位误差不大于 5cm，且四条腿要垫平垫实。用水平垂直靠尺检查钻机垂直度小于 1‰。

2. 开孔先用低压水慢速钻进 50cm 左右，然后才能换成高压水给进钻孔。遇地下障碍物破除时，更换钻具，关闭高压泵，取芯钻进。遇到需加强处理的地层段时，需来回升降钻具以增加喷射次数。

3. 喷射注浆前要检查高压设备和管路系统，设备的压力和排量必须满足设计要求。管路系统的密封必须良好，各通道内和喷嘴内不得有杂物。

4. 旋喷注浆时要注意设备的开启顺序，应先泵送浆液后空载启动空压机待运行正常后，再空载启动高压泵，然后同时向孔内送风喷水，使风量和泵压逐渐升高至规定值，风、高压水畅通后，即可按设计自下而上旋喷注浆。我国常用的高压旋喷技术参数见表 8-11 所列。

高压旋喷施工参数 表 8-11

技术参数		单管法	二重管法	三重管法
水	压力（MPa）			20～35
	流量（L/min）			80～120
	喷嘴孔径（mm）			2～3
	喷嘴个数			1～2
空气	压力（MPa）		0.7	0.7
	流量（m³/min）		1～2	1～2
	喷嘴间隙（mm）		1～2	1～2
浆液	压力（MPa）	25～30	25～30	25～30
	流量（L/min）	80～120	80～120	80～150
	喷嘴孔径（mm）	2～3	2～3	10～15
	喷嘴个数	2	1～2	1～2
注浆管	提升速度（cm/min）	20～25	10～15	10～15
	旋转速度（rpm）	20～25	10～20	10～15

5. 喷射注浆必须连续进行，中途需拆卸旋喷管时，应先提升和回转，同时停止送浆、送水、送风，最后拆杆，开始喷射注浆的孔段要与前段搭接 0.3m，防止固结体脱节，如因故停机超过 20min，应进行泵体和输浆管路清洗，后继续喷浆作业。

6. 喷射注浆达到设计标高后，即可停风、水、浆，卸下的钻具及搅拌机均要用清水冲洗干净，气管和高压管路分别送风、送水，冲洗干净，钻具应离地上架存放。

7. 喷射注浆作业完毕 8h 左右，由于浆液的析水作用，一般均有不同程度的收缩，产生"凹穴"，须用水灰比为 0.6 的水泥浆或 150 号水泥砂浆进行补灌。在砂层中旋喷作业时，可利用其钻孔上返的水泥砂土混合浆液进行补灌，施工时要防止其他钻孔排出的污泥或杂物进入"凹穴"。

8. 喷射注浆过程中钻机的转速、提升速度、注浆泵泵量、高压泵流量、压力、空压机送风量、压力需严格按规定要求进行控制，不得随意更改。

9. 旋喷注浆作业的同时，应按设计要求从孔口采集冒浆试样，并用试模制作试块，其数量每种主要地层不少于 6 组，每组 3 件。

10. 旋喷注浆过程中，冒浆量小于注浆量的 20% 时为正常现象，超过 20% 或完全不冒浆时应采取以下措施：

（1）当地层中有较大空隙引起不冒浆时，可在浆液中掺入适量的速凝剂，缩短固结时间，使浆液在一定的土层范围内凝固，也可在空隙地段增大注浆量，填满空隙后再继续旋喷。

（2）当冒浆量过大时，可通过减少注浆量或加快提升和回转速度，也可以适当调小喷嘴直径，提高喷射压力，增大固结体直径。

11. 喷射注浆过程中出现下列异常现象时，需查明原因采取相应措施。

（1）流量不变而压力突然下降时，应检查各部位的泄漏情况，必要时拔出旋喷管检查密封性能。

（2）出现不冒浆或断续冒浆时，若系土质松软则视为正常现象，可适当进行复喷；若系附近有空洞、通道，则应不提升旋喷管继续注浆，直至冒浆为止或拔出旋喷管待浆液凝固后重新注浆。

（3）在大量冒浆，压力稍有下降时，可能系旋喷管被击穿或有孔洞，使喷射压力降低，同时应上提旋喷管进行检查。

（4）压力陡增超过最高限值，流量为零，停机后压力仍不变，可能系喷嘴堵塞，应上提旋喷管疏通喷嘴。

12. 高压喷射注浆处理地基时，在浆液未硬化前，有效喷射范围内的地基受到扰动而强度降低，容易产生附加变形，因此在处理既有建筑物地基或在邻近既有建筑物旁施工时，应防止旋喷施工过程在浆液凝固前导致的建筑物的附加下沉，通常采用控制施工速度、顺序和加快浆液的凝固时间等方法防止或减小附加变形。

五、安全操作规程

1. 使用前对高压泵及钻具、喷头等进行全面检查和彻底清洗，清除泵体内、钻具内和喷头内的残渣和铁屑，检查各密封部位，确保无泄漏。

2. 必须专人司泵，保证在旋喷时能及时根据需要调整压力。

3. 安全阀、压力表要定期检测标定，当压力超过设定值时安全阀要能及时卸压。

4. 运转中要对泵体、油路、油箱、柱塞泵及电机等随时观察，测其温度、听其声音是否正常，如发现高温或异常声响应立即停机检查。

5. 工作完毕后应立即清洗泵体，特别要注意清洗泵体内各个阀门、阀座及台阶处的残余浆液，对吸浆管及吸浆笼头也要清洗干净。

6. 使用前必须检查旋喷钻具螺纹的完好程度、管子的顺直程度、管内是否有块状残余物等，螺纹不好要重新车丝、管子不直要调直、管内一定要清洗干净。

7. 高压泵与钻机之间要用高压软管连接，一般要用内径 $\phi19$ 或 $\phi32$ 的耐压 70MPa 以上的优质钢丝缠绕的高压橡胶软管，接头使用高压卡口式的，并有密封圈压紧。

8. 开泵时管路沿线不得站人，高压泵、空压机、钻机、注浆泵的传动部位必须有防护罩。在地表试喷时，高压喷嘴应对着无人区域，以免高压水冲击伤人。

9. 发生压力骤然上升停机检查时，应首先卸压，即将钻具提升，逐渐松开钻具接头，使其泄漏卸压后再拆卸钻具；如果是喷嘴堵塞，卸压时应采用小于喷嘴直径的钢针，弯成 90° 进行疏通卸压，决不能直接用钢针疏通，以免高压伤人。

10. 水泥浆搅拌工，必须戴防尘面具进行操作。

六、常见事故的预防处理

1. 旋喷施工常见故障、发生原因、排除方法（表8-12）

旋喷施工常见故障、发生原因、排除方法 表 8-12

常见故障	发生原因	处理方法
不冒浆或断续冒浆	1. 土质松软； 2. 地下有空洞或通道	1. 适当复喷或降低提升速度； 2. 继续注浆直至冒浆为止，再旋喷注浆
注浆压力骤然上升	喷嘴或注浆管路被堵塞	将钻具提离孔口清洗
注浆压力骤降	1. 高压泵阀芯、阀座损坏； 2. 高压管路有泄漏； 3. 孔内钻具接头处损坏	1. 检查更换损坏的阀芯、阀座； 2. 重新连接高压管路； 3. 将钻具提离孔内更换损坏钻具

2. 高压旋喷钻机常见故障、发生原因、排除方法（表11-7）。

3. 高压泵常见故障、发生原因、排除方法（表11-8）。

4. 空压机常见故障、发生原因、排除方法（表11-9）。

第六节　地下连续墙施工

现浇钢筋混凝土地下连续墙的施工工艺过程通常如图 8-19 所示。其中修筑导墙、泥浆制备与处理、挖深槽、钢筋笼的制作与吊放以及混凝土的浇筑是地下连续墙施工中的主要工序。

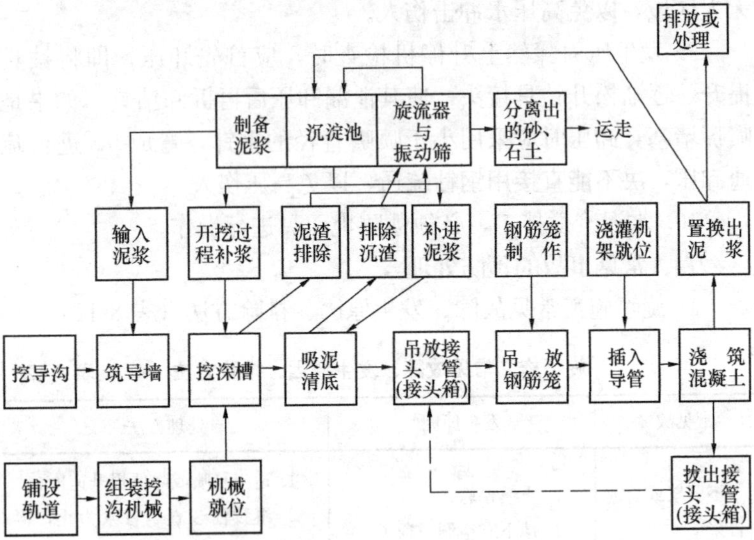

图 8-19　现浇钢筋混凝土地下连续墙的施工工艺过程

一、修筑导墙

导墙是地下连续墙挖槽之前修筑的临时结构，对挖槽起重要作用。

1. 导墙的作用

（1）作挡土墙。在挖掘地下连续墙沟槽时，接近地表的土极不稳定，容易出现槽口坍塌，导墙就起挡土墙作用。为防止导墙在土压力和水压力作用下产生位移，在导墙的内侧每隔 1m 左右加设上、下两道木支撑（其规格多为 5cm×10cm～10cm×10cm），如附近地面有较大荷载或有机械运行时，还可在导墙中每隔 20～30m 设一道钢闸板支撑，以防止导墙位移和变形。

（2）作为测量的基准。它规定了沟槽的位置，表明了单元槽段的划分，同时亦作为测量挖槽标高、垂直度和精度的基准。

（3）作为重物的支承。它既是挖槽机械轨道的支承，又是钢筋笼、接头管等搁置的支点，有时还承受其他施工设备的荷载。

（4）存蓄泥浆。导墙可存蓄泥浆，稳定槽内泥浆液面。泥浆液面应始终保持在导墙面以下 20cm，并高于地下水位 1.0m，以稳定槽壁。

2. 导墙的形式

导墙一般为现浇的钢筋混凝土结构，也有钢制的或预制钢筋混凝土的装配式结构，它可重复使用。导墙必须有足够的强度、刚度和精度，必须满足挖槽机械的施工要求。

图 8-20 是几种常见的现浇钢筋混凝土导墙形式。

在确定导墙形式时，应考虑下列因素：表层土的特性；荷载情况；地下连续墙施工时对邻近建（构）筑物可能产生的影响；地下水位的高低及其水位变化情况。

图 8-20 中（a），（b）适用于表层土壤良好和导墙上荷载较小的情况。（c），（d）适用于表层土为杂填土、软黏土等承载力较弱的土层。（e）适用于导墙上荷载很大的情况。（f）适用于导墙紧邻现有建（构）筑物的情况。（g）适用于地下水位很高的情况。

3. 导墙施工

现浇钢筋混凝土导墙的施工顺序为：平整场地—测量定位—挖槽及处理弃土—绑扎钢筋—支模板—浇筑混凝土—拆模并设置横撑—导墙外侧回填土（如无外侧模板不进行此项工作）。

导墙的内墙面应平行于地下连续墙轴线，导墙内净宽一般比地下连续墙设计墙厚宽 40mm。导墙顶面应至少高出地面约100mm，以防止地面水流入槽内污染泥浆。导墙的深度一般为1.0～2.0m，具体深度与表层土质有关，如遇有未固结的杂填土层时，导墙深度必须穿过此填土层，特别是松散的、透水性强的

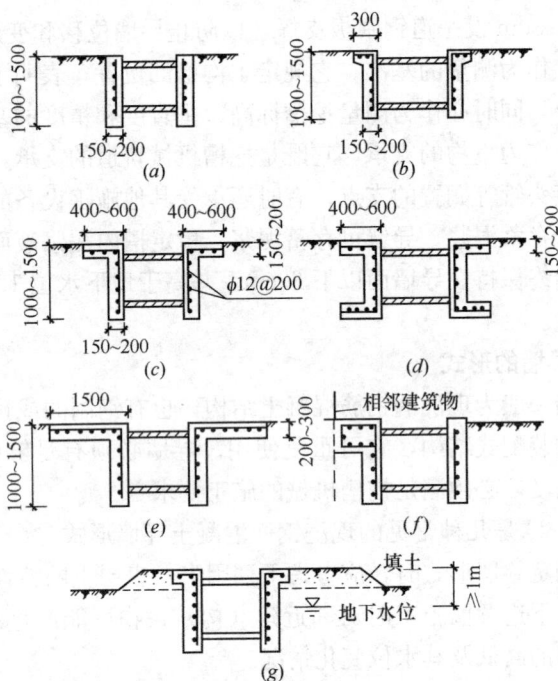

图 8-20 导墙形式

杂填土必须挖穿，使导墙坐落在稳定性较好的老土层上。另外，导墙基底和土面密贴，可以防止槽内泥浆渗入导墙后面。现浇导墙构筑可采用单侧立模（外侧为土壁），如表层土软弱松散，开挖后土壁不能垂直自立，则外侧亦需设立模板。导墙外侧的回填土应用黏土回填夯实，防止地面水从导墙背后渗入槽内，引起槽段坍方。

导墙的厚度一般为 $0.15\sim0.20\mathrm{m}$。配筋多为 $\phi 12@200$，水平钢筋必须连接起来，使导墙成为整体。导墙的混凝土等级多为 C20。

值得注意的是，在导墙混凝土达到设计强度并加好支撑之前，严禁任何重型机械和运输设备在其旁边行驶，以防导墙受压变形。

二、泥浆护壁

1. 泥浆的作用

地下连续墙的深槽是在泥浆护壁下进行挖掘的，泥浆在成槽过程中有下列作用：护壁、携渣、冷却和润滑。

2. 泥浆的成分、泥浆性能指标

护壁泥浆通常使用的是制备泥浆、自成泥浆或半自成泥浆。

制备泥浆是在挖槽前利用专用设备事先制备好泥浆，挖槽时输入沟槽。自成泥浆是用钻头式挖槽机挖槽时，向沟槽内输入清水，清水与钻削下来的泥土拌合，边挖槽边形成泥浆。自成泥浆的性能指标要符合规定的要求。当某些性能指标不符合规定的要求时，在形成自成泥浆的过程中，就要再加入一些需要的成分，这样形成的泥浆称为半自成泥浆。

膨润土泥浆是制备泥浆中最常用的一种，它的主要成分是膨润土和水，另外，还要适当地加入外加剂。

制浆材料、泥浆性能指标等见本章第三节灌注桩机械安全操作及施工的相关内容。

在地下连续墙施工过程中有关泥浆的性能要求、测试仪及方法请查阅有关专著。

3. 泥浆的制备

（1）泥浆配合比。

选择泥浆既要考虑护壁、携渣效果，又要考虑经济性，应因地制宜地选用。在黏性土或粉质黏土为主的地质条件下，如土质中黏土含量大于 50%，塑性指标大于 20，含砂量小于 5%，二氧化硅与三氧化铝含量的比值为 $3:1\sim4:1$，可以采用自成泥浆或半自成泥浆进行深槽护壁，以降低泥浆费用。此法在成槽过程中，泥浆的密度通过调节进水量和钻进速度来控制。采用直接输入清水造浆，应通过导管从钻机钻头孔射出，不得将水直接注入槽内。

确定膨润土泥浆配合比时，首先根据为保持槽壁稳定所需的黏度来确定膨润土的掺量（一般为 $6\%\sim9\%$）和增粘剂 CMC

的掺量（一般为 $0.05\%\sim0.08\%$）。

分散剂的掺量一般为 $0\sim0.5\%$，在地下水丰富的砂砾层中挖槽，有时可不用分散剂。另外，分散剂的掺量超过一定限度后，不再增加分散效果，甚至有时反而会降低其效果。我国最常用的分散剂是纯碱。

防漏剂的掺量，不是在一开始配制泥浆时确定的，而是根据挖槽过程中泥浆的漏失情况而逐渐掺加。常用的掺量为 $0.5\%\sim1.0\%$，如漏失很大，掺量可能增大到 5% 或将不同的防漏剂混合使用。

总之，确定泥浆的配合比，要根据材料的特性，参考常用的配合比，通过试配经过不断修正，最后确定适用的配合比。试配制出的泥浆要按泥浆控制指标进行试验确定。常用泥浆参考配合比见表 8-13 所列。

泥浆参考配合比（以重量%计） 表 8-13

土质	膨润土	酸性陶土	纯黏土	CMC	纯碱	分散剂	水	备注
黏性土	6～8	—	—	0～0.02	—	0～0.5	100	
砂	6～8	—	—	0～0.05	—	0～0.5	100	
砂砾	8～12	—	—	0.05～0.1	—	0～0.5	100	掺防漏剂
软土		8～10		0.05	4		100	上海基础公司用
粉质黏土	6～8	—	—		0.5～0.7		100	
粉质黏土	1.65	—	8～12		0.3		100	半自成泥浆
粉质黏土	—	—	12	0.15	0.3		100	半自成泥浆

注：1. CMC 配成 1.5% 的溶液使用；碱和分散剂亦配成 15% 溶液使用。

2. 分散剂常用的有碳酸钠或三（聚）磷酸钠。

（2）泥浆制备。

泥浆制备包括泥浆搅拌合泥浆贮存。

制备泥浆的投料顺序，一般为水、膨润土、CMC、分散剂、其他外加剂。由于 CMC 溶液可能会妨碍膨润土溶胀，宜在膨润土之后投入。

膨润土泥浆一定要充分搅拌，拌好后，在贮浆池（罐）内一般要静止 24h 以上，最低不得少于 3h，以便膨润土颗粒充分溶胀，确保泥浆质量。

贮存泥浆宜用钢的贮浆罐或地下、半地下式贮浆池，其容积一般应超过一个单元槽段挖土量的 1.5～2.0 倍。

（3）泥浆处理。

在地下连续墙施工过程中，泥浆要与地下水、砂、土、混凝土接触，膨润土、掺合料等成分会有所消耗，而且也混入一些土渣和电解质离子等，使泥浆受到污染而质量恶化。被污染后性质恶化了的泥浆，经处理后可重复使用，如果污染严重或处理不经济则舍弃。

泥浆处理分为土渣分离处理（物理再生处理）、污染泥浆化学处理（化学再生处理）。

1）土渣分离处理。泥浆中混入大量土渣，会使粘附在槽壁上的泥皮厚而弱，从而使槽壁的稳定性变差；浇筑混凝土时，土渣极易卷入混凝土中，影响混凝土的质量；土渣还会使槽底沉渣增多，使建成后的地下连续墙沉降量增大；含有大量土渣的泥浆黏度增大，泥浆循环发生困难，而且也加重了泵和管道的磨损。因此，对于重复使用的循环泥浆，土渣的分离处理这道工序非常重要。

分离土渣有机械处理和重力沉降处理两种方法，两种方法共同使用效果最好。

① 重力沉降处理。重力沉降处理是利用泥浆与土渣的相对密度差使土渣产生沉淀，以排除土渣的方法。该法需要在现场设置一个沉淀池，沉淀池一般还要分隔成几个，其间由埋管或开槽口连通，以满足泥浆循环、再生、舍弃等工艺要求。沉淀池的容积愈大，泥浆在沉淀池中停留的时间愈长，土渣沉淀分离的效果

愈好。

②机械处理。机械处理是利用振动筛与旋流器排除土渣的方法。图 8-21 是反循环出土的泥浆机械处理过程示意图。反循环排出的带有土渣的泥浆由吸力泵送至振动筛。

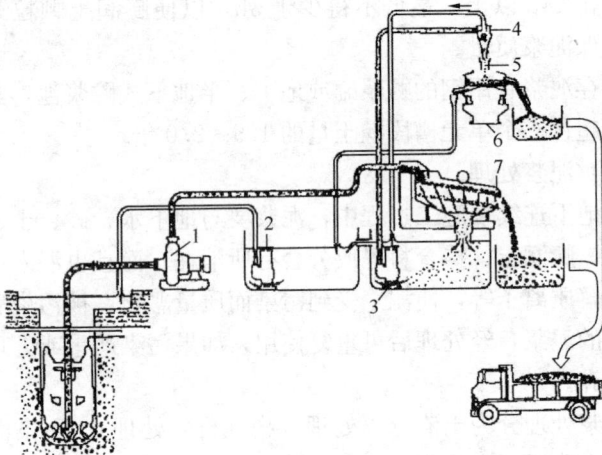

图 8-21　反循环出土的泥浆机械处理

1—吸力泵；2—回流泵；3—旋流器供应泵；4—旋流器；5—排渣管；
6—脱水机；7—振动筛

经振动筛将泥浆和土渣分离，此时分离后的泥浆仍含有部分小粒径的土渣，再由旋流器供应泵将其送入旋流器，旋流器高速旋转而产生离心力，由于土渣的质量较大，产生了较大的离心力，土渣被甩至旋流器壁上并下滑排出，而微粒土渣和泥浆则呈溢流由上面排出，至沉淀池中进行沉淀。沉淀后的泥浆再由回流泵经输浆管送入深槽内。

2) 污染泥浆化学处理。浇筑混凝土时从深槽内被置换出来的旧泥浆中混入了大量的有害离子，如受水泥污染后大量的钙离子会吸附在膨润土颗粒的表面，土颗粒极易相互凝聚，使泥浆产生凝胶化，凝胶化后的泥浆泥皮形成能力减弱，槽壁稳定性变差，而且黏度增高，土渣分离困难，在泵和管道内流动阻力增大。

恶化了的泥浆要进行化学处理，一般是使用分散剂置换膨润土表面的有害阳离子，使颗粒又重新在泥浆中呈分散状态。经化学处理后再进行土渣分离处理。

泥浆经过处理后，应测试其性能指标，发现有不符合规定指标要求的，可再补充掺入材料进行再生调剂。经再生调剂后的泥浆，送入贮浆池（罐），待新掺入的材料与处理过的泥浆完全融合后再重复使用。

三、挖深槽

挖槽的主要工作包括：单元槽段划分；挖槽机械的选择与正确使用；制订防止槽壁坍塌的措施和特殊情况的处理方法等。

挖槽约占地下连续墙施工工期的一半，因此提高挖槽的效率是缩短工期的关键。同时，槽壁形状基本上决定了墙体外形，所以挖槽的精度又是保证地下连续墙质量的关键之一。因此，挖槽是地下连续墙施工中的关键工序。

1. 单元槽段划分

地下连续墙施工时，预先沿墙体长度方向把地下墙划分为多个某种长度的施工单元，这种施工单元称为"单元槽段"。挖槽是按照一个个单元槽段进行挖掘的，在一个单元槽段内，挖掘机械可以挖一个或几个挖掘段。划分单元槽段就是将各种单元槽段的形状和长度标明在墙体平面图上，它是地下连续墙施工组织设计中的一个重要内容。

单元槽段的最小长度不得小于一个挖掘段，即不得小于挖掘机械的挖土工作装置的一次挖土长度。从理论上讲单元槽段愈长愈好，因为这样可以减少槽段接头数量，增加了地下连续墙的整体性和截水防渗能力，并且简化施工，提高工效。但是在实际工作中，单元槽段的长度又受到诸多因素的限制，必须根据设计、施工条件进行综合考虑。

单元槽段之间的接头位置一般应避免设在转角处及地下连续墙与内部结构的连接处，以保证地下连续墙有较好的整体性。

单元槽段的长度多取 5～7m，但也有取 10m 甚至更长的情况。

2. 挖槽中的注意事项

使用多头钻开挖深槽时，如果是在软塑黏土中钻进，进尺过快，钻渣量过大，有可能使排浆口堵塞，从而造成"糊钻"，影响钻进。在黏性土层中挖槽，如果钻速过慢，切削下来的泥土也难以从钻头及侧刀上甩开而附着在钻头及侧刀上，从而造成"抱钻"，也会影响钻进。所以施钻时要注意控制钻进速度，不要过快或过慢，钻进速度的确定要考虑土的坚硬程度并与排泥速度协调。

挖槽过程中还要防止发生"卡钻"，即钻机被卡在槽内，难以上下。造成卡钻的原因可能是多方面的，如泥渣沉淀在钻机周围，将钻机与槽壁之间的孔隙堵塞；中途停止钻进未及时将钻机提出槽外；槽壁局部坍方，将钻机埋住；钻进过程中遇到地下障碍物被卡住；槽孔偏斜过大等均有可能造成卡钻。因此，针对以上情况，钻进中要注意不定时地交替紧绳、松绳，将钻头慢慢下降或空转，避免泥渣淤积堵塞造成卡钻。中途停止钻进时，应及时将钻机提出槽外。要注意控制泥浆密度，防止槽壁坍方。挖槽前应探明障碍物并及时处理。槽孔出现偏斜弯曲时，应及时扫孔纠正。此外，还要注意钻头磨损严重时应及时补焊加大，以防因钻头直径变小，造成槽孔宽度变小，使钻机上的导板箱被托住而不能钻进。

挖槽时如果遇到孔隙率很大的砾石地层，护壁泥浆会大量渗入孔隙流失，遇到未经处理的落水洞、暗沟等，泥浆也会沿洞、沟大量流失，使槽内浆位迅速下降，造成"漏浆"。出现这种情况，应立即停止使用吸力泵，并及时向导槽内输送尽量多的泥浆，同时将挖槽机提出来。对砾石层要提高泥浆黏度和密度，并掺入堵漏材料，及时补浆和堵漏，保持槽内泥浆面处于正常位置。落水孔洞、暗沟要先填充优质黏土，然后重新施钻。

挖槽过程中还要防止槽孔偏斜和弯曲。为此，钻机使用前应调整悬吊装置，防止偏心，机架底座应保持水平，并安设平稳；钻进中如遇到较大孤石、探头石或局部坚硬土层，应辅以冲击钻破碎；在有倾斜度的软硬地层交界处及扩孔较大处，应采取低速钻进；要合理安排掘削顺序，间隔施钻并适当控制钻压。若已出现槽孔偏斜弯曲，一般可在偏斜处用钻机上下往复扫孔，使槽孔正直；若偏差严重，则应回填砂黏土到偏孔处 1m 以上，待沉积密实后，再重新施钻。

地下连续墙施工时保持槽壁稳定、防止槽壁坍方是十分重要的问题。如果一旦发生坍方，将可能导致地面沉陷而使挖槽机械倾覆，对邻近的建筑物和地下管线也会造成破坏。坍方还有可能将挖槽机埋住，拖延工期。如果在浇筑混凝土过程中产生坍方，坍方的土体混入混凝土中，会造成墙体缺陷，甚至会使墙体内外贯通，成为产生管涌的通道。因此，槽壁坍方是地下连续墙施工中极为严重的事故。

与槽壁稳定有关的因素是多方面的，但可以归纳为泥浆、地质条件与施工三个方面。

施工方面。地下连续墙施工时单元槽段的划分亦影响槽壁的稳定性。槽段的长深比越小，土拱作用越小，槽壁越不稳定。因此，一般一个单元槽段不要超过 2～3 个挖掘段。此外，单元槽段的长度也影响挖槽时间，挖槽时间长，使泥浆质量恶化，从而也影响槽壁的稳定。

施工中还要注意控制钻进进尺或钻机回转速度，以减小对槽壁的扰动，尤其是在松软砂层中钻进，速度不要过快或空转过长。

成槽后应及时吊放钢筋笼、浇灌混凝土，以免搁置时间过长，造成泥浆沉淀而失去护壁作用。还要注意施工期间地面荷载不要过大，防止附近的车辆和机械对地层产生振动等。

当挖槽出现坍塌迹象时，如泥浆大量漏失，液位明显下降，泥浆内有大量泡沫上冒或出现异常的扰动，导墙及附近地面出现沉降，排土量超过设计断面的土方量，多头钻或抓斗升降困难等，此时应首先将挖槽机提至地面，然后迅速采取措施，避免坍塌进一步扩大。常用的措施是立即进行补浆，严重的坍方，应用优质黏土（掺入20％水泥）回填至坍塌处以上1～2m，待沉积密实后再行钻进。

四、清底

挖槽结束后，悬浮在泥浆中的土颗粒将逐渐沉淀到槽底，此外，在挖槽过程中未被排出而残留在槽内的土渣，以及吊放钢筋笼时从槽壁上刮落的泥皮等都堆积在槽底。在挖槽结束后清除槽底沉淀物的工作称为清底。

清底是地下连续墙施工中的一项重要工作。如不清底，残留在槽底的沉渣会使地下连续墙底部与持力层地基之间形成夹层，使地下连续墙的沉降量增大，承载力降低，并削弱墙体底部的截水防渗能力，甚至可能会导致管涌；而且，沉渣混入混凝土中会使混凝土强度降低，随着浇筑过程中混凝土的流动被挤至接头处，严重影响接头部位的防渗性能；沉渣会使混凝土的流动性降低，影响浇筑速度，还会造成钢筋笼上浮；如沉渣过厚，钢筋笼插不到设计位置，则使墙体结构配筋发生变化。因此，必须认真作好清底工作，减少沉渣带来的危害。

清除沉渣的方法，常用的有：砂石吸力泵排泥法、压缩空气升液排泥法、潜水泥浆泵排泥法、抓斗直接排泥法。前三种应用尤多，图8-22为其工作原理图。清底后，槽内泥浆的相对密度应在1.15以下。

清底一般安排在插入钢筋笼之前进行，对于以泥浆反循环法进行挖槽的施工，可在挖槽后紧接着进行清底工作。如果清底后到混凝土浇筑前的间隔时间较长，亦可在浇筑混凝土前利用混凝土导管再进行一次清底。如图8-22（*d*）所示，在混凝土导管顶部加盖，用泵压入清水或密度小的新鲜泥浆，将槽底含渣量大的泥浆置换出来，以保证墙体质量。

另外，单元槽段接头部位附着的土渣和泥皮会显著降低接头

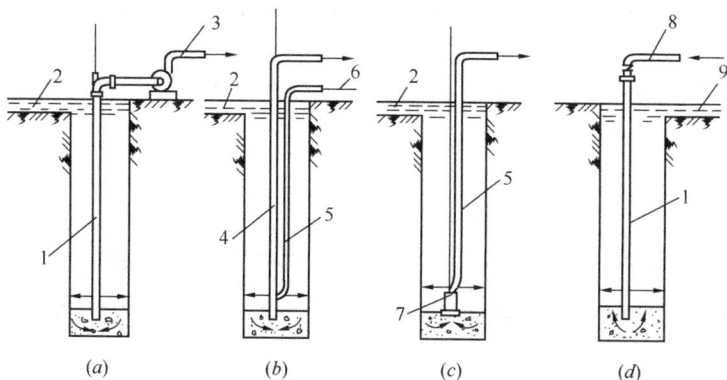

图 8-22　清底方法

(a) 砂石吸力泵排泥；(b) 压缩空气升液排泥；(c) 潜水泥浆泵排泥；

(d) 利用混凝土导管压浆排泥

1—导管；2—补给泥浆；3—吸力泵；4—空气升液排泥管（导管）；5—软管；

6—压缩空气；7—潜水泥浆泵；8—清水或泥浆；9—排渣

处的防渗性能，宜用刷子刷除或用水枪喷射高压水流进行冲洗。

五、连续墙的接头施工

地下连续墙的接头一般可分为两大类，一类是施工接头，即浇筑地下连续墙时两相邻单元墙段的纵向连接接头；另一类是结构接头，即已竣工的地下连续墙在水平向与其他构件（内部结构的楼板、柱、梁、底板等）相连接的接头。地下连续墙的接头形式很多，一般应本着满足受力和防渗要求，并方便施工的原则进行选择。

1. 施工接头

常用的施工接头有以下几种形式：

（1）接头管（亦称锁口管）接头。这是目前地下连续墙施工中应用最多的一种。接头管接头的施工程序如图 8-23 所示。施工时，待一个单元槽段土方挖完后，于槽段的端部用吊车放入接头管，然后边吊放钢筋笼边浇筑混凝土，待混凝土强度达到 $0.05 \sim 0.20 \mathrm{MPa}$ 时（一般在混凝土浇筑后 $3 \sim 5 \mathrm{h}$，视气温而定），开始用吊车或液压顶升架提拔接头管，上拔速度应与混凝土浇筑速度、混凝土强度增长速度相适应，一般为 2～4m/h，并应在混凝土浇筑结束后 8h 以内将接头管全部拔出。接头管拔出后，单元槽段的端部形成半圆形，继续施工时即形成两相邻单元墙段的接头。

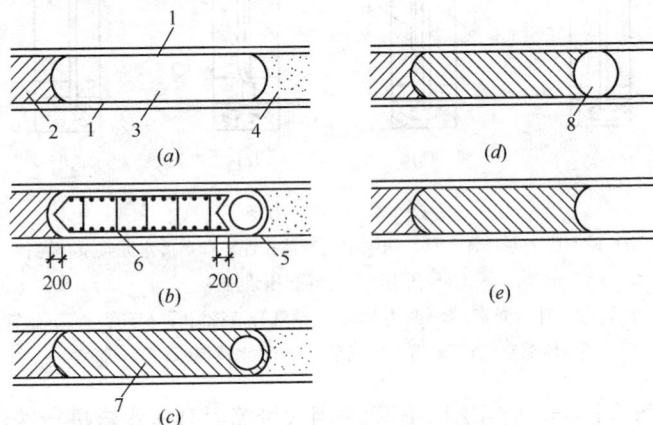

图 8-23　接头管接头的施工程序
(a) 开挖槽段；(b) 吊放接头管和钢筋笼；(c) 浇筑混凝土；
(d) 拔出接头管；(e) 形成接头
1—导墙；2—已浇筑混凝土的单元槽段；3—开挖的槽段；4—未开挖的槽段；
5—接头管；6—钢筋笼；7—正浇筑混凝土的单元槽段；
8—接头管拔出后的孔洞

(2) 接头箱接头。这是一种可用于传递剪力和拉力的刚性接头。施工方法与接头管相似，只是以接头箱代替了接头管，施工过程如图 8-24 所示。

单元槽段挖完后吊下接头箱，由于接头箱在浇筑混凝土的一侧是敞开的，所以可以容纳钢筋笼端部的水平钢筋或纵向接头钢板插入接头箱内。浇筑混凝土时，由于接头箱的敞开口被焊在钢筋笼上的钢板所遮挡，因而浇筑的混凝土不会进入接头箱内。接头箱拔出后，再开挖后期单元槽段，吊放后期墙段钢筋笼，浇筑

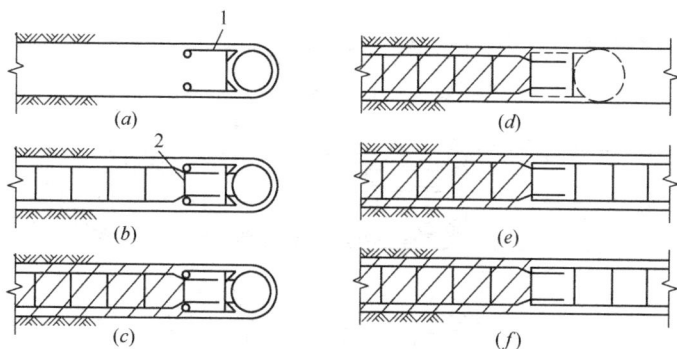

图 8-24　接头箱接头的施工程序

（a）插入接头箱；（b）吊放钢筋笼；（c）浇筑混凝土；（d）吊出接头箱；（e）吊放后
一个槽段的钢筋笼；（f）浇筑后一个槽段的混凝土形成整体接头

1—接头箱；2—焊在钢筋笼端部的钢板

混凝土形成新的接头。这种接头形式由于两相邻单元槽段的水平
钢筋交错搭接，因而所形成的接头是一种刚性整体接头。

图 8-25、图 8-26 所示是用 U 形接头管与滑板式接头箱施工
的钢板接头。它是在两相邻单元槽段的交界处利用 U 形接头管
放入开有方孔且焊有封头钢板的接头钢板，以增强接头的整体
性。接头钢板上开有大量方孔，其目的是为了增强接头钢板与混
凝土之间的粘结。滑板式接头箱的端部设有充气的锦纶塑料管，
用来密封止浆，防止新浇筑的混凝土浸透。为了便于抽拔接头
箱，在接头箱与封头钢板和 U 形接头管接触处皆设有聚四氟乙
烯滑板。

（3）隔板式接头。隔板的形状分为平隔板、榫形隔板和 V
形隔板，如图 8-27 所示。由于隔板与槽壁之间难免有缝隙，为
防止新浇筑的混凝土渗入，要在钢筋笼的两边铺贴纤维尼布等化
纤布，化纤布可把单元槽段钢筋笼全部罩住，也可以只有 2～3m
宽。要注意吊入钢筋笼时不要损坏化纤布。在图示的三种隔板式
接头中，榫形接头的钢筋交错搭接，能使各单元墙段连成整体，
是一种较好的接头方式。但此接头方式在插入钢筋笼时较困难，

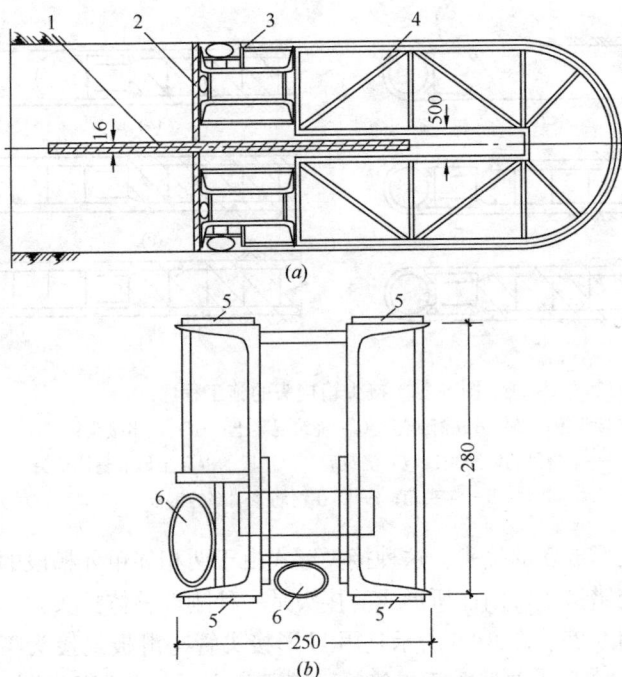

图 8-25 U形接头管与滑板式接头箱

（a）U形接头管；（b）滑板式接头箱

1—接头钢板；2—封头钢板；3—滑板式接头箱；4—U形接头管；

5—聚四氟乙烯滑板；6—锦纶塑料管

且此处浇筑混凝土时，混凝土的流动亦受阻碍，施工中需加以注意。

2. 结构接头

地下连续墙与内部结构的楼板、柱、梁、底板等连接的结构接头，常用的有下列几种：

（1）预埋连接钢筋法。如图 8-28 所示，它是在浇筑墙段混凝土之前，将设计的连接钢筋弯折后预埋在地下连续墙内，待基坑开挖后露出墙体时，再凿开预埋连接钢筋处的墙面，将露出的预埋连接钢筋弯成设计形状，与后浇结构的受力钢筋

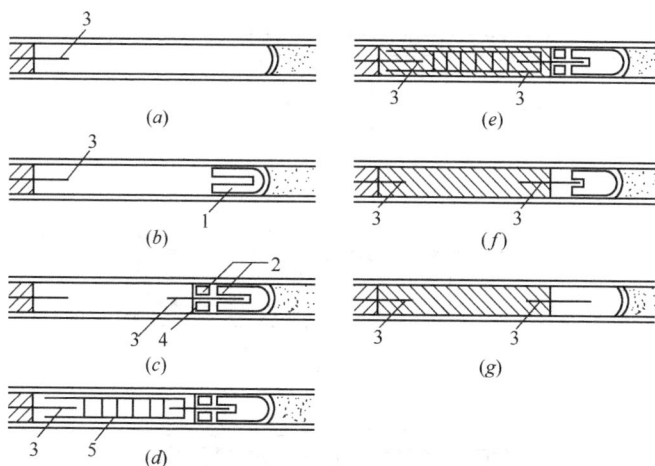

图 8-26 U形接头管与滑板式接头箱施工程序

（a）单元槽段成槽；（b）吊放U形接头管；（c）吊放接头钢板和接头箱；

（d）吊放钢筋笼；（e）浇筑混凝土；（f）拔出接头箱；

（g）拔出U形接头管

1—U形接头管；2—接头箱；3—接头钢板；4—封头钢板；5—钢筋笼

连接。

（2）预埋连接钢板法。如图 8-29 所示，它是将预埋连接钢板与槽段钢筋笼固定后，一起吊入槽内，然后浇筑混凝土墙体，待基坑开挖后露出墙体时，再凿开预埋连接钢板的墙面，用焊接方式将后浇结构中的受力钢筋与预埋连接钢板焊接牢固。

（3）预埋钢筋锥螺纹接头法这是目前应用最多的一种结构接头。它是将连接钢筋的一端（与后浇结构受力钢筋连接的一端）套上锥螺纹接头连接套筒，用力矩扳手拧紧，套筒的另一端加上密封盖，预埋在地下连续墙内，待基坑开挖露出墙体时，拧下密封盖，再用力矩扳手将后浇结构的受力钢筋拧入连接套筒。钢筋连接端使用前应加工成锥螺纹丝头，丝头的锥度、牙形、螺距等必须与连接套筒匹配。

地下连续墙中当有其他的预埋件或预留孔洞时，可利用泡沫

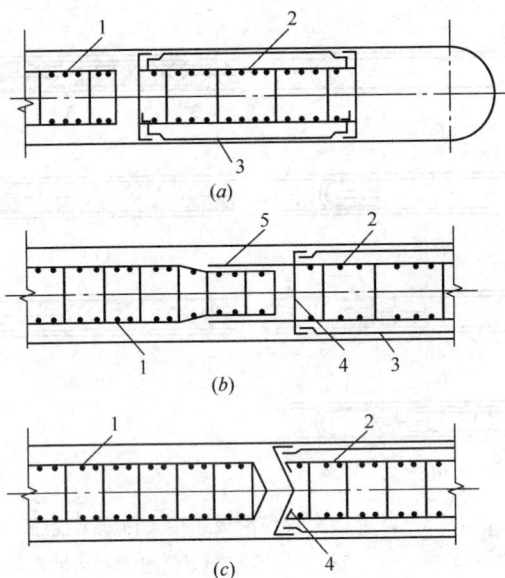

图 8-27　隔板式接头

(a) 平隔板；(b) 榫形隔板；(c) V 形隔板

1—正在施工槽段的钢筋笼；2—已浇筑混凝土槽段的钢筋笼；

3—化纤布；4—钢隔板；5—接头钢筋

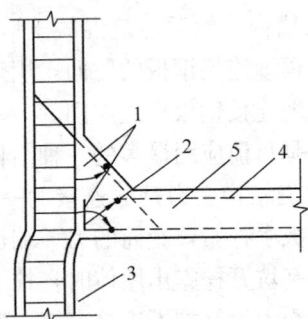

图 8-28　预埋连接钢筋法

1—预埋的连接钢筋；2—焊接处；

3—地下连接墙；4—后浇结构中的受

力钢筋；5—后浇结构

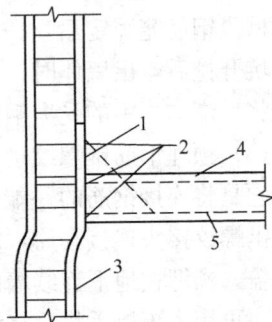

图 8-29　预埋连接钢板法

1—预埋连接钢板；2—焊接处；

3—地下连续墙；4—后浇结构；

5—后浇结构中的受力钢筋

苯乙烯塑料、木箱等进行覆盖，但要注意不要因泥浆浮力而使覆盖物移位或损坏，并且在基坑开挖时要易于从混凝土面上被取下。

六、钢筋笼加工与吊放

1. 钢筋笼加工。钢筋笼根据地下连续墙墙体配筋图和单元槽段的划分来制作。单元槽段的钢筋笼应装配成一个整体。必须分段时宜采用焊接或机械连接，接头位置宜选在受力较小处，并相互错开。

钢筋笼两端部与接头管或相邻墙段混凝土接头面之间应留有不大于 150mm 的间隙，钢筋笼下端 500mm 长度范围内宜按 1:10 的坡度向内弯折，且钢筋笼的下端与槽底之间宜留有不小于 500mm 的间隙。

钢筋笼主筋净保护层厚度不宜小于 70mm，保护层垫块厚 50mm，在垫块和墙面之间留有 20~30mm 的间隙。由于用砂浆垫块易在吊放钢筋笼时破碎，且易擦伤槽壁面，故近年来多用薄钢板制作垫块，焊于钢筋笼上，也有用塑料块作为垫块的。

制作钢筋笼时要预先确定浇筑混凝土用导管的位置，由于这部分要上下贯通，因而周围需增设箍筋和连接筋进行加固。横向钢筋有时会阻碍导管插入，所以应把横向钢筋放在外侧，纵向钢筋放在内侧。纵向钢筋的净距不得小于 100mm。

由于钢筋笼尺寸大、刚度小，起吊时易产生变形，因此，要结合起吊方式和吊点布置，在钢筋笼内布置一定数量（一般是 2~4 榀）的纵向桁架，如图 8-30 所示。

制作钢筋笼时，要根据配筋图确保钢筋的正确位置、间距及根数。纵向钢筋接长宜用气压焊、搭接焊等。钢筋连接除四周两道钢筋的交点需全部点焊外，其余的可采用 50% 的交错点焊。成型用的临时扎结铁丝在钢筋点焊连接后应全部拆除。

钢筋笼上如果贴有泡沫苯乙烯塑料块等预埋件时，一定要固定牢固。泡沫苯乙烯塑料块过多，或泥浆相对密度过大，还会使钢筋笼上浮而难以插入槽内，这种情况下有时须对钢筋笼施加配

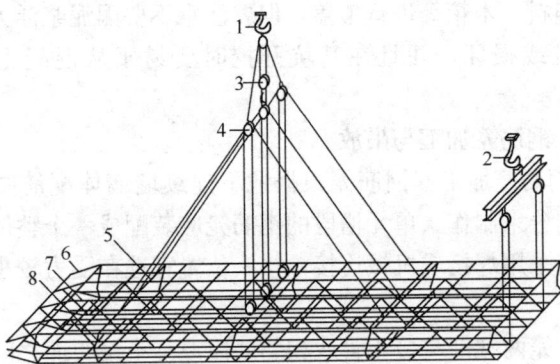

图 8-30　钢筋笼的构造与起吊方法

1、2—吊钩；3、4—滑轮；5—卸甲；6—端部向内弯曲；
7—纵向桁架；8—横向架立桁架

重。如果钢筋笼单侧受到过大浮力，会使钢筋笼倾斜，插入时难免会擦落槽壁土渣，此时亦应增加配重加以平衡。

钢筋笼的制作速度要与挖槽速度协调一致，由于制作时间长，因此，必须有足够大的场地。用于钢筋笼成型的平台尺寸应大于最大钢筋笼的尺寸，并保证一定的平整度。

2. 钢筋笼吊放。钢筋笼的起吊、运输和吊放应制订周密的施工方案，主要解决好两个问题：一是在吊放过程中不能使钢筋笼产生不可恢复的永久变形；二是插入过程中不要造成槽壁坍塌。

钢筋笼起吊应用横吊梁或吊架，吊点布置和起吊方式要防止起吊时引起钢筋笼变形。起吊时不能使钢筋笼下端在地面上拖引，应先将钢筋笼水平起吊，然后通过主机和辅助起重机的协调操作，使钢筋笼吊直后对准槽口。为防止钢筋笼吊起后在空中摆动，应在钢筋笼下端系上曳引绳以人力操纵控制。

插入钢筋笼时，吊点中心必须对准槽段中心，缓慢垂直落入槽内，此时必须注意不要因起重臂摆动而使钢筋笼产生横向摆动，以致造成槽壁坍塌。

钢筋笼插入槽内后，应检查其顶端高度是否符合设计要求，然后用横担或在主筋上设弯钩将其搁置在导墙上。

如果钢筋笼是分段制作的，下段钢筋笼插入槽内后应先悬挂在导墙上，然后将上段钢筋笼垂直吊起，上下两段钢筋笼成直线连接。

若钢筋笼不能顺利插入槽内时，不能强行插入，以免引起钢筋笼变形或槽壁坍塌，应该重新吊出，查明原因加以解决。

七、混凝土浇筑

混凝土配合比的设计除满足设计强度要求外，还应考虑到采用导管法在泥浆中浇筑混凝土的施工特点和对混凝土强度的影响。混凝土一般按照比设计规定的强度等级提高 5MPa 进行配合比设计。水泥应采用强度等级 32.5 或 42.5 的普通硅酸盐水泥或矿渣硅酸盐水泥；石子宜用卵石，最大粒径不大于导管内径的 1/6 和钢筋最小净距的 1/4，一般宜用 5~25mm 的河卵石，如用碎石，应适当增加水泥用量和提高含砂率，以保证所需的坍落度与和易性。砂宜用粒度良好的河砂，水灰比不大于 0.6，单位水泥用量，粗骨料如为卵石应在 $370kg/m^3$ 以上，如用碎石并掺加减水剂时，应在 $400kg/m^3$ 以上，混凝土的坍落度宜为 18~20cm。

地下连续墙的混凝土浇筑机具可选用履带式起重机、卸料翻斗、混凝土导管和贮料斗，并配备简易浇筑架，组成一套设备。为便于混凝土向料斗供料和装卸导管，还可以选用混凝土浇筑机架进行地下连续墙的浇筑，机架可以跨在导墙上沿轨道行驶。

地下连续墙混凝土用导管法进行浇筑。由于导管内混凝土和槽内泥浆的压力不同，导管下口处存在压力差，因而混凝土可以从导管内流出。

在整个浇筑过程中，混凝土导管应埋入混凝土内 2~4m，最小埋深不得小于 1.5m，使从导管下口流出的混凝土将表层混凝土向上推动而避免与泥浆直接接触，否则混凝土流出时会把混凝土上升面附近的泥浆卷入混凝土内。但导管的最大插入深度亦不宜超过 9m，插入太深，将会影响混凝土在导管内的流动，有时还会使钢筋笼上浮。

开导管前下料斗内的混凝土量要保证能使导管内的泥浆完全排出，并使冲出后的混凝土足以封住并高出管口，以防止泥浆卷入混凝土内。因此，下料斗内开管前初存的混凝土量要经过计算确定。开导管前首批混凝土用量 V 可按下式计算（图 8-31）：

$$V = h_1 \times \frac{\pi d^2}{4} + H_c A$$

式中 d——导管直径（m）；

$\quad H_c$——首批混凝土要求浇筑的深度（m），$H_c = H_D + H_E$，H_D 为管底至槽底的高度，取 $0.4 \sim 0.5$m；H_E 为导管的埋深，一般取 1.5m；

$\quad A$——浇筑槽段的横截面面积（m^2）；

$\quad h_1$——槽段内混凝土达到 H_c 时，导管内混凝土柱与导管外泥浆压力平衡所需高度（m），$h_1 = \dfrac{H_w r_w}{r_c}$，$H_W$ 为预计浇筑混凝土顶面至道墙顶面高差（m），r_w 为槽泥浆的重度，取 1.2kN/m^3，r_c 为混凝土拌合物重度，取 2.4kN/m^3。

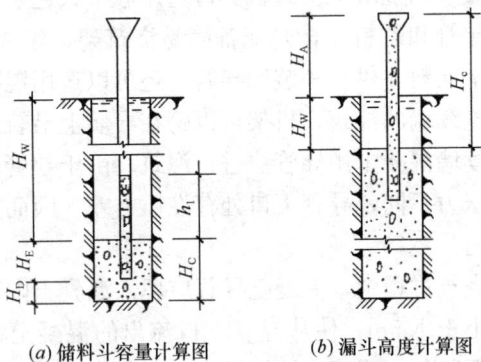

(a) 储料斗容量计算图   (b) 漏斗高度计算图

图 8-31 开导管时混凝土用量计算简图

浇筑时要保持槽内混凝土面均衡上升，浇筑速度一般为30～35m³，速度快的甚至超过60m³/h。导管不能作横向运动，否则会使沉渣和泥浆混入混凝土内。导管的提升速度应与混凝土的上升速度相适应，避免提升过快造成混凝土脱空现象，或提升过晚而造成埋管拔不出的事故。

导管的间距取决于其浇筑有效半径和混凝土的和易性。当浇筑速度 $v \leqslant 5m/h$ 时，浇筑有效半径可参考下述经验公式确定：

$$R = 6.25sv$$

式中　R——混凝土浇筑有效半径（m）；

　　　s——混凝土的坍落度（m）；

　　　v——混凝土浇筑（上升）速度（m/h）。

单元槽段端部易渗水，导管距槽段端部的距离不得超过2m。管距过大，两根导管的中间部位混凝土面低，泥浆易卷入。如采用多根导管同时浇筑时，各导管处的混凝土面高差不宜大于0.3m。

当混凝土浇筑到离顶部约3m附近时，导管内混凝土不易流出，这时要放慢浇筑速度，或将导管埋深减为1m，如果仍浇筑不下去，可将导管上下抽动，但抽动范围不得超过30cm。浇到墙顶层时，由于混凝土与泥浆混杂，混凝土面上存在一层浮浆层，需要清除掉。因此，混凝土面高度应比设计高度超浇300～500mm，待混凝土硬化后，再用风镐将浮浆层凿去，以利于新老混凝土的结合。

为保证混凝土的均匀性，混凝土浇筑时中途不得中断，遇到特殊情况，间歇时间一般应控制在15min内，但任何情况下不得超过30min，每个单元槽段的浇筑时间，一般应控制在4～6h内浇完。

在混凝土浇筑过程中，不能使混凝土溢出料斗流入导沟，否则会使泥浆质量恶化。浇筑混凝土后被置换出来的泥浆要进行处理，防止泥浆溢出地面。

在混凝土浇筑过程中，还要随时用探锤测量混凝土面实际标高（应至少量测三个点取其平均值），计算混凝土上升高度和导管埋入深度，统计混凝土浇筑量，及时做好记录。

第七节 长螺旋钻机安全操作及施工

一、长螺旋钻孔压灌混凝土后插钢筋笼灌注桩施工工艺流程（图 8-32）

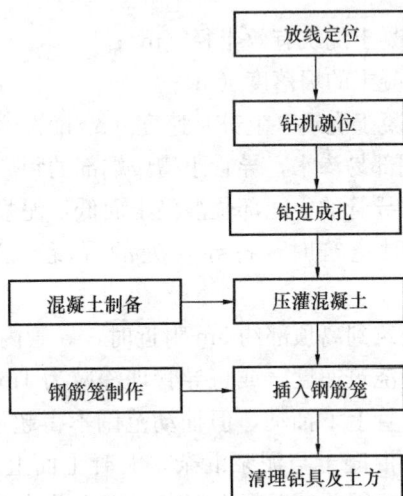

图 8-32 长螺旋钻孔压灌混凝土后插钢筋笼灌注桩施工工艺流程

二、操作前准备工作

1. 施工场地准备

（1）施工现场内道路、基坑坡道应符合设备运输车辆和起吊设备的行驶要求，对软弱地面进行碾压或夯实等加固处理。

（2）地上、地下障碍物处理完毕，达到"三通一平"，施工用临时设施准备就绪。

（3）混凝土地泵的安放位置应与钻机的施工顺序相配合。

2. 技术准备

（1）开工前应对施工人员进行质量、安全技术交底，并填写《技术交底记录》与《安全交底记录》，并对设备进行安全可靠性检查，确保施工安全。

（2）可采用直径 $\phi25$ 以上钢筋在桩位处扎入深度不小于 500mm 的孔，填入白灰并插上钢筋棍等，标识桩位。桩位放完，由技术负责人组织质检员、施工员、班组长共同对桩位进行检查，确认准确无误后，与甲方或监理办理预检签字手续。钻孔前应对桩位进行复核。

3. 设备准备

（1）选择动力性能满足工程地质水文地质情况、成孔直径、成孔深度要求的长螺旋钻孔设备。

（2）混凝土输送泵选用 $45\sim60m^3/h$ 规格或根据工程需要选用。

（3）正式进场施工前应对整套施工设备进行检查，保证设备状态良好，禁止带故障设备进场。

4. 人员准备

（1）现场管理及操作工人应全员安全教育并考试合格后方可上岗。

（2）特种作业人员需持证上岗。

三、试车

作业前必须仔细阅读使用说明书，对桩架的构造有所了解，熟悉操纵方法，复核该工法及相关参数是否满足桩架的性能要求，并对桩架作详细的检查和试运转后方可投入打桩作业。

试运转前的检查和准备工作：

1. 检查电源电压，规定电压为 380V，压降不允许超过 5%，否则影响桩架正常运转。

2. 检查桩架各部位电机、电气元件的接线是否牢固。

3. 检查各部液压换向阀，液压元件、泵确保安装及运行情况良好。

4. 检查各部钢丝绳是否损坏，若损坏应及时更换。接头绳卡是否牢固，若不牢固应及时紧固。

5. 检查立柱导轨有无磨损，导轨上是否涂有润滑脂。

6. 检查各部位连接螺栓是否紧固。

7. 检查卷扬机工作是否正常。

8. 检查各运行机构是否加足润滑脂（油）。

9. 检查斜撑油缸是否同步运行。

四、操作方法

1. 横向行走（沿大船方向）

横向行走大船支撑油缸顶升，小船升离地面，大船着地，大船行走油缸推动大船小车，使桩机移位；然后大船支撑油缸回程，小船着地，大船悬挂在底盘上，大船行走油缸推动大船小车，大船移位；再一次顶升大船支撑油缸，大船着地，小船升离地面，桩机再一次向前移动。上述动作重复交替实现桩机横向移动（图 8-33）。

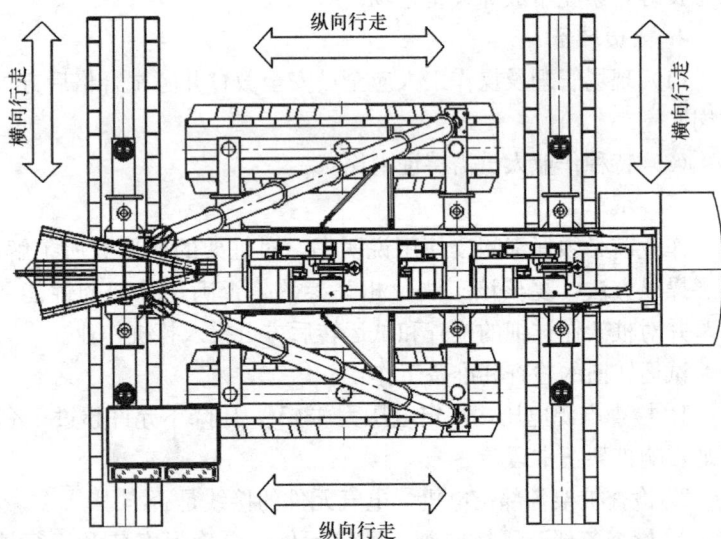

图 8-33　行走示意图

2. 纵向行走（沿小船方向）

先使大船支撑油缸活塞杆缩回，此时大船悬挂在底盘上，小船着地，然后小船行走油缸推动小船小车，桩机移位；大船支撑油缸升出，大船着地，小船离地，小船行走油缸推动小船小车，小船移位。上述动作重复交替实现桩机纵向移动（图8-33）。

3. 回转（指小船回转）

大船支撑油缸回程，大船离地，小船着地。使小船油缸处于一只油缸伸出，而另一只油缸没有伸出情况下用相反动作，使桩机回转一定角度；再一次顶升大船支撑油缸，大船着地，小船离地，小船行走油缸伸出的缩回，回程的伸出，重复上述动作，实现桩机360°回转（图8-34）。

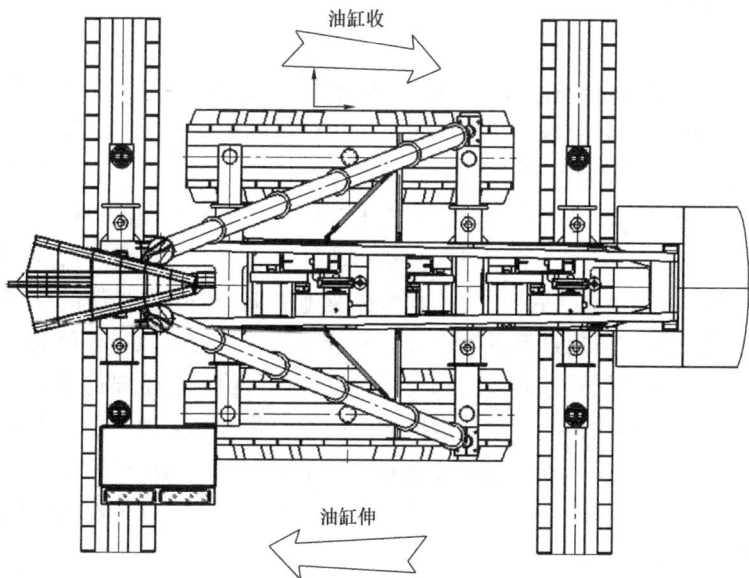

图 8-34　回转示意图

4. 立柱调垂

立柱底端由销轴与底盘绞接，柱身由两条撑杆支撑在底盘后端。通过调整撑杆的调幅油缸来调整立柱的前后倾斜度；通过底盘的八个支腿油缸来调整立柱四个方向垂偏。

5. 沉孔作业操作步骤

（1）根据钻孔直径和深度选取合适钻具。

（2）桩机行走至桩位时需调整支腿油缸使立柱垂直（观察吊坠）。

（3）开启上动力头卷扬机，按下下降按钮，同时开启上动力头顺转按钮。

（4）根据钻孔进尺速度适当停止卷扬机，使钻孔至标高，按下卷扬机停止按钮同时按下上动力头旋转停止按钮。

（5）启动卷扬机上升按钮使钻头离至孔底30～50cm。

（6）根据长螺旋钻孔灌注混凝土后插钢筋笼灌注施工技术规程进行施工。

五、安全操作规程

上机操作者必须经过专门上岗培训，并考试合格。上机操作者应熟练掌握机器各部位性能，了解桩机的构造原理、操作及使用方法，了解各个操作按键的功能及指示信号的意义，而且必须分工明确。要求指挥人员熟悉施工工法及相关安全操作规程。

桩长、桩径、工法与打桩架的选择，施工前应注意所选的振动锤、柴油锤、钻孔机的技术参数及施工工法是否在桩架的性能要求之内，若超过打桩架许可的参数限值，整机的稳定与顶部立柱下部连接螺栓等的强度都将超过设计许可值，杜绝强行施工。

机器移动前应清除行走地面上的障碍物，如果地凹陷太大须填实；大小船的倾斜度不要超过4°。行走船形轨道应可靠接地，在松软的地面施工时应充分注意地面的承载能力，并采取相应的措施（垫木、钢板、填土）。

若挂20t以上重型设备，桩架行走时大小船要提离地面能够行走即可，防止由于地面不平或软硬不均使桩架倾斜过大发生危险。

施工中应注意桩架与桩管应垂直于地面，桩管在插入地面前后，桩架的垂直度会发生变化，一般情况下，桩管插入土中后，整机会向后倾，此时需调整斜撑，让立柱恢复到垂直状况，打桩、吊桩作业时，应避免桩管碰立柱，桩管入地后严禁回转移动桩架。

进行螺旋钻孔作业时，应确保前后大船接地平稳，前船下面应垫足够实，用以防止拔螺旋钻时前船下沉。上拔螺旋钻时，应一边旋转，一边慢慢上拔，尽可能使动作缓慢平稳。

桩架行走移位时，桩管或钻杆要提离地面约 1m 处，桩管或钻杆应可靠固定，预防受外力晃动发生危险。若使用柴油锤作业，应将柴油锤放在立柱下方，不可将锤置于立柱中上部。

在振动锤施工过程中可适当加压，加压时注意桩架行走后轮不要抬起。

吊拔桩时，禁止侧向拖拉或者从较远地方用吊钩将桩拖到打桩架前，安装动力头或锤体时，用吊车将其吊在距立柱正前方 2m 内，桩体距立柱正前方，距离控制在 8m 内，拔桩时应选择合适的滑轮组倍率。

开动电机前先检查各种控制按键是否复位，以免带负荷启动损坏电机。本机电要采用二次启动，在按启动电钮时，只需迅速触动一下，不可按住时间过长，以免重复启动损坏电机。

机器启动后，操作者按照地面指挥人员的指令进行操作。指挥人员必须使机器调整到良好的工作状态后进行作业。

开动两个以上工位时，注意机器的平衡。开动行走履靴时，要同时按下平行油缸的行走按键保证两行走船同步，以免损坏油缸。

本机大小船为步履式行走，故大小船不能同时着地行走，不然会损坏桩机部件。大船要行走时，小船必须悬空；反之，小船行走时，大船必须悬空。

调整立柱垂偏时要小心并慢速控制调整油缸动作，保证桩架的整体稳定性。

立柱下面起吊重物时严禁站人，以免物件坠落造成重大事故。

检修阀件和油路时，必须先关掉电机，将油路上的压力油卸回油箱后，才能拆阀件和拧松管道上的螺栓，以免高压油伤人。

操作者离机应切断电源，停止工作时应关闭总电闸，锁好驾驶室的窗门。

液压系统中调压阀和操纵阀及各接头等不得任意调节。

停止作业时液压卷扬机的手动比例换向阀要复至中位卡上保险。

六、常见长螺旋灌注桩施工缺陷的预防、处理（表 8-14）

常见长螺旋灌注桩施工缺陷的预防、处理　　　　表 8-14

常见缺陷	发生原因	排除方法
导管堵塞	配比或坍落度不符合要求，泵管弯折，排气阀不正常	保证骨料粒径、混凝土配合比和坍落度符合要求。避免泵管过大弯折，每次拆卸导管应清洗干净。必须保证排气阀畅通
偏桩	场地不实，桩机对位不仔细或地层原因使钻杆跑偏	施工前清除地下障碍物，平整压实场地，开钻前和钻进过程中注意复核及时调整桩机垂直度
断桩、夹层	提钻太快拔空或邻桩串孔	严格控制提速确保钻杆始终埋在混凝土内 1m。桩距太密应跳打施工
桩身混凝土收缩或强度不足	桩身混凝土收缩是普遍现象，混凝土坍落度过大导致和易性差	桩顶超灌至少 1m，合理选择外加剂，优化粗骨料级配
桩头质量问题	桩头夹泥、气泡、泥浆太厚等多为操作不当导致	及时清除桩口出土，防止安放钢筋笼时带入混凝土内。必要时桩头应采用振捣措施
钢筋下放困难	垂直度不满足要求	保证成孔垂直度及钢筋笼下放垂直度

第八节　三轴搅拌桩机安全操作及施工

一、三轴搅拌桩机施工工艺流程（图 8-35）

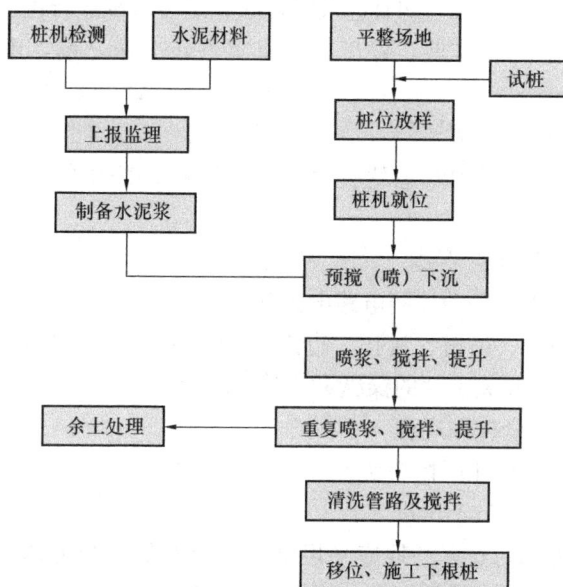

图 8-35　三轴搅拌桩机施工工艺流程

二、操作前准备工作

1. 检查电源、电压，额定电压为 380V，降压不能超过 5％。

2. 检查桩机各部位电机、电气元件的接线。

3. 检查液压泵、阀、油缸、油管有否漏油及损坏。

4. 立柱导轨涂上润滑油脂，并检查导轨磨损情况。

5. 检查各部位螺栓是否紧固。

三、试车

1. 启动各部电机，检查各仪表是否正常工作。观察各机构、液压系统等工作是否与标定方向相同，否则应改变电源接线，修正转动及行驶方向。

2. 操纵各换向阀，观察各油缸、油管工作是否正常。

3. 钻孔、打桩前运转空载工作正常后，进行带载试车，首先将工作装置挂在桩架上，尔后进行起升、行走、回转等，观察是否出现异常现象，如有应及时排除，经多次试运行正常，方可进行钻孔、打桩作业。停工后，每次重新工作之前，重复上述工作。

四、操作方法

操作人员必须熟悉驾驶室内控制手柄、按钮的作用，说明如下：

1. 合上电源开关。

2. 用钥匙启动控制电路电源开关。

3. 钻杆、吊料、卷扬、行走机构、回转、斜撑调整、液压系统、控制开关手柄的操纵见驾驶室内标志。

五、安全操作规程

1. 桩机作业区内应无高压线路，作业区应有明显标志或围栏，非工作人员不得进入。

2. 桩机的安装场地应平坦坚实，当地基承载力达不到规定的压应力时，应采取加固、铺钢板等措施进行处理。

3. 搅拌桩机按要求就位后，进行用电安全、桩架的稳定性、操作部位的性能、导向部件的稳固程度等检查。

4. 机架、机台的邻边、登高以及机械运转区域有保护措施。

5. 开机前机长、班长要对机械的安全性进行检查，机械良好方可施工。

6. 用电按照"一机、一闸、一箱、一漏"要求设置，做好接地保护。

7. 暴雨前后，要检查机身、电气等部分，发现倾斜、变形、下沉、漏电等现象，应及时修理加固。

8. 开始下钻时，应由慢转快，灌浆时，应按规定灌好水泥浆，不得漏灌，停工后，立即清洗干净管内的水泥浆。

六、常见三轴搅拌桩施工事故的预防、处理（表8-15）

常见三轴搅拌桩施工缺陷的预防、处理   表8-15

常见缺陷	发生原因	排除方法
搅拌体不均匀	工艺不合理，搅拌机械操作中发生故障，造成注浆不连续，供水不均匀，搅拌机械提升速度不均匀	1. 选择合理的工艺； 2. 采取提高搅拌转数和降低钻进速度、边搅拌边提升等措施提高搅拌的均匀性； 3. 单位时间的注浆量要相等，不允许注浆中断； 4. 搅拌固化剂不能随意加水，以防改变水泥浆的水灰比，降低搅拌体强度
喷浆不正常	注浆泵、搅拌机出现故障喷浆口被堵塞，管路中有砖块以及其他杂物，水泥浆的水灰比和稠度不合适	1. 注浆泵和搅拌机应该在施工前进行维修； 2. 喷溅口采用逆止阀门； 3. 喷溅应该连续，不得中断； 4. 搅拌机与喷浆高压管路应连续可靠； 5. 选用合适的水灰比
搅拌桩搭接处开叉渗水	钻机定位不准确，钻孔倾斜钻头磨损	1. 钻机钻孔时，必须保证其下部机箱稳固，机身不晃动，机架横平竖直，水平和竖直倾角不超过 0.5； 2. 每根桩施工前，必须校正搅拌轴两个不同方向的垂直度，成桩偏差不大于 1/100； 3. 检查钻头磨损情况，及时补焊因磨损造成的钻头直径减小； 4. 采用局部补桩的办法加固支护结构； 5. 在开叉部位钻孔注浆，封堵渗漏水通道

常见缺陷	发生原因	排除方法
抱钻	遇到硬质黏土，粘结力强，不易搅拌均匀，搅拌过程常常出现抱钻，有些土层虽然容易搅拌均匀，但是其上部土层压力较大，持浆力不好，容易出现冒浆	1. 搅拌头沉入前，应该在桩位注水，使得搅拌头表面湿润； 2. 地表为软土时可适当加入适当砂子，改变土的黏度，防止抱钻； 3. 选择合理的搅拌工艺，遇到硬土时应该采用输水搅动，输浆拌合、搅拌工艺，并适当提高钻机钻速，降低钻进速度
断桩	压浆阶段输浆管道堵塞，发生断浆	立即停泵处理，待处理后立即把搅拌钻具上提和下沉 1m 后方能继续注浆，等 10~20s 恢复向上提升搅拌
钻孔倾斜	桩架不稳、桩杆不垂直、土层软硬不均匀，遇较大孤石	1. 确定桩架下的土基密度、平整度，保证桩架平稳； 2. 对桩杆进行垂直校正； 3. 预钻孔
漏水	水泥土的不良固结（埋在地层中的杂物、有机质土、黏土块等致使水泥土固结不好）	1. 挖掉不良部位，用硬拌水泥土或水泥浆置换填充； 2. 贴钢板并填充砂浆
冷缝	桩体施工自开始至最终，由于施工间隔时间长，起点桩水泥超过初凝期	1. 围护桩达到一定强度后在冷缝处围护桩外侧补素桩，素桩与围护桩搭接厚度约 10cm； 2. 无法采取素桩补救，则在围护桩达到一定强度后，采用高压旋喷桩在外围进行旋喷加固

复 习 思 考 题

1. 混凝土预制桩沉桩工艺流程。

2. 混凝土预制桩施工对场地的要求。

3. 混凝土预制桩起吊、运输、堆放应注意什么？

4. 静压机压桩方法与步骤。

5. 静压机操作安全规程。

6. 静压桩机施工中发生浮机如何处理？

7. 锤击桩机打桩的主要步骤。

8. 柴油锤打桩施工作业要点有哪些？

9. 钻孔灌注桩施工工艺流程。

10. 正、反循环回转钻进原理及适用范围。

11. 正、反循环回转钻进常见事故及处理方法。

12. 泥浆性能的九项指标。

13. GPS-15 型钻机各操纵手把的功用。GPS-15 型钻机钻进操作。

14. GPS-15 型钻机操作前重点检查哪些内容？做哪些准备工作？

15. 钻孔灌注桩安全操作注意事项。

16. 正、反循环回转钻进参数如何选择？

17. 冲出钻机操作时的安全技术。

18. 振动沉管桩的主要操作步骤。

19. 振动沉管时的注意事项有哪些？

20. 旋挖转机操作主要步骤。

21. 旋挖转机移位时注意事项有哪些？

22. 钢筋笼吊装方法。

23. 水下混凝土灌注操作要求。

24. 深层搅拌桩单桩施工工艺流程。

25. 高压旋喷施工安全操作规程。

26. 什么是地下连续墙？

27. 地下连续墙施工的主要程序是什么？

28. 螺旋钻机操作前施工准备有哪些？

29. 三轴搅拌桩机操作前施工准备有哪些？

第九章 桩工机械装配和拆卸

第一节 机械拆卸基本要求

进行大修或对其内部零件修理和更换时，应先进行解体，将机械拆成零件。

为了防止零件的损坏，提高工效和为下一阶段工作创造良好条件，拆卸时应遵守下列原则：

1. 做好拆卸前的准备工作。工程机械的种类和型号较多，在搞清其构造、原理和各部分的性能前，不要拆卸。否则，会造成零件损坏。可以查阅有关说明书和技术资料。

2. 根据需要确定拆卸的零部件，能不拆者尽量不拆，对于不拆卸的部分必须经过整体检验，确保使用质量，否则，会使隐蔽缺陷在使用中发生故障和事故。

3. 应遵守正确的拆卸方法，采取由表及里的顺序，即先拆除外部附件、管路、拉杆等；应按照先总成、后零件的顺序，先将机械拆成总成，再由总成依次拆为部件、组件和零件，拆卸时所用的工具一定与被拆卸的零件相适应。

4. 拆卸时应为装配工作创造条件。拆卸时对非互换性的零件，应作记号或成对放置，以便装配时装回原位，保证装配精度和减少磨损；拆开后的零件，均应分类存放，以便查找，防止损坏、丢失或弄错。在工程机械修理中，由于机种型号繁多，一般均应按总成、部件存放。

第二节 机械装配基本要求

1. 做好装配前的准备工作,熟悉机械零部件的装配技术要求,清洗零部件。对经过修理和换新的所有零件,在装配前都应进行试装检查,确定适当的装配地点和备齐必需的设备、工具及仪器等。

2. 选择正确的配合方法,分析并检查零件装配的尺寸链精度,通过选配、修配或调整来满足配合精度的要求。

3. 选择合适的装配方法和装配设备。

4. 采用规定的密封结构和材料,应注意密封件的装配方法和装配紧度,防止密封失败,出现"三漏"(漏抽、漏水、漏气)现象。

第三节 GPS-15 型钻机安装

钻机的安装,应由具有一定技术水平的操作人员进行。整套设备安装大致按以下顺序进行。

1. 平整场地、埋设钢护筒、布置泥浆循环系统

在预定的孔口旁平整一块约 10m×5m 的坚实场地,埋设1～1.5m 深的钢护筒,挖泥浆循环槽和泥浆池,一端与孔坑相连,另一端通入沉淀池中。反循环施工时泥浆池要高于孔口0.5～1.0m。

2. 安放机台木、走管、钻机

沿钢护筒两边宽约 2.6m 安放 4 根规格约为 6m×25cm×25cm 机台木,机台木上放置 2 根 ϕ219 走管,最后将运输状态下的转盘钻机吊放在走管上卡牢放稳。

3. 起塔前检查

(1) 按规定接通主机电源,检查漏电保护装置,起跳性能是否可靠。

（2）检查钻机各部件安装是否稳固、可靠，各操作手柄是否处在空挡位置，主、副卷扬机是否处在制动状态。

（3）检查液压油路系统是否有漏油、碰坏，各油管接头是否松动及油箱中的油是否够量。

（4）移开钻塔上的水龙头和主动钻杆（对新购钻机）。

（5）松开卧塔架上的固定钻塔螺栓。

4. 起塔

启动油泵，注意正反转，把溢流阀压力调到 9.5MPa，将定位手柄向右拨开。操纵起落钻塔控制阀，使钻塔缓缓顶起 15°左右，再慢慢放下。然后检查连接钻塔的各部件是否有松动或卡阻现象。确认无误后再次将钻塔缓慢起至垂直位置，用销轴将底座与塔身固定，再用开口锁销锁住。起塔完毕后，再将定位手柄向左拨动复位，使起落塔手柄定位，防止误操作，确保钻塔安全。

钻塔放倒与起塔操作顺序相反。注意：放塔时确保液压系统性能良好，钻机上严禁站人，操作动作缓慢准确。

5. 检查与调试

（1）按照润滑要求，润滑钻机零件，向变速箱、主卷扬机、减速器、转盘内注油或加油。

（2）盘动三角皮带轮和进给手柄，观察变速箱、主副卷扬机、万向轴、减速器、转盘是否有卡死现象。

（3）检查主、副卷扬机钢丝绳磨损、润滑、盘绕、绳卡等是否符合安全要求。

（4）检查皮带传动和万向轴部分防护罩是否牢固齐全。

（5）检查滑台让出孔口和孔口板开合情况（由同一个油缸完成）。先用销轴将孔口板和底座固定，操纵滑台移位和孔口板开合控制阀手柄，完成滑台移位。然后拔去孔口板与底座固定的销轴，再操纵控制手柄，使孔口板让出孔口。

（6）主机各手柄挂空挡，主、副卷扬机处于制动状态下。启动电动机待运转正常后，结合变速箱离合器，使转盘、卷扬机以不同转速空运转。

（7）检查钻机各部安装紧固情况，发现松动应及时拧紧；转动部位和传动带应有防护罩。钻头和钻杆连接螺纹质量要良好，滑扣不得凑合使用。钻头崩刃缺角要换新。合金头焊接要牢固，不得有裂纹。钻头、钻杆连接处可加3mm厚垫圈，便于工作后拆卸钻杆。机架开口销长度应满足要求并正确安装。

钻机通过上述调试正常后方可投入使用。

第四节　ZYJ600液压静力压桩机安装、拆卸与运输

桩机的第一次安装、调试必须在钻机生产厂家的工程技术人员或委托人员的协助、指挥下完成。

安装场地的范围除应保证桩机本身所要求的空间外，还应满足运输车辆进出场地卸货以及25t吨位以上的起重机进出场地和吊装部件的需要。场地的平整、坚硬程度应满足载重50t的车辆运输的需要，以及满足25t吨位以上的起重机正常工作的需要。

桩机转换工地时，需将其解体成主机、夹桩箱、压桩横梁、配重梁、纵移机构、横移机构、配重铁等部分，以便于运输。拆机前，将桩机行走全平整、坚实的基础上，基础需保证载重50t的车辆能将机身顺利运输。桩机拆卸顺序如下：

1. 用起重机吊走所有配重铁。

2. 旋开机身、长船和短船上的放水螺塞将其中的配重水放掉。

3. 将夹桩箱提起高出机身上平面，置入两根长1.5m的轻型钢轨。然后缓慢将夹桩箱落在钢轨上，再卸掉主压桩缸与夹桩箱连接的铰轴并使主压桩缸活塞杆完全缩回。

4. 将压桩缸连同安装的横梁拆下来。

5. 升起桩机，将机身走到长船的一端，然后使机身下降，短船落地，旋掉靠这一端插入短船回转台的中心轴上的螺母，机

身上升，即可卸下短船。

注意：在拆卸前，应将复位弹簧的螺杆适当拧紧，使复位弹簧座与复位座脱开，待异地装配后，再拧松螺杆，使复位弹簧座与复位座接触。

6. 机身行走到长船的另一端，采用同样的方法拆下另一个短船。

7. 长船油缸缩回，尽量减少纵移油缸活塞杆的暴露，防止吊装、运输过程中碰伤活塞杆。

8. 平板车倒入机身下，垫好枕木，慢慢使机身落在平板车上，吊走配重梁，四个升降油缸与行走轮架分离，升降油缸完全缩回。将悬臂座和升降油缸拆下。

9. 将起重臂的活动部分完全收回，并用固定臂前端的两个螺栓将伸缩臂固定，落到压桩台的四个承台之间。

10. 如果途中有较矮的桥、隧道，可将起重机上高于司机室顶的小部件拆下来。剩下的这一部分称为主机，其外形尺寸示意如图 9-1 所示。

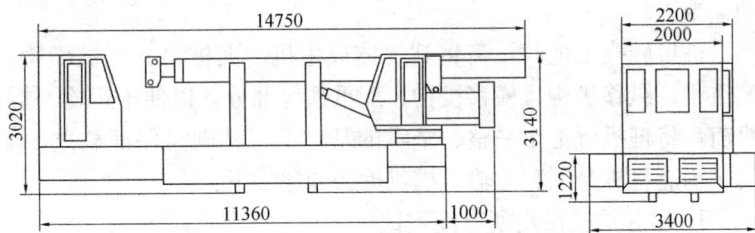

图 9-1　最大件运输外形尺寸示意图

11. 拆除桩机上的电源线。

12. 到达新工地后，装配的顺序与上述顺序正好相反。装配前首先将长船如图 9-2 所示尺寸布置好，再将平板车倒入。

13. 桩机安装后，做好保养和维护，重新进行调试和检查。

14. 每个安装升降油缸悬臂的大铰座上有一根加固大螺杆，确保尽量旋紧配在一起的大螺母。

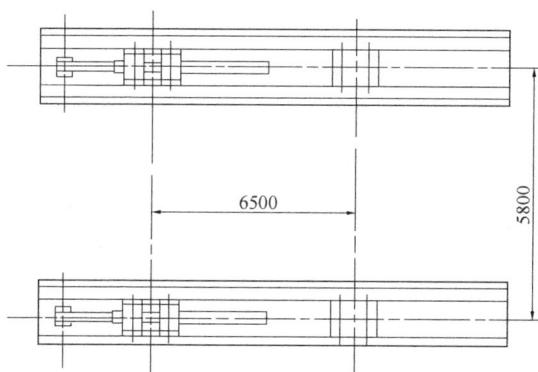

图 9-2　组装时长船的布置

15. 桩机安装后，根据要求，做好维护和保养。根据操作规程，进行桩机的调试和检查。

其他有关静力压桩机的安装请查阅相关章节内容和机械设备的说明书等有关资料，总之，要严格按规定、规范要求进行。

第五节　长螺旋钻机安装

机械安装前应预先确定有关人员的职责分工、确认工作顺序、确认联络信号，统一指挥。现场需清理出足够宽阔的平整场地。备好一台起重量 30t 的辅助起重机及吊具和枕木。

1. 大身由平板汽车运往安装场地，起重机起吊配合安装整机八只牛腿，支腿油缸接好高压油管，并且向配电箱供电，使液压系统呈工作状态（图 9-3）。

2. 四只短路基支腿油缸下摆放安装支架（建议安装支架底部圆盘需垫枕木确保稳定）。操纵多路阀，使短路基、支腿油缸活塞杆球头顶在暗转结构支架上撑起桩机大身离开汽车货箱，开出汽车如图 9-4 所示。注意：这时一般不允许缩回油缸活塞杆降低大身高度防止大身斜翻。

3. 前后长路基起吊摆放到位后，操作多路换向阀，撑起长

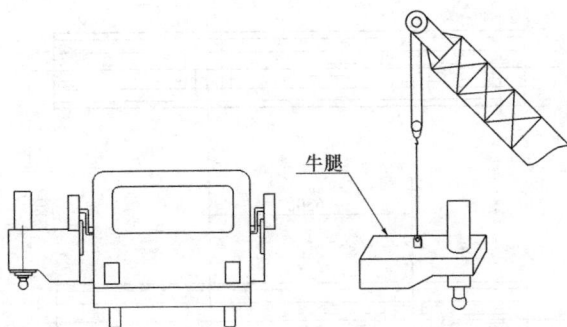

图 9-3　支腿安装

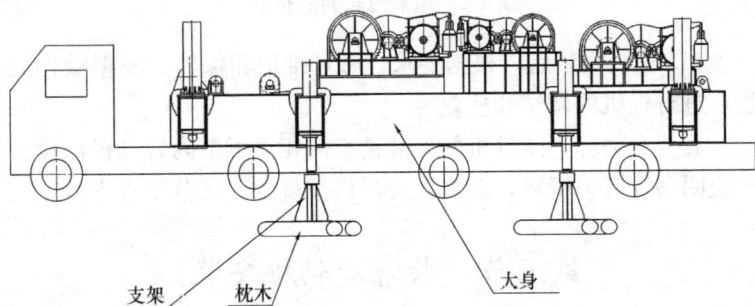

支架　　枕木　　　　　　　　　大身

图 9-4　卸车示意图

路基支腿油缸，并安装好球头座（图 9-5）。

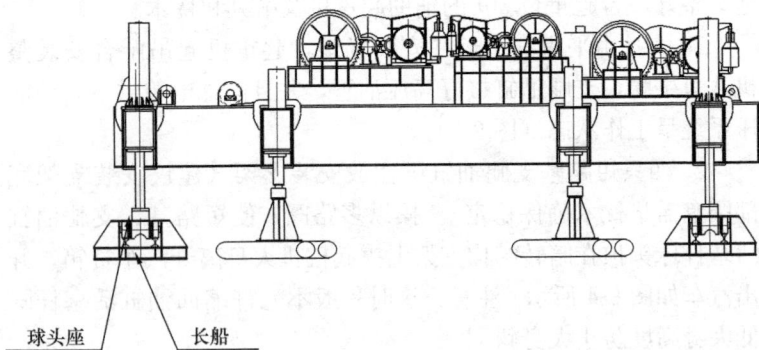

球头座　　长船

图 9-5　球头座安装

4. 操作多路换向阀，收回短路基支腿油缸，并吊装短路基，安装好操作室。安装好拔杆和后四脚凳（图 9-6）。

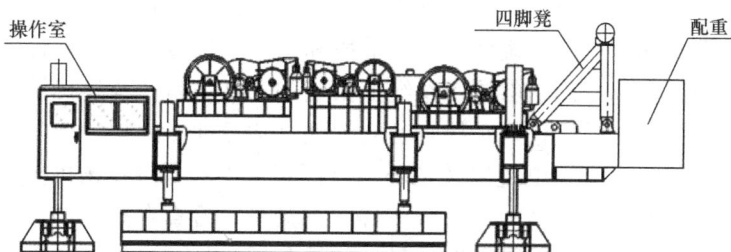

图 9-6　拼装图

5. 安装立柱及飞机头（顶部滑轮组）、起重机平吊起最下端一节立柱，使立柱底部销轴孔与桩机大身前部耳板销轴连接后平放置支撑凳上，起重机平吊起第二节立柱，与下端立柱法兰连接，支撑凳垫向第二节立柱，依次进行安装（图 9-7）。

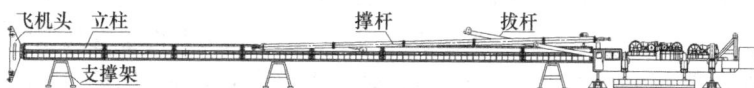

图 9-7　立柱安装（1）

撑杆根据所注符号拼装成整体，并用起重机吊装上撑杆立柱与连接销连接，架置拔杆上。

6. 根据桩机钢丝绳穿绳图，穿好钢丝绳，连接好撑杆下部支撑油缸高压油管，并扣紧立柱与拔杆连接的斜拉钢丝绳头（绳卡每个绳头不得少于 6 个），在卷扬机刹车调整合适后开动卷扬机拉起拔杆，调整斜拉钢丝绳长度使其和规定一致（图 9-8）。

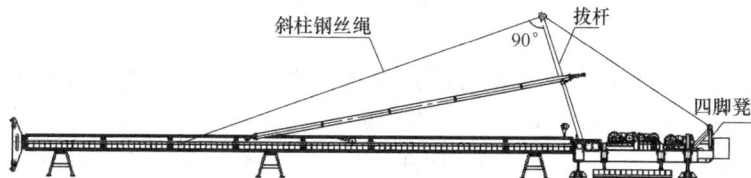

图 9-8　立柱安装（2）

7. 竖立立柱：桩机立柱的竖立是一项较为危险的作业，操作时务必小心谨慎，任何粗心大意均可能酿成不可挽回的损失。竖立立柱前应对整个桩机的各个部位认真检查一次，检查的重点如下：（1）确认立柱各节段和撑杆各节段的连接螺栓均已拧紧；（2）确认斜拉钢丝绳上头锁扣均已锁紧，各连接销的保险销均已插好；（3）检查各支腿油缸均已伸出到位，均匀受力；（4）气管、电缆以及调环均已固定妥当。开启卷扬机拉起立柱离开支撑凳 200～300mm 停止卷扬机，检查卷扬机刹车是否刹住不动，配重是否够重量，桩机各部位是否有异常等，放下立柱重新开启卷扬机，拉起立柱直至撑杆下部油缸球头进入球头座内，装好球头盖，开启多路阀收回撑杆油缸（这时需要一边收回油缸一边开动卷扬机，相互配合）使立柱垂直于平台，立柱竖立完毕。

8. 动力头的安装：第一步，将上动力头平放在步履式桩机立柱下的枕木上，开始安装。第二步，步履装架移动到靠近平放置在枕木上的动力头。第三步，启动吊装上动力头的主卷扬机将滑轮组放下并装在上动力头前吊装孔上，穿上销轴，用螺栓紧固轴端挡板辅助起重机起吊动力头另一端六方接头，与装架牵引装置协调提升。第四步，逐渐把上动力头提起竖直。并将滑块穿上螺栓、垫圈装在动力头上，螺栓不要完全拧紧。第五步，使立柱上的导轨和上动力头滑块扣住并拧紧螺栓。并检查动力头和行星减速机润滑油量，如有不足，应采用规定牌号的润滑油补足。第六步，将上动力头提升到适当高度。

第六节　三轴搅拌桩机安装、拆卸

以北京市三一重机有限公司制造的 SF808 履带式三轴桩机为例，套筒 3m 1 节、6m 3 节、9m 1 节，离地高度为 33m，动力头型号为 ZKD850A-3，钻杆长 25.5m，钢丝绳直径为 20mm。最大自重量 105t。

一、安装辅助设备及场地要求

1. 必须保证前方有不少于 45m 开阔地段。

2. 辅助机械采用 20t 以上汽车吊或者挖土机配合。

3. 安装场地必须具备足够的容机范围以利于设备的拼装；且场地平整度必须在 0.5% 以内，地基承载力在 5t/m² 以上。

4. 拆装场地周围设置安全警戒线，无关人员不得入内。由专职机管员负责拆装工作，同时专职安全员负责现场安全工作，按组装程序实施。

5. 在组装前，应首先核对设备的各部位安全性能是否合格，然后对辅助机械和主机的各部件，钢丝绳、安全装置等进行全面的检查，主机和辅助机械的操作人员必须持有相关专业有效证件。

6. 安装时，主机应停放在坚实且铺垫钢板或路基箱的地面上，组装前将起重机履带顶向外侧使履带的间距呈最大状态。

7. 在拆装过程中，如果发现特殊情况应及时向机管员报告，然后由机械工程师实施变更。

二、安装顺序

1. 在场地略平整后，桩机底盘、机身到位，将井字架各部件就位。操作人员由机底盘部位开始，向前延伸、每完一节必须设置搁置点，托承架身。

2. 穿绕起升钢丝绳，配置钢丝绳直径。同时检查钢丝绳质量，严禁使用断丝及变径的不合格钢丝绳。而后主机收紧钢丝绳，再将配重（10t 和 4t 各一个）吊装固定稳妥。

3. 撑臂腹杆安装，在钢丝绳及起落三脚架穿插单片葫芦及滑轮后，安装撑臂腹杆时，放出 20cm 左右长度的螺杆及球形固定器，并在井架顶端下 2m 处固定，待起扳后至 85°～89°可与机身底盘部位矫正固定。

4. 井字架安装完毕，逐一检查所有的连接固定螺栓无误后，开始起扳拔杆。

5. 起扳时，必须在安全员及机管员同意下，机械驾驶员方可在安装队长的指挥下缓慢起扳。架好后调节好支撑油缸油压使其桩架垂直、桩机平稳。在非特殊情况下，中间不得停留。为防止增力，撑臂腹杆必须与井字架保持 45°～50°。

6. 井字架固定后，由卷扬机自行吊装动力头、钻杆、抱箍及钻头。

7. 千斤顶、钢丝绳、轴销等要捆扎可靠，防止稳妥。

8. 主车装车要稳当，注意打滑防止倾覆。

9. 在桅杆提升时，应注意底盘的返倾现象，若出现返倾现象，立即停止。并在底盘卷扬机处加配重才能继续安装。

10. 电气接线接地电阻测定，各限位调试。

11. 按规定载荷试验并作好记录。

12. 测量塔身垂直度应不大于 2‰。

13. 试车时必须由设备、安检部门联合验收且经过有检测资质的机构检测合格，经验收挂牌后方可投入使用。

三、机械平移

1. 开挖样沟及桩孔时，应考虑机械的水平行走路线。

2. 上下坡道的最大倾斜角度不得大于 2°，上下坡行走时，严禁作回转操作。

3. 移位时，在保证通过障碍的前提下，尽可能减少顶升油缸的顶升高度。

4. 装载着钻机行走时，要尽量降低钻机的高度，以便使桩架在低重心的状态下行走。

5. 施工时，前台施工人员定时观察机械垂直度及水平度，并由安全员作好记录。

6. 根据现场实际情况，及时增减机械配重，调整机械的平衡。

四、拆卸步骤

1. 拆除前必须进行安全技术交底。

2. 检查各夹具、刹车皮、电气，拉好警戒线，由专人监控。

3. 在机管员、安全员同意下，安装负责人指挥拆除。

4. 收住钢丝绳，放松腹杆，保持井字架略前倾 $85° \sim 89°$。

5. 非作业人员撤离，按口令放倒井字架并拆下部件归类。

6. 由专业人员拆除钢丝绳。

7. 先装后拆，后装先拆。

8. 拆装机械设备必须停放在坚实、平整的场地，设备周围上空应有足够的空间，便于吊装和拆卸。

9. 必须持证指挥，料索具选用合格，正确使用钢丝绳。

10. 根据先装后拆，后装拆的原则，逐步安装和分解机械设备，严禁强行拆装，严禁用手指深摸销孔情况。

11. 拆卸的设备、臂架、压铁、吊钩等要放置平稳，安全可靠，防止倾倒。

复 习 思 考 题

1. 机械拆卸基本要求。

2. 机械装配的要求。

3. GPS-15 钻机的安装步骤。

4. 长螺旋钻机的安装步骤。

5. 三轴搅拌桩机的拆卸步骤。

第十章　桩工机械设备维护保养

第一节　维护保养的重要性

钻机的使用寿命在很大程度上取决于对它的维护保养。钻机的使用者必须全面掌握钻机的各种结构、作用原理、安全操作、维护保养等各方面的知识，认真地做好维护保养工作，不但能够延长钻机的使用时间，还能防止不必要的机械事故，提高钻机的工作效率和经济效益。

第二节　GPS-15 型钻机维护保养的要求

1. 一般要求

（1）钻机各部表面和机台上，必须保持清洁。

（2）对各轴承和摩擦副须经常注意温升情况。轴承温升不大于 40℃，最高温度不大于 80℃。如超过此值应停车检查。

（3）随时注意各齿轮副和传动件的运转响声，发现异常响声应立即停车检查。

（4）随时观察钻机各部件的运转情况，如发现不正常的振动、晃动、移位等现象应及时检查处理。

（5）如发现漏油，非正常漏水及紧固件松动等现象，应及时检查和消除。

（6）经常检查三角皮带的松紧程度和有无老化破裂，检查各防护罩的牢固程度，避免发生意外事故。

（7）液压系统操作时，要观察油压表是否正常，如有异常现象，应立即修理。

（8）按润滑要求及时进行润滑。

在气温过低或过高时钻进，在复杂地层中钻进，可适当缩短润滑周期。

2. 钻机的润滑

（1）润滑剂、润滑周期、润滑方式按说明书中润滑说明和润滑示意图进行。

（2）本钻机用的润滑油、润滑脂和液压油如下：

减速器和转盘：120号工业齿轮油（冬季用）；90号工业齿轮油（夏季用）；

其他部位润滑油：HJ-30；

润滑脂：ZG-3、ZG-4钙基润滑脂；

液压油：40号稠化液压油。

3. 主要部件保养项目

（1）转盘

1）经常检查转盘定位螺栓的松紧，确保转盘工作时稳定。

2）经常检查转盘内润滑油是否掺进泥浆等污物，并及时清除、检查液面高低，保证正常润滑。

3）定期检查推力轴承间隙大小，并加以调整以免使转盘产生不必要的冲击和轴承磨损。

（2）减速器

1）定期检查减速器润滑油液面高低，确保润滑良好。

2）定期观察箱内齿轮齿情况，磨损情况。

3）经常检查齿轮联轴器工作情况，并及时予以润滑。

（3）主卷扬机、副卷扬机、变速箱、变速箱离合器、万向轴和游动滑车的保养参照钻机使用说明书的要求执行。

（4）水龙头

1）当密封处发现渗漏现象，应适当压紧密封圈。如压紧无效，应检查密封圈及内管的磨损情况，磨损较严重的应给予更换。

2）经常检查各轴端及胶管法兰处的连接是否可靠，以确保操作的安全及管路的密封性。

（5）钻具

1）钻杆、主动钻杆、导正器连接法兰处应涂油防腐，搬运时避免碰坏。

2）钻杆、钻杆法兰处如有裂纹等影响强度的缺陷，不应下孔。

3）对可疑杆件，应经探伤后，再决定使用与否。

第三节　液压静力压桩机日常
维护与定期保养

1. 经常检查连接螺栓是否松动。特别注意检查压桩油缸、升降油缸、纵移油缸、横移油缸以及钳口等处的连接螺栓、悬臂与铰座连接处螺杆紧固螺母等。用多个螺栓固定的，要保证扭矩均匀。

2. 特别注意保持液压系统的清洁，一定要用专门的过滤精度不低于 $20\mu m$ 的滤油加油车给油箱加油。

3. 一定要按表中的要求定期润滑（表 10-1）。

润滑一览表　　　　　　　　　　　　表 10-1

压桩机部分				起重机部分			
润滑部件名称	处数	方式	周期	润滑部名称	处数	方式	周期
纵移行走轮	16	油枪	7天	钢丝绳	1	涂油	7天
横移行走轮	16	油枪	7天	变幅缸铰轴	2	油枪	7天
压桩箱导向轮	16	油枪	3天	上托绳轮	1	油枪	7天
行走小车上部球头座	8	涂油	转换工地	下托绳轮	1	涂油	每天
中心轴	2	涂油	30天	滑轮组	1	油枪	7天

压桩机部分				起重机部分			
润滑部件名称	处数	方式	周期	润滑部名称	处数	方式	周期
回转台摩擦面	2	涂油	3 天	动臂托轮	1	油枪	60 天
导向轮导轨	4	涂油	3 天	回转支承	1	油枪	30 天
行走轮导轨	4	涂油	7 天	回转齿轮	1	涂油	7 天
夹桩箱内部	16	油枪	每班				

注：1. 涂油均使用 ZG-S 石墨钙基润滑脂（SY405-65），油枪均使用 SYl413-80 合成锂基脂。

　　2. 滚筒内部齿轮换油使用 90 号极压型工业齿轮油（每次约 1L），新机工作 100h 和 500h 后需各换一次。环境温度高于 20℃使用 N68 抗磨液压油。环境温度低于 20℃使用 N46 抗磨液压油。

4. 每天工作完毕，清扫机身上的尘土与脏物。

5. 初次使用，工作一个月后将油箱中的油全部换掉，并清洗油箱。以后，一般每半年换一次（换油时，清洗油箱及回油滤油器，排掉管路及元件中的"老"油）。

6. 保持回油滤清器清洁。若发现回油压力表显示值超过 0.4MPa，即要清洁或更换回油滤清芯。一般每月要清洗一次。

7. 每个月要将所有的管接头及其元件上的紧固螺栓拧紧一次。

8. 若发现油液呈白浊状，必须立即换油。否则因小失大，造成液压元件损坏。

9. 为保证压力表的有效使用，应对压力表进行定期检定，半年检定一次。

10. 更换新油泵时，需将泄漏油管内灌满油液，再将其接至油箱的泄漏接头上（勿拧紧），待油泵启动，该接头处有油液渗出时再拧紧接头螺母。

其他有关钻机的日常保养请查阅相关章节和机械设备的说明

书等有关资料进行。

第四节　长螺旋钻机日常维护与定期保养

1. 设备维护一般要求

更换零配件应符合技术文件要求，润滑剂按户外温度使用指定牌号、黏度的产品。工作过程按"使用说明书"和设备上的标签进行。经常保持设备外观整洁，易于发现机械故障。运动部位涂新油前要将旧油清除干净，清除泥沙、水泥浆，防止导向块等运动部位的异常磨耗。被挤出来的润滑油也要擦净。加油、换油时管端、螺堵等处密封带应更新，并按要求缠紧。

2. 检查维修一览表

根据法规，每年进行一次由具有国家安全检查资格的人员所做的定期检查，钢丝绳等应按相关生产安全法规进行检查（表10-2）。

检查维修一览表 表10-2

检查项目		检查内容	判定要求
钻机	行星减速机	油量	油面位于油标中心部位。更换时间：第一次500h后，第二次及以后运转2500h后
		油的污染程度	没有白浊或有异物混合
		无负荷时是否有异常声音	没有异常声音
		上部连接器的磨损，是否有损伤	没有松动
		下部连接器的磨损，是否有损坏	没有损坏
		旋转轴承的磨损，是否有损伤	无磨耗损伤、油质劣化

检查项目		检查内容	判定要求
电动机	电动机本体	绝缘阻抗状况	阻抗 2MΩ 以上
		外观是否有损伤	没有龟裂、损伤、接头完好连接
		旋转情况	端子确实接地（接地阻抗 500Ω 以下）
	电动机电缆	绝缘阻抗状况	阻抗 2MΩ 以上
		外表和端头处理情况	没有龟裂、损伤、接头完好连接
		是否接地	端子确实接地（接地阻抗 500Ω 以下）
控制盘	配线	控制盘内配线连接状况	没有松弛、脱落和裸线的擦碰
		绝缘阻抗状况	阻抗 2MΩ 以上
		是否接地	端子确实接地（接地阻抗 500Ω 以下）
		电磁接触器是否有磨耗损伤	没有磨损、损伤
		按钮、切换开关等动作情况	正确切换
	计量器具	电压、电流表动作及有无损伤	正确动作，没有损伤
	指示灯	点亮状况	正确的亮灯
	操作开关与切换动作	连接情况（控制盘与操作盘的连接）	连接正确
		电缆是否有损坏、断线	没有损坏断线
钻具	钻杆	螺旋钻杆是否有弯曲、磨损损伤	没有弯曲、磨损和损坏
		内管是否有异物（灰浆、混凝土）	没有异物
		切削刀片是否有磨损、伤	没有磨损、损伤
		连接头是否有磨损、损伤和龟裂	没有磨损、损伤和龟裂

检查项目		检查内容	判定要求
钻具	钻杆	连接头销轴的数量是否缺失	销轴数量齐全，接合完好
		连接头销轴是否有磨损、损伤和弯曲	没有磨损、损伤和弯曲
	套管钻头	钻头、螺旋叶片、刀片是否有磨损、损伤和弯曲	没有弯曲和异常磨损、损伤
		头部刀盘是否磨损、损伤	没有磨损、损伤
		头部内管是否有异物（灰浆、混凝土）	没有异物
其他装置	滑轮装配	钢丝绳是否有磨损、损伤	没有磨损、损伤（参照检查维护要求）
		钢丝绳卷取状况	卷取应顺畅
		卷扬钢丝绳是否有损伤断线	没有断线、损伤
	导向装置	滑动导向块是否磨损、损坏	滑动面沟槽没有异常磨损、损坏
		钢丝绳是否有磨损、损伤	没有磨损、损伤（参照检查维护要求）
		钢丝绳卷取状况	卷取应顺畅
		导套是否磨损、损伤	没有磨损、损伤
		链子或钢丝绳是否磨损、损坏	没有磨损、损坏
其他	给油脂	各部给油情况	油脂没有恶化、完全填充
	螺栓连接	各部螺栓松弛、脱落情况	没有脱落、牢靠紧固

3. 润滑

（1）减速机润滑油换油方法

润滑油量检查减速机直立时，油面应位于油标观察范围内，不足时应从加油口补充。排放1日油时从排油口放出。

润滑油的定期更换。更换周期：第一次运转500h后，第二次及以后运转2500h后。

（2）润滑油状态检查

减速机排油口放出的油很脏或变质，即应更换。

减速机高速部位换油时，请打开通气孔螺堵（平时是堵住的）。减速机直立时，应固定牢靠。减速机油请使用指定牌号的润滑油，在气温低于－10℃情况下，属寒冷地带，所用油品请与相关公司商量。

（3）动力头润滑维护

各润滑点所用润滑剂名称及注油周期（表10-3）：

润滑剂及周期 表10-3

润滑点	润滑点名称	润滑剂	检查保养与润滑周期		
			每日	每月	每季
1	滑轮装配（M10×1油杯，2个）	复合钙基润滑脂2号（SH/T0370-1995）			○
2	旋转接头密封（M10×1油杯，3个）	复合钙基润滑脂2号（SH/T0370-1995）			○
3	主传动轴上部密封（M10×1油杯，1个）	复合钙基润滑脂2号（SH/T0370-1995）			○
4	同轴支承下部密封（M10×1油杯，4个）	复合钙基润滑脂2号（SH/T0370-1995）			○
5	主传动轴下部密封（M10×1油杯，1个）	复合钙基润滑脂2号（SH/T0370-1995）			○
6	导销块、导向套（润滑槽内涂抹，6处）	复合钙基润滑脂2号（SH/T0370-1995）			○
7	行星减速机（排油口，2处）		按需要		
8	行星减速机（进油口，2处）	工业闭式齿轮	随时补足		
9	主传动装置（排油口，1处）		按需要		

润滑点	润滑点名称	润滑剂	检查保养与润滑周期		
			每日	每月	每季
10	主传动装置 （排油口，2处）	工业闭式齿轮油*	随时补足		
11	主传动装置 （排油口，2处）	工业闭式齿轮油*	随时补足		
12	钢丝绳（手工涂抹）	稀润滑油或废油	随时补足		

注：* 稀油润滑使用的润滑油，按环境温度的不同，应适时按下表要求更换相应
牌号的油品（表10-4）。

环境温度适用润滑油　　　　　　　　　表 10-4

环境温度（℃）	润滑油牌号
−10～+15	工业闭式齿轮油（GB 5903—2011） L-CKC-IOO（一等品）
0～+30	工业闭式齿轮油（GB 5903—2011） L-CKC-150（一等品）
+10～+40	工业闭式齿轮油（GB 5903—2011） L-CKC-220（一等品）

（4）电动机加油方法

电动机轴承处应定期加油，以免造成轴承和轴封的损坏、烧损，造成设备故障。电动机使用的润滑脂，请按电动机说明书的规定选用，或者选用3号通用锂基润滑脂（GB/T 7324—2010）。

润滑脂的更换周期：电动机每运转2500h进行一次（请在动力头初次使用或停机2个月以上时加油）。

（5）润滑脂的更换步骤

在电动机停转后，分别将两端轴承盖拆下，检查轴承处润滑脂是否变质。对变质的润滑脂必须使用汽油冲洗、清除干净，然后加入规定的润滑脂；若润滑脂未变质，也可仅做适量补充。轴

承内的润滑脂不要加得太满，以免轴转动时搅动发热，甚至产生漏油。

第五节　三轴搅拌桩机日常维护与定期保养

1. 检查、保养的一般要求

（1）检修保养必须在关停电动机、无荷载的状态下进行。

（2）检修保养必须在荷载、作业装置全部降落在地面后进行。

（3）在将发生高压及有高压力积蓄的部分拆卸，保养前务必将压力释放，等压力释放后进行。

（4）必须将桩架停放在平整坚实的场地上进行检查、保养。

2. 检查内容

（1）保持油料清洁，加注油料时必须经过过滤，油箱定期清洗。

（2）检查各仪表指示是否在正常范围内。

（3）视、听发动机运转状况，有无异常响声，排气颜色是否正常。

（4）检查各部位轮滑运转是否松动或卡死及钢丝绳使用情况。

（5）检查动力头传动部分有无异常声响，减速机有无漏油。检查齿轮油是否肮脏。

（6）检查钻杆连接定位销有无松动。

（7）检查电箱、电缆有无老化或发热现象。

（8）检查蓄电池正、负极的清洁，钻头上有无氧化物。

3. 液压装置的保养

（1）滤油器滤芯的清洗、更换

① 在滤芯清洗更换时，必须先拧松空气滤芯器盖，如果不拧松空气滤芯器盖，油箱里的油可能在压力的作用下从维修处喷出。

② 滤芯更换后可靠地把法兰盖、空气滤芯器盖拧紧。

（2）液压油的更换

拆下空气滤清器的罩盖后，拧下放油螺塞，排放污染的液压油，液压油排尽后，拧紧螺塞，从注油孔注入新的液压油，一直加注到合适的油位。更换液压油时，必须注意：

① 须使用同一厂家的液压油，不得与其他公司的产品混合。

② 液压油更换后，让电动机空载运转数分钟，再检查液压油箱的油量。

③ 检查液压装置各阀类、管路、软管、油箱、液压泵等的安装是否松弛及漏油。

复 习 思 考 题

1. 设备维护保养的重要性。如何做好？

2. 回转钻机、静压机等常见桩工机械的日常保养方法。

3. 三轴搅拌桩机液压装置的保养方法。

第十一章 常见桩工机械故障的识别及处理

第一节 转盘钻机常见故障及排除方法

转盘钻机常见的故障及排除方法表 表 11-1

序号	故障现象	故障原因	排除方法
1	万向轴振动	1. 万向轴十字头套磨损及滚针断裂或磨损； 2. 部分螺栓有切断； 3. 万向轴外管和轴叉有扭弯变形	1. 拆下万向轴，更换磨损的十字头套滚针； 2. 更换新螺栓； 3. 更换外管和轴叉
2	转盘体跳动和晃动	1. 主副轴承磨损； 2. 转盘固定螺栓松动	1. 拆下托油盘，调整大螺母、减少间隙； 2. 拧紧固定螺栓
3	减速器故障	1. 外壳发热，油面过高或轴承损坏； 2. 漏油，油封损坏失效	1. 放油使油面达到要求，换新轴承； 2. 更换新油封
4	变速箱故障	1. 变速箱 （1）注入箱内油量高于所需油面； （2）箱内轴承损坏； （3）油封磨损失效	（1）放出箱内存油达到正常油面； （2）更换新的轴承； （3）更换新的油封

序号	故障现象	故障原因	排除方法
4	变速箱故障	2. 手把挂挡困难 　(1) 齿轮受强力挂挡，倒角打毛； 　(2) 拨叉滑块磨损松动； 　(3) 箱内限位板损坏	(1) 拆下修正倒角齿形； 　(2) 更换磨损零件； 　(3) 更换新的限位板
		3. 牙嵌离合器除孔底阻力过大外自动跳槽 　(1) 牙嵌受强力挂挡，倒角打钝； 　(2) 拨叉杠杆系统磨损； 　(3) 变速位置的固定滚珠弹簧压力不足	(1) 修复牙嵌或更换新的牙嵌； 　(2) 更换磨损件； 　(3) 调整弹力
5	卷扬机故障	1. 当全力压紧制动器手把时，卷扬机仍打滑 　(1) 制动带浸上油污； 　(2) 手把偏心轮的偏心矩不能使抱闸完全压住卷扬机制动圈； 　(3) 制动带磨损部分铆钉外露	(1) 拆开制动器，用煤油清洗制带； 　(2) 调正制动抱闸距离，使偏心轮在压紧时，尚有可增大压力的余地； 　(3) 修复铆钉或更换刹带
		2. 当松开抱闸时，钢丝绳退不出 　(1) 抱闸与滚筒间隙太少； 　(2) 抱闸弯曲变形	(1) 调整抱闸间隙； 　(2) 修复抱闸或更换新抱闸
		3. 蜗轮蜗杆卡死	单向离合器损坏需修复

序号	故障现象	故障原因	排除方法
6	摩擦离合器故障	1. 在工作条件正常时，摩擦离合器不传递回转力矩 （1）摩擦片表面有油污； （2）摩擦片表面打滑； （3）摩擦片压紧力不足； （4）铆钉外露，压紧套锥面磨损，三爪受力不匀	（1）拆卸摩擦片，用汽油消除摩擦片的油污； （2）用砂纸打毛； （3）拆下修复、更换摩擦片； （4）调整杠杆支承丝扣、减少间隙
		2. 当松开离合器手把时，离合器仍有回转力矩 （1）各摩擦盘开闭的距离小； （2）弹簧受热变形，弹力不足	（1）增加离合器手把转动角度； （2）拆下更换新弹簧或垫上适当厚度的垫圈，补偿弹力
7	机架晃动	1. 机架刚性被破坏； 2. 机架与钻塔底座联接松动	1. 检查及修复补焊裂缝； 2. 拧紧连接螺栓
8	液压系统故障	1. 油路漏油 （1）密封件磨损； （2）管路破裂； （3）管接头松动	（1）更换密封件； （2）更换新油管； （3）拧紧管接头
		2. 油压升不上去 （1）油泵损坏； （2）油箱液面过低； （3）吸油管管路堵塞； （4）溢流阀开启，压力过低； （5）油缸内泄漏过大	（1）更换油泵； （2）加油； （3）检修吸油管路； （4）清洗或调整溢流阀压力； （5）更换油缸密封圈

序号	故障现象	故障原因	排除方法
8	液压系统故障	3. 液压系统噪声严重 (1) 管路内有空气; (2) 油箱液压油不足; (3) 滤油器堵塞; (4) 管路及元件紧固不牢	(1) 排除空气; (2) 加油; (3) 更换滤油器纸芯; (4) 紧固管路元件
9	水龙头漏水	1. 密封圈磨损; 2. 密封圈或内管损坏	1. 旋转螺母压紧密封圈; 2. 拆下更换新的密封圈或内管

第二节　静力压桩机常见故障及排除方法

静力压桩机常见故障及排除方法　　　　表 11-2

故障	原因	排除方法
液压缸活塞动作缓慢	油压太低	提高溢流阀卸载压力
	液压缸内吸入空气	检查油箱油位,不足时添加;检查吸油管,消除漏气
	滤油器或吸油管堵塞	拆下清洗,疏通
	液压泵或操纵阀内泄漏	检修或更换
油路漏油	管接头松动	重新拧紧或更换
	密封件损坏	更换漏油处密封件
	溢流阀卸载压力不稳定	修理或更换
液压系统噪声太大	油内混入空气	检查并排出空气
	油管或其他元件松动	重新紧固或装橡胶垫
	溢流阀卸载压力不稳定	修理或更换

第三节　柴油锤常见故障及排除方法

柴油锤常见故障及排除方法　　　　表 11-3

故障现象	故障原因	排除方法
桩锤不能启动	土质软，桩的阻力小	关闭油门，对桩冲击几次然后供油启动。此时拉动曲臂控制供油一次，连续数次即可
	外界温度过低	关闭油门，突击几次，以提高气缸内温度后启动。或打开检查孔盖，放入浸有乙醚的棉纱，旋紧旋盖后启动。水箱内应加热水
	砧块凹形球碗有水	打开检查铜丝堵，清洗干净
突然停止运动	燃油不足	向燃油箱加油
	油管堵塞	清洗油管
	上活塞活塞环卡死	打开清洗修复或更换活塞环
桩锤不能正常工作	油管内有空气	拆开油管，拉动曲臂以排除空气
	供油泵柱塞副间隙过大	更换柱塞副
	供油泵曲臂严重磨损	更换或修复曲臂
	单向阀漏油	更换橡胶锥头或进油阀
	砧块球碗有异物	清洗球碗
	润滑油流进球碗过多	调整润滑油油量
	气缸磨损过大	修复气缸或更换加大活塞环
	冲击球头球面，麻点过多	修复球头、球碗
桩锤不能停止运动	供油泵内部回路堵塞	清洗供油泵
	供油泵调节阀位置不正确	松开调节阀压板，调整调节阀位置
排气为黑色	燃油过多	调节供油量
	燃油不纯	更换燃油

故障现象	故障原因	排除方法
废气从缓冲橡胶垫喷出	活塞环失去弹力	更换活塞环
	润滑油不足，活塞环卡死	观察加油泵是否出油，或人工向油嘴加油
上活塞跳过高	燃油过多	调节供油量
	土质太硬	贯入度控制在每锤击 10 次为 20mm

第四节　振动锤常见故障及排除方法

振动锤的常见故障及排除方法　　　　　　表 11-4

故障现象	故障原因	排除方法
电动机不运转	电源开关未导通	检查后导通
	熔断式保护器烧断	查看原因，及时更换
	电缆线内部不导通	用仪表查找电缆线接断处并接通
	启动装置中接触不良	清除操纵盘触点片上的赃物
	耐振电动机本身烧坏	更换或修复
电动机启动时有响声	启动器或整流子片接触不良	修理或更换
	电缆线某处即将断裂	用仪表查找电缆线接断处并接通
电动机转速慢或激振力小	电压太低或电源容量不足	提高电压，增加电源容量
	电缆线流通截面过小	按说明书要求更换
	从电源到操纵盘距离太远	按说明书规定重新布置
	振动器箱体内润滑油超量	减少到规定的油位线
	传动胶带太松	用张紧轮调整

故障现象	故障原因	排除方法
熔断丝经常烧断	电流过大	土体对桩的阻力过大，应在振动桩锤上适当增加配重或更换大一级的桩锤
	启动方法错误造成电流峰值过大	严格按说明书规定的启动方法重新启动
夹桩器打滑、夹不住桩	夹桩器液压缸压力太低	调整溢流阀，将压力提高到规定值
	夹齿磨损	重新堆焊或更换夹齿片
	活动齿下颚周围有泥沙	清除泥沙及杂物
	液压缸压力超过额定值，使杠杆弯曲，行程减少	调整液压缸压力，更换杠杆或修复
	各部销子及衬套磨损太大	检查后重新更换
液压油压力太小	液压泵电动机转动方向相反	检查电动机转动方向，及时更正
	压力表损坏	通过检验台调整或更换
	压力表开关未打开	适当打开压力表开关
	溢流阀流量过大	调整溢流阀压力
	液压泵转轴断裂	更换转轴或液压泵
	溢流阀阀芯磨损	更换阀芯
	液压油油箱油位不足	按说明书规定添加
	管道漏油	查明原因，进行修复
振动器箱体异响	齿轮啮合间隙过大	调整齿轮啮合间隙
	箱体内有金属物遗留	排除
振动有横振现象	偏心块调整不当	按说明书规定调整

第五节 旋挖钻机常见故障及排除方法

旋挖钻机常见故障及排除方法 表 11-5

故障	故障原因	排除方法
发动机不能启动或启动困难	蓄电池损坏或电量不足	更换或充电
	启动电机损坏	更换
	线路接触不良或断路	检查修理
	其他见《发动机使用说明书》	
各操纵手柄操纵无力或动作缓慢	液压系统混有空气	检查是否漏气并排除
	液压油温过低、黏度大	预热运转
	液压油老化变质	更换新油
	系统压力不足	检查液压系统
单一油缸无动作或动作缓慢	对应先导阀故障	修理
	油缸油封损坏	更换
	对应溢流阀损坏	修理
动力头齿轮啮合声音异常	润滑油不清洁或老化	过滤或更换
	润滑油油位过低	加注润滑油
	齿轮磨损严重或断齿	更换
	轴承磨损严重	更换
电气仪表无信号	仪表损坏	修理或更换
	对应保险丝断	更换
	线路接触不良或断路	修理
回转平台不旋转或旋转缓慢	操作的先导阀故障	修理
	对应换向阀及其制动阀故障	与公司客户服务部联系
	液压马达故障	
	回转减速机故障	
	回转支承装置故障	

故障	故障原因	排除方法
发动机停车后，操纵先导阀降臂无动作或动作缓慢	皮囊式蓄能器无压力或压力不足	补足氮气
	单向阀漏油	检修阀孔口
一条履带不回转或回转缓慢（行走严重走偏）	操纵的先导阀故障	修理
	对应的换向阀及其制动阀故障	与公司客户服务部联系
	中央接头油封损坏	更换油封
	液压马达故障	与公司客户服务部联系
	行走减速机故障	
液压油温升过快或过高	油散热器表面积存污垢	清洗
	液压元件磨损，容积效率低	与公司客户服务部联系
	溢流阀开启过于频繁	钻进过快，载荷过大，应改变钻进速度
异常的声音、振动气味		经常注意及时处理

第六节　深层搅拌常见故障及排除方法

深层搅拌常见故障及排除方法　　　　表 11-6

常见故障	发生原因	排除方法
预搅下沉困难、电流值高、电机跳闸	1. 电压偏低； 2. 土质较硬、地层阻力大； 3. 遇大块石或树根等障碍物	1. 调高电压； 2. 适量带水下沉； 3. 开挖排除障碍物
搅拌机下不到预定深度、但电流值不高	土质太黏、搅拌机自重不够	增加搅拌机自重、或加设反压装置

第七节 高压旋喷常见故障及排除方法

一、高压旋喷钻机常见故障及排除方法

高压旋喷钻机常见故障及排除方法 表11-7

常见故障	发生原因	排除方法
油泵启动后无油	1. 油箱内存油太少，泵吸空； 2. 滤油器堵塞	1. 加油到油标位； 2. 清洗滤油器
油泵发热	1. 液压油黏度过大； 2. 油泵过度磨损	1. 换液压油； 2. 检修或更换油泵
系统压力不足	1. 油泵皮带打滑； 2. 油泵损坏； 3. 溢流阀调整弹簧松动； 4. 给进油缸密封损坏、内泄	1. 张紧或更换皮带； 2. 修理或更换油泵； 3. 调整溢流阀，提高压力； 4. 更换
系统油温过高	1. 油泵损坏； 2. 油箱油少或油变质； 3. 大小油泵同时工作时间过长	1. 修理或更换； 2. 加油或换油； 3. 调整大小泵同时工作时间或两者间隙使用
离合器发热、打滑	1. 摩擦片磨损或碎裂； 2. 离合器压紧弹簧失效	1. 更换摩擦片； 2. 更换6只压紧弹簧

二、高压泵常见故障及排除方法

高压泵常见故障及排除方法 表 11-8

常见故障	发生原因	排除方法
泵运转时发出异常声响	1. 柱塞与密封圈配合过紧； 2. 连杆、十字头的连接处松脱； 3. 轴承、齿轮或其他零件损坏； 4. 泵速过高	1. 拧松压紧螺母，减少过盈量； 2. 检查并拧紧； 3. 检查并更换损坏的零件； 4. 降低输入转速至额定值
泵的流量达不到额定值	1. 吸水管堵塞或密封不严； 2. 吸水管直径偏小或太长； 3. 吸水高度超过允许值； 4. 进、排水阀升程过小或过大； 5. 进、排水阀密封不严或已破损； 6. 柱塞和密封圈破损或压紧螺母松脱； 7. 离合器打滑造成泵速降低	1. 清洗吸水管、重新密封； 2. 长度小于 5m、直径大于 50mm； 3. 吸水泥浆时高度越低越好； 4. 检查并调整升程至 5～6mm； 5. 更换密封圈或阀座； 6. 更换柱塞和密封圈或拧紧压紧螺母； 7. 拆下摩擦片用香蕉水清洗、调整弹簧压缩高度至 54.5mm、更换弹簧或弹簧片
泵的压力跳动过大	1. 某缸的柱塞或密封圈磨损至不能工作； 2. 某缸的进排水阀座与球阀磨损至不能工作； 3. 排出管路或喷嘴阻塞	1. 检查并更换已损坏的零件； 2. 检查并更换已损坏的零件； 3. 检查并清洗管路，消除阻塞

三、空压机常见故障及排除方法

空压机常见故障及排除方法 **表 11-9**

常见故障	发生原因	排除方法
供气量不足、压力降低	1. 电压降低、转速降低； 2. 消声器堵塞、进气量不足； 3. 中冷器管道漏气； 4. 气缸盖 O 型密封圈或气阀垫片损坏； 5. 卸荷阀弹簧损坏致使卸荷阀顶开进气阀片； 6. 活塞环过度磨损，气体经活塞和气缸时漏气	1. 检查电网电压； 2. 卸下或更换消声器滤芯； 3. 检查并拧紧所有螺钉； 4. 更换密封圈或气阀垫片； 5. 更换弹簧； 6. 更换新的活塞环
一级排气压力偏低	1. 一级排气阀弹簧或阀片损坏； 2. 一级进气阀片损坏； 3. 中间冷却器漏气	1. 更换损坏的零件； 2. 更换损坏的零件； 3. 修复
一级排气压力偏高	二级进气阀或排气阀有阀片或弹簧损坏	检查并更换损坏的零件
曲轴箱内异常	1. 主轴承的间隙过大或过小； 2. 连杆轴瓦有磨损	1. 调整轴承盖垫片； 2. 更换轴瓦
二级排气温度过高	1. 压缩机工作环境较差，通风不良，进气温度超过 40℃； 2. 气缸拉伤； 3. 中间冷却器过脏； 4. 风扇皮带轮松动； 5. 进排气阀卡死	1. 改善工作环境，降低进气温度； 2. 查明原因更换或修复； 3. 清洗冷却器； 4. 调整皮带的松紧度； 5. 检查并修复

第八节 长螺旋钻机常见故障及排除方法

长螺旋钻机常见的故障及排除方法表 表 11-10

常见故障	发生原因	排除方法
断钻杆	钻杆与孔壁摩擦，使钻杆壁减薄，强度过于削弱，另外钻杆已弯曲，也易断裂	加接钻杆时，要注意检查，将磨损过剩的或已弯曲的钻杆选出来，停止使用。已断在孔内的钻杆可用公锥打捞
钻机减速器的输入端旋转而输出端不旋转	齿轮断齿或断轴	拆检长螺旋钻机减速器更换相应零件
减速器噪声和振动明显高于正常值	连接螺栓松动或长螺旋钻减速器的有效定位失效，或润滑油油温太高、油液太脏	拆检长螺旋钻机减速器更换相应零件或加强保养

第九节 三轴搅拌桩机常见故障及排除方法

三轴搅拌桩机常见的故障及排除方法表 表 11-11

常见故障	发生原因	排除方法
无法上水泥，启动按钮无反应	螺旋机堵塞	检查螺旋机是否堵塞，打开检查口，螺旋机热继电器复位
无法卸料（放浆）	空压机压力、管道漏气等	检查空压机压力是否正常（0.5～0.6MPa），管道是否漏气，气阀线圈上电压（220V），检查线圈通断情况
重量显示器在上料过程中数字无变化	显示器信号传输接头和插头松动	检查重量显示器信号传输线接头和插头是否松动

复习思考题

1. 回转钻机、静压机等常见桩工机械故障识别及处理方法。
2. 三轴搅拌桩机常见机械故障、发生原因及排除方法。

附录 A:

桩机操作工（钻孔灌注桩机）培训大纲

1 适用范围

本标准适用于在江苏省行政区域内建筑施工现场从事钻孔灌注桩机操作人员的安全技术考核。

2 引用标准

下列标准所包含的条款，通过在本标准中引用而构成本标准的条文。本标准颁布实施时，所示版本均为有效。所有标准都会被修订，使用本标准的各方应探讨使用下列标准最新版本的可能性。

3 定义

钻孔灌注桩机操作人员是指在建筑施工现场直接从事钻孔灌注桩机的人员。

4 基本条件

4.1 年龄条件：年满 18 周岁及以上人员。

4.2 身体条件：身体健康，无听觉障碍、无色盲，矫正视力不低于 5.0，无妨碍从事本工种的疾病（如癫痫病、高血压、心脏病、眩晕症、精神病和突发性昏厥症等）和生理缺陷。

4.3 文化条件：具有初中及以上文化程度者。

5 考核方法

5.1 考核分安全技术理论考试和实际操作考核两部分，经安全技术理论考试合格后，方可进行实际操作考核。

5.2 安全技术理论考试方式为闭卷笔试，时间为 2 小时。

5.3 实际操作考核方式包括模拟操作、口试等方式。

5.4 安全技术理论考试和实际操作考核均采用百分制，60 分为及格。考试不及格者，允许补考 1 次。

6 考核内容

6.1 安全技术理论考试内容

6.1.1 安全生产基本知识

6.1.1.1 了解建筑安全生产法律法规和规章制度

6.1.1.2 熟悉有关特种作业人员的管理制度

6.1.1.3 掌握从业人员的权利义务和法律责任

6.1.1.4 熟悉高处作业安全知识

6.1.1.5 掌握安全防护用品的使用

6.1.1.6 熟悉安全标志、安全色的基本知识

6.1.1.7 熟悉施工现场消防知识

6.1.1.8 了解现场急救知识

6.1.1.9 熟悉施工现场安全用电基本知识

6.1.2 专业基础知识

6.1.2.1 熟悉力学基本知识

6.1.2.2 了解电工基础知识

6.1.2.3 掌握机械基本知识

6.1.2.4 了解液压传动基本知识

6.1.2.5 熟悉起重吊装基本知识

6.1.3 专业技术理论

6.1.3.1 了解各类施工桩机的类别、性能和功能

6.1.3.2 熟悉本桩机的基本技术参数

6.1.3.3 掌握本桩机的基本构造和工作原理

6.1.3.4 熟悉本桩机主要零部件的技术要求及报废标准

6.1.3.5 熟悉本桩机安全防护装置的结构及工作原理

6.1.3.6 熟悉本桩机安全防护装置的调整（调试）方法

6.1.3.7 掌握本桩机安装、拆卸的程序和方法

6.1.3.8 掌握本桩机主要零部件组装后的调试

6.1.3.9 熟悉本桩机维护保养要求

6.1.3.10 熟悉本桩机自查的内容和方法

6.1.3.11 了解本桩机安装、拆卸常见故障及处置方法

6.1.3.12 掌握本桩机安全操作规程

6.2 实际操作考核内容

6.2.1 掌握本桩机安装、拆卸前的检查和准备

6.2.2 掌握本桩机安装、拆卸工序和注意事项

6.2.3 掌握主要零部件的性能及可靠性的判定

6.2.4 掌握本桩机安装完毕后的调整（调试）方法

6.2.5 掌握常见故障的识别和判断方法

6.2.6 掌握紧急情况的处置方法

附录 B

江苏建筑施工特种作业（桩机操作工）实操考核表

考核基地：　　　　　　　姓名：　　　　　　　准考证号：

序号	扣分标准	应得分值	实得分值
1	作业前未对设备、工具进行检查的，扣 5 分	5 分	
2	底座安装前未对基础进行找平夯实的，扣 5 分	5 分	
3	绳卡数量、间距、设置方向不符要求的，每处扣 2 分	8 分	
4	绳卡规格与钢丝绳不匹配、绳头安全弯不符合要求的，扣 5 分	5 分	
5	构件连接螺栓未拧紧，或开口销不符合要求的，每处扣 2 分	8 分	
6	穿绕钢丝绳及端部固定不正确的，每处扣 2 分	5 分	
7	送电前，各控制手柄未放在零位的，扣 5 分	5 分	
8	主机各手柄未挂空挡，主、副卷扬机未处于制动状态的，扣 5 分	10 分	
9	起塔工作完成后，未进行检查调试运转的，扣 5 分	5 分	
10	安装装置未检查调试的，每处扣 5 分；调试精度达不到要求的，扣 5 分	10 分	
11	桩机设置变速箱外壳发热、液压系统油压升不上、摩擦离合器不传递回转力矩等故障，实物或图示，正确判断的，得 8 分	8 分	
12	桩机零部件或钢丝绳等实物或图示，正确判断并说明原因的，得 8 分；判断正确但不能准确说明原因的，得 4 分	8 分	
13	对桩机突然断电、制动失灵等紧急情况或图示、对存在的问题描述正确并正确叙述处置方法的，得 8 分；对存在的问题描述正确，但未能正确叙述处置方法的，得 4 分	8 分	
14	个人安全防护用品	4 分	
15	完成工效 90% 以上得 4 分，不足 90% 不得分	6 分	
16	合计	100 分	

考评员签字：　　　　　　　考评组长签字：　　　　　　　监考人员签字：

年　月　日

340

主要参考文献

[1] 江苏省住房和城乡建设厅. 桩机操作工[M]. 北京：中国建筑工业出版社，2011.

[2] JGJ 94—2008 建筑桩基技术规范[S]. 北京：中国建筑工业出版社，2008.

[3] DGJ 32/J50—2006 江苏省建筑安装工程施工技术操作规程[S]. 北京：中国建筑工业出版社，2008.

[4] JGJ 33—2012 建筑机械使用安全技术规程[S]. 北京：中国建筑工业出版社，2001.

[5] GB 50007—2011 建筑地基基础设计规范[S]. 北京：中国计划出版社，2012.

[6] 张克恭，刘松玉. 土力学[M]. 北京：中国建筑工业出版社，2001.

[7] 江正荣. 建筑地基与基础施工手册[M]. 二版. 北京：中国建筑工业出版社，2005.

[8] 段新胜，顾湘. 桩基工程[M]. 北京：中国地质大学出版社，1994.

[9] 韩实彬，双金. 机械员工[M]. 北京：机械工业出版社，2007.

[10] JGJ 79—2012 建筑地基处理技术规范[S]. 北京：中国建筑工业出版社，2013.

[11] 赵志缙，等. 高层建筑施工[M]. 上海：同济大学出版社，1999.

[12] 王世芳. 建筑材料[M]. 武汉：武汉大学出版社，2000.

[13] 王云江，占宏. 型钢水泥土搅拌墙（SMW工法）施工与管理[M]. 北京：中国建筑工业出版社，2012.

[14] 张凤祥，焦家训. 水泥土连续墙新技术与实例[M]. 北京：中国建筑工业出版社，2009.

[15] 陈克济. 地铁工程施工技术[M]. 北京：中国铁道出版社，2014.

[16] 王银献，刘军. 地下连续墙设计施工与案例[M]. 北京：中国建筑工业出版社，2014.

筑工业出版社，2009.

[17]　陈克济．地铁工程施工技术［M］．北京：中国铁道出版社，2014.

[18]　王银献，刘军．地下连续墙设计施工与案例［M］．北京：中国建筑
　　　　工业出版社，2014.